RECRUTEMENT DE L'ARMÉE

DISPOSITIONS GÉNÉRALES

I

Volume mis à jour à la date du 20 septembre 1918.

PARIS
HENRI CHARLES-LAVAUZELLE
Éditeur militaire
124, Boulevard Saint-Germain, 124
MÊME MAISON À LIMOGES

N° 68[1].

RECRUTEMENT DE L'ARMÉE

DISPOSITIONS GÉNÉRALES

I

Volume mis à jour à la date du 20 septembre 1918.

PARIS
HENRI CHARLES-LAVAUZELLE
Éditeur militaire
124, Boulevard Saint-Germain, 124
MÊME MAISON A LIMOGES

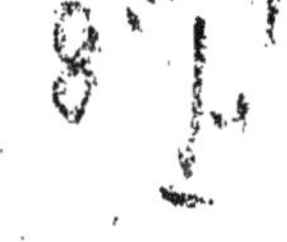

Nota. — En vue du maintien de l'homogénéité dans la réglementation, la Direction de l'Infanterie (Bureau du Recrutement et de l'administration des hommes de troupe dans leurs foyers) est chargée de centraliser et de coordonner toutes les modifications à faire au présent volume.

En conséquence, après avoir été étudiées par le service compétent, de concert avec les Directions intéressées, les modifications à introduire sont adressées à la Direction de l'Infanterie qui les fait paraître sous son timbre.

Le titre mentionne, après ce timbre, celui des Directions qui ont collaboré (art. 2 de l'instruction du 2 octobre 1905) et, afin que la tenue à jour des instructions soit facilitée aux détenteurs. il est suivi de l'indication : [Rectificatif n°   ].

RECRUTEMENT DE L'ARMÉE

DISPOSITIONS GÉNÉRALES

I. — Loi sur le recrutement de l'armée.

Loi sur le recrutement de l'armée réduisant à deux ans la durée du service dans l'armée active (1).

Paris, le 21 mars 1905.

Le Sénat et la Chambre des députés ont adopté ;
Le Président de la République promulgue la loi dont la teneur suit :

TITRE Ier.

DISPOSITIONS GÉNÉRALES.

Art. 1er. Tout Français doit le service militaire personnel.

---

(1) Mise à jour par l'incorporation dans le texte des modifications qui y ont été apportées par les décisions parues jusqu'au 20 septembre 1918.

L'armée active se recrute (1) :

1° Par appels annuels du contingent;
2° Par engagements volontaires et rengagements.

Art. 2. Le service militaire est égal pour tous. Hors le cas d'in capacité physique, il ne comporte aucune dispense.

Il a une durée de vingt-huit années et s'accomplit selon le mod déterminé par la présente loi (1).

Art. 3. Nul n'est admis dans les troupes françaises s'il n'es Français ou naturalisé Français, sauf les exceptions déterminée par la présente loi.

Art. 4. Sont exclus de l'armée, mais mis, soit pour leur temp de service actif, soit, en cas de mobilisation, à la disposition de Départements de la guerre et des colonies suivant la répartitio qui sera arrêtée par décret rendu sur la proposition des Ministre intéressés :

1° Les individus qui ont été condamnés à une peine afflictiv ou infamante;

2° Ceux qui, ayant été condamnés à une peine correctionnell de deux ans d'emprisonnement et au-dessus, ont été, en outre par application de l'article 42 du Code pénal, frappés de l'inter diction de tout ou partie de l'exercice des droits civiques, civil ou de famille;

3° Les relégués collectifs et individuels;

4° Les individus condamnés à l'étranger pour un crime ou dé lit puni par la loi pénale française d'une peine afflictive ou infa mante ou de deux années au moins d'emprisonnement, aprè constatation, par le tribunal correctionnel du domicile civil de intéressés, de la régularité et de la légalité de la condamnation

Pendant la durée de leur période d'activité, après leur renvo dans leurs foyers dans les circonstances prévues à l'article 47 et en cas de rappel au service par suite de mobilisation, les ex clus sont soumis aux dispositions qui régissent les militaires d l'armée active, de la réserve, de l'armée territoriale et de sa ré serve, tant au point de vue de l'application des peines qu'a point de vue de la juridiction, sauf application de l'article 197 d Code de justice militaire pour l'armée de terre.

Spécialement, les dispositions pénales édictées contre les in

---

(1) Loi du 7 août 1913.

soumis et les déserteurs de l'armée sont applicables aux exclus lorsque ceux-ci se rendent coupables des faits prévus aux articles 83 et 85 de la présente loi et aux articles 231 et suivants du Code de justice militaire pour l'armée de terre.

Les dispositions de l'article 39 ci-après leur sont également applicables dans les conditions indiquées au paragraphe 1er du-dit article. Toutefois, quel que soit le nombre des jours de punition passés en prison ou en cellule, la durée du maintien au service ne peut excéder une année.

Sont également exclus de l'armée, et dans les conditions ci-dessus déterminées (1) :

1° Les individus condamnés à une peine de trois mois d'emprisonnement au moins, soit par application de l'article 242 (§ 2), du Code de justice militaire pour provocation à la désertion, soit par application de l'article 84 de la loi du 21 mars 1905 pour manœuvres ayant pour but de favoriser ou provoquer l'insoumission (1);

2° Les individus qui ont été l'objet de deux ou plusieurs condamnations dont la durée totale est de trois mois au moins, prononcées soit par application des articles 30 et 33 de la loi du 29 juillet 1881 pour diffamation ou injure envers les armées de terre et de mer, soit par application de l'article 25 de la même loi, ou de l'article 2 de la loi du 28 juillet 1894, pour provocation adressée à des militaires dans le but de les détourner de leurs devoirs militaires et de l'obéissance qu'ils doivent à leurs chefs (1).

Art. 5 (1). Les individus reconnus coupables de crimes et condamnés seulement à l'emprisonnement, par application des articles 67, 68 et 463 du Code pénal;

Ceux qui ont été condamnés correctionnellement à six mois d'emprisonnement au moins, soit pour blessures ou coups volontaires, par application des articles 309 et 311 du Code pénal, soit pour violences contre les enfants, prévues par l'article 312, §§ 6 et suivants, du même Code;

Ceux qui ont été condamnés correctionnellement à un mois d'emprisonnement au moins pour outrages publics à la pudeur, pour délit de vol, escroquerie, abus de confiance ou attentat aux mœurs prévu par l'article 334 du Code pénal;

Ceux qui ont été condamnés correctionnellement pour avoir

---

(1) Loi du 6 décembre 1912 (*B. O.*, p. 1867).

fait métier de souteneur, délit prévu par l'article 2 de la loi d[u] 3 avril 1903, quelle que soit la durée de la peine;

Ceux qui ont été l'objet de deux ou plusieurs condamnations dont la durée totale est de trois mois au moins pour rébellion (art. 209 à 221 du Code pénal) ou violences envers les dépositaires de l'autorité et de la force publique (art. 228 et 230 du Code pénal);

Ceux qui ont été l'objet de deux ou plusieurs condamnations dont la durée totale est de trois mois au moins, pour l'un des délits spécifiés dans l'alinéa 2 du présent article;

Ceux qui ont été l'objet de deux ou plusieurs condamnations dont la durée totale est de trois mois au moins pour l'un ou plusieurs des délits prévus par les articles 269 à 276 inclusivement du Code pénal;

Ceux qui ont été l'objet de deux ou plusieurs condamnations dont la durée totale est de trois mois au moins, pour le délit de filouteries d'aliments prévu par l'article 401 du Code pénal;

Ceux qui ont été l'objet de deux ou plusieurs condamnations quelle qu'en soit la durée, pour l'un ou plusieurs des délits spécifiés dans l'alinéa 3 du présent article,

Sont incorporés dans les bataillons d'infanterie légère d'Afrique, sauf décision contraire du Ministre de la guerre, après enquête sur leur conduite depuis leur sortie de prison.

Pour l'application des dispositions qui précèdent, il ne sera tenu compte des condamnations prononcées à l'étranger qu'après que la régularité et la légalité de la condamnation auront été vérifiées par le tribunal correctionnel du domicile civil du condamné.

Les individus qui, au moment de l'appel de leur classe, se trouveraient pour ces mêmes faits dans un établissement pénitentiaire, seront incorporés dans lesdits bataillons, à l'expiration de leur peine, pour accomplir le temps de service prescrit par la présente loi.

Art. 6. Aucun militaire ne pourra être envoyé aux bataillons d'infanterie légère d'Afrique par simple décision ministérielle, sauf dans le cas prévu à l'article 93.

Les dispositions des articles 4 et 5 ci-dessus ne sont pas applicables aux individus qui ont été condamnés pour faits politiques ou connexes à des faits politiques.

En cas de contestation, il sera statué par le tribunal civil du lieu du domicile, conformément à l'article 28 ci-après.

Ces individus suivront le sort de la première classe appelée après l'expiration de leur peine.

Tout militaire condamné correctionnellement avant son incorporation à une peine d'emprisonnement de moins de trois mois pour un délit spécifié au deuxième paragraphe de l'article 5 pourra, en cas d'inconduite grave, après un délai minimum de trois mois depuis son incorporation, être envoyé dans un bataillon d'infanterie légère d'Afrique. L'envoi sera proposé par le commandant du corps d'armée sur avis du conseil de discipline et prononcé par le Ministre de la guerre (1).

Après le même délai et en suivant les règles spécifiées au paragraphe précédent, ceux qui, par des fautes réitérées contre les règlements militaires ou par leur mauvaise conduite, portent atteinte à la discipline et constituent un danger pour la valeur morale du corps de troupe dont ils font partie, pourront être envoyés dans des sections spéciales qui seront organisées en remplacement des compagnies de discipline par un décret du Président de la République (1).

Les hommes incorporés en vertu du présent article et de l'article précédent dans les bataillons d'infanterie légère d'Afrique ou dans les sections spéciales qui se seront fait remarquer devant l'ennemi, qui auront accompli un acte de courage ou de dévouement, et ceux qui auront tenu une conduite régulière, pendant six mois, dans les sections spéciales, et pendant une année dans les bataillons d'infanterie légère d'Afrique, pourront être renvoyés dans un corps de troupe du service ordinaire, pour y continuer leur service, par décision du Ministre de la guerre rendue sur la proposition de leurs chefs hiérarchiques (1).

Art. 7. Nul n'est admis dans une administration de l'Etat, ou ne peut être investi de fonctions publiques, même électives, s'il ne justifie avoir satisfait aux obligations imposées par la présente loi.

Le temps passé sous les drapeaux par les fonctionnaires, agents et sous-agents de toutes les administrations de l'Etat, par les ouvriers et employés des établissements de l'Etat, soit avant, soit après leur admission dans les cadres, est compté pour le calcul de l'ancienneté de services exigée pour la retraite et pour

---

(1) Alinéa nouveau. (Loi du 11 avril 1910, *B. O.*, p. 904.)

le calcul de l'ancienneté exigée pour l'avancement, pour une durée équivalente de services civils (1).

Ce temps est compté en une seule fois, aussitôt accompli, si le service militaire est fait après l'admission dans les cadres, ou dès l'entrée dans les cadres, s'il a été fait auparavant (1).

Toutefois, pour les classes non encore appelées, des arrêtés ministériels pourront, dans chaque administration, remplacer le rappel en une seule fois par un rappel fractionné par périodes d'un an au minimum par avancement (2).

Est également compté pour une durée équivalente de services civils le temps passé sous les drapeaux, à partir de l'incorporation de la classe 1913, par les jeunes gens appartenant à une classe antérieure.

Des services militaires antérieurs à l'entrée dans l'administration ne sont comptés que si la demande d'emploi civil a été introduite pendant les deux années qui ont suivi la libération de l'ancien militaire ou si le candidat s'est présenté au premier concours ouvert après l'expiration de ces deux années. Les agents qui, après ces mêmes délais, passent, sur leur demande, d'un service dans un autre, ne peuvent réclamer le bénéfice des dispositions du présent article.

Le temps de service militaire à compter par application des dispositions qui précèdent ne peut être supérieur au temps de service obligatoire dans l'armée active exigé par la loi de recrutement sous le régime de laquelle l'agent a été incorporé. Il n'est point tenu compte des services militaires déjà rémunérés par une pension proportionnelle ou par une pension d'ancienneté.

Les fonctionnaires, employés, sous-agents et ouvriers civils de l'Etat qui ont quitté leur emploi pour accomplir leur service militaire et qui sont maintenus sous les drapeaux par application de l'article 33 de la loi du 21 mars 1905 seront, au point de vue de l'ancienneté exigée pour l'avancement, considérés comme réintégrés dans les cadres de l'administration civile à laquelle ils appartiennent, à partir de la date de leur passage dans la réserve de l'armée active ou de leur libération si elle est antérieure.

En ce qui concerne les agents soumis au régime de l'article 80 de la loi de finances du 30 mars 1902 et des décrets des 11 no-

---

(1) Loi du 7 août 1913.

(2) Ce paragraphe et les suivants font l'objet de la loi du 31 décembre 1917 (*B. O.*, p. 3903).

vembre 1903 et 6 septembre 1912, le rappel des services militaires auquel ils peuvent encore avoir droit en vertu de ces textes sera effectué soit immédiatement s'ils sont en fonctions, soit, dans le cas contraire, au moment de leur admission dans les cadres.

Art. 8. Tout corps organisé, quand il est sous les armes, est soumis aux lois militaires, fait partie de l'armée et relève soit du Ministre de la guerre, soit du Ministre de la marine.

Il en est de même des corps de vétérans que le Ministre de la guerre est autorisé à créer en temps de guerre, et qui seraient recrutés par voie d'engagements volontaires parmi les hommes ayant accompli la totalité de leur service militaire.

Art. 9. Les militaires et assimilés de tous grades et de toutes armes des armées de terre et de mer ne prennent part à aucun vote quand ils sont présents à leur corps, à leur poste ou dans l'exercice de leurs fonctions.

Ceux qui, au moment de l'élection, se trouvent en résidence libre, en non-activité ou en possession d'un congé, peuvent voter dans la commune sur les listes de laquelle ils sont régulièrement inscrits. Cette disposition s'applique également aux officiers et assimilés qui sont en disponibilité ou dans le cadre de réserve.

TITRE II.

DES APPELS.

CHAPITRE Ier.

DU RECENSEMENT.

Art. 10. Chaque année, pour la formation de la classe, les maires établissent les tableaux de recensement des jeunes gens ayant atteint l'âge de 19 ans révolus dans l'année précédente et domiciliés dans l'une des communes du canton.

Les classes sont incorporées l'année de leur recensement (1).

---

(1) Loi du 7 août 1913.

1° Sur la déclaration à laquelle sont tenus les jeunes gen leurs parents ou leurs tuteurs;

2° D'office, d'après les registres de l'état civil et tous autre documents et renseignements.

Sont portés sur ces tableaux les jeunes gens qui sont Françai en vertu du Code civil et des lois sur la nationalité.

Ces tableaux mentionnent la profession de chacun des jeune gens inscrits.

Ils sont publiés et affichés dans chaque commune suivant le formes prescrites par les articles 63 et 64 du Code civil. La der nière publication doit avoir lieu au plus tard le 15 janvier.

Dans le mois qui suivra la publication des tableaux de recer sement et jusqu'au 15 février au plus tard, tout inscrit qui aura à faire valoir des infirmités ou maladies pouvant le rendre im propre au service militaire devra en faire la déclaration à la ma rie de sa commune, en y joignant, pour constituer son dossie sanitaire, tous les certificats utiles. Il lui en sera délivré réce pissé.

A défaut de l'inscrit, la même déclaration pourra être faite pa ses ascendants, ses parents ou toute autre personne qualifiée.

Cette déclaration sera, à l'expiration des délais, transmise pa le maire à l'autorité compétente, qui la comprendra, avec toute les pièces s'y rapportant, dans le dossier de l'inscrit.

Si, malgré les infirmités ou maladies invoquées, l'inscrit es déclaré bon pour le service, son dossier sanitaire, constitu comme il a été dit, devra le suivre après son incorporation, être conservé par le corps auquel il sera affecté et transmis par lu à chaque mutation.

Art. 11. Abrogé (loi du 3 juillet 1917, *B. O.*, p. 1872).

Art. 12 (1). Les individus devenus Français par voie de natu ralisation sont portés sur les tableaux de recensement de la pre mière classe formée après leur changement de nationalité.

Les individus inscrits sur les tableaux de recensement en appli cation du paragraphe précédent sont incorporés en même temps que la classe avec laquelle ils ont pris part aux opérations de la revision. Ils sont tenus d'accomplir le même temps de service actif, sans que, toutefois, cette obligation ait pour effet de les

---

(1) Nouvelle rédaction. (Loi du 7 août 1913.)

maintenir sous les drapeaux, en dehors des cas prévus par les articles 34 et 39, au delà de leur 35e année révolue. Ils suivent ensuite le sort de la classe avec laquelle ils ont été incorporés. Toutefois, ils sont libérés à titre définitif à l'âge de 50 ans au plus tard.

Lorsque l'inscription d'un jeune homme sur les tableaux de recensement a été différée par application de conventions internationales, la durée obligatoire du service actif ne subit aucune réduction, sous la réserve, ci-dessus exprimée, que ce service ne se prolongera pas au delà de la 35e année révolue.

La situation des individus devenus Français par voie de réintégration ou déclaration continue à être réglée par les dispositions de l'article 12 de la loi du 21 mars 1905.

Art. 13. Sont considérés comme légalement domiciliés dans le canton :

1° Les jeunes gens, même émancipés, engagés, établis au dehors, expatriés, absents ou en état d'emprisonnement, si d'ailleurs leur père, ou, en cas de décès ou de déchéance de la puissance paternelle du père, leur mère ou leur tuteur est domicilié dans une des communes du canton, ou si leur père, expatrié, avait son domicile dans une desdites communes;

2° Les jeunes gens mariés dont le père, ou la mère à défaut du père, sont domiciliés dans le canton, à moins qu'ils ne justifient de leur domicile réel dans un autre canton;

3° Les jeunes gens mariés et domiciliés dans le canton, alors même que leur père et leur mère n'y seraient pas domiciliés;

4° Les jeunes gens nés et résidant dans le canton, qui n'auraient ni leur père, ni leur mère, ni un tuteur;

5° Les jeunes gens résidant dans le canton, qui ne seraient dans aucun des cas précédents et qui ne justifieraient pas de leur inscription dans un autre canton.

Les jeunes gens résidant soit en Algérie, soit aux colonies, soit dans les pays de protectorat sont inscrits sur les tableaux de recensement du lieu de leur résidence. Sur la justification de cette inscription, ils sont, dans ce cas, rayés des tableaux de recensement où ils auraient pu être portés en France, par application des dispositions du présent article.

Art. 14. Sont, d'après la notoriété publique, considérés comme ayant l'âge requis pour l'inscription sur les tableaux de recensement, les jeunes gens qui ne peuvent produire ou n'ont pas produit, avant la vérification des tableaux de recensement, un extrait des registres de l'état civil constatant un âge différent, ou qui, à défaut des registres de l'état civil, ne peuvent prouver ou n'ont pas prouvé leur âge conformément à l'article 46 du Code civil.

Art. 15. Si, dans les tableaux de recensement des années précédentes, des jeunes gens ont été omis, ils sont inscrits sur les tableaux de recensement de la classe qui est appelée après la découverte de l'omission, à moins qu'ils n'aient 49 ans accomplis à l'époque de la clôture des tableaux, et sont soumis à toutes les obligations qu'ils auraient eu à accomplir s'ils avaient été inscrits en temps utile.

Toutefois, ils sont libérés à titre définitif à l'âge de 50 ans au plus tard.

CHAPITRE II.

DU CONSEIL DE REVISION CANTONAL. — DES TABLEAUX DE RECENSEMENT. — DES EXEMPTIONS. — DES AJOURNEMENTS ET DES SURSIS D'INCORPORATION. — DES SOUTIENS DE FAMILLE. — DES OFFICIERS DE L'ARMÉE ACTIVE ET DE RÉSERVE. — DES LISTES DE RECRUTEMENT CANTONAL.

Art. 16. Le conseil de revision est composé :

Du préfet, président; à son défaut, du secrétaire général et, exceptionnellement, du vice-président du conseil de préfecture ou d'un conseiller de préfecture délégué par le préfet;

D'un conseiller de préfecture désigné par le préfet;

D'un membre du conseil général du département autre que le représentant élu dans le canton où la revision a lieu, désigné par la commission départementale, conformément à l'article 82 de la loi du 10 août 1871;

D'un membre du conseil d'arrondissement, autre que le représentant élu dans le canton où la revision a lieu, désigné comme ci-dessus, et, dans le territoire de Belfort, d'un deuxième membre du conseil général;

D'un officier général ou supérieur désigné par l'autorité militaire.

Un sous-intendant militaire, le commandant de recrutement, un médecin militaire ou, à défaut, un médecin civil désigné par l'autorité militaire assistent aux opérations du conseil de revision. Le conseil ne peut statuer qu'après avoir entendu l'avis du médecin.

Cet avis est consigné dans une colonne spéciale, en face de chaque nom, sur les tableaux de recensement.

Le sous-intendant militaire est entendu dans l'intérêt de la loi toutes les fois qu'il le demande et peut faire consigner ses observations au procès-verbal de la séance.

Le sous-préfet de l'arrondissement et les maires des communes auxquelles appartiennent les jeunes gens appelés devant le conseil de revision assistent aux séances. Ils ont le droit de présenter des observations.

En cas d'empêchement des membres du conseil général ou du conseil d'arrondissement, le préfet les fait suppléer d'office par des membres appartenant à la même assemblée que l'absent; ces membres, désignés d'office, ne peuvent être les représentants élus du canton où la revision a lieu.

Si, par suite d'une absence, le conseil de revision est réduit à quatre membres, il peut néanmoins délibérer lorsque le président, l'officier général ou supérieur et deux membres civils restent présents; la voix du président n'est pas prépondérante. La décision ne peut être prise qu'à la majorité de trois voix. En cas de partage, elle est ajournée.

Dans les colonies, les attributions du préfet, des conseillers de préfecture et des conseillers d'arrondissement sont dévolues aux gouverneurs ou à leurs délégués, aux conseillers privés et aux conseillers généraux. Dans les colonies où il n'existe ni conseil privé, ni conseils généraux, des décrets régleront la composition des conseils de revision.

Le conseil de revision juge en séance publique.

A l'ouverture de la séance, les tableaux de recensement de chaque commune sont examinés; ils sont lus à haute voix. Les jeunes gens, leurs parents ou représentants sont entendus dans leurs observations.

Le conseil de revision statue sur les réclamations présentées ainsi que sur les causes d'exemption prévues par l'article 18 de la présente loi.

Il examine la situation des omis et prend à leur égard l'une des décisions suivantes :

Sont excusés ceux qui, ayant déposé, huit jours au moins avant la réunion du conseil, une demande tendant à justifier leur non-inscription sur le tableau de recensement des années précédentes, prouvent que l'omission de leur nom sur ce tableau ne peut être imputée à leur négligence.

Seront, au contraire, annotés comme devant être incorporés dans les troupes coloniales et pourront être envoyés aux colonies :

1° Les omis condamnés par les tribunaux par application de l'article 79 ci-après;

2° Ceux dont les excuses n'auront pas été admises.

Dans le cas où une intention frauduleuse aurait été relevée, le conseil renverra ces jeunes gens devant les tribunaux.

Art. 17. Le conseil de revision se transporte dans les divers cantons.

Sauf en cas de mobilisation, il ne peut opérer le même jour que dans un seul canton.

Les jeunes gens portés sur les tableaux de recensement ainsi que ceux des classes précédentes qui ont été ajournés, conformément à l'article 18 ci-après, sont convoqués, examinés et entendus par le conseil de revision au lieu désigné. Ils peuvent faire connaître l'arme dans laquelle ils désirent être placés.

S'ils ne se rendent pas à la convocation, s'ils ne s'y font pas représenter ou s'ils n'ont pas obtenu un délai, il est procédé comme s'ils étaient présents et ils sont considérés comme aptes au service armé.

Art. 18. Au point de vue des aptitudes physiques, le conseil de revision classe les jeunes gens présents en quatre catégories :

1° Ceux qui sont reconnus bons pour le service armé;

2° Ceux qui, étant atteints d'une infirmité relative sans que leur constitution générale soit douteuse, sont reconnus bons pour le service auxiliaire;

3° Ceux qui, étant d'une constitution physique trop faible, sont ajournés à un nouvel examen;

4° Ceux chez qui une constitution générale mauvaise ou certaines infirmités déterminent une impotence fonctionnelle partielle ou totale et qui sont exemptés de tout service militaire, soit armé, soit auxiliaire.

Il est délivré aux jeunes gens de ces deux dernières catégories, pour justifier de leur situation, un certificat qu'ils sont tenus de représenter à toute réquisition des autorités militaire, judiciaire ou civile.

Toutefois, les jeunes gens classés dans les 3e et 4e catégories n'y seront définitivement maintenus qu'après avoir été convoqués, examinés et entendus par la commission de réforme, dont la date et le siège leur seront individuellement notifiés (1).

S'ils ne se rendent pas à la convocation, s'ils ne s'y font pas représenter ou s'ils n'ont pas obtenu un délai, il est procédé comme s'ils étaient présents et ils sont considérés comme aptes au service armé (1).

Les hommes de la 4e catégorie sont, toutefois, astreints à se présenter et à subir l'examen d'un conseil de revision :

1° A la date de leur passage dans la réserve active (24 ans);

2° Cinq ans après cette première visite (29 ans);

3° Au moment de leur passage dans l'armée territoriale (35 ans) (1).

Ceux reconnus, à l'un quelconque de ces examens, aptes au service militaire, sont immédiatement soumis aux obligations de la classe à laquelle ils appartiennent par leur âge (1).

L'emploi de chacun est fixé, dans la mesure du possible, suivant ses aptitudes physiques, morphologiques et professionnelles (1).

Le recrutement sera organisé de telle sorte que les réservistes soient le plus près possible du centre des unités actives où ils auront fait leur service et qu'ils devront rejoindre au moment de la mobilisation (1).

Art. 19 (1). Le fonctionnement du conseil de revision est modifié de la façon suivante :

A côté du conseil de revision, fonctionnant après lui, est créée une commission médicale militaire chargée d'examiner les cas douteux reconnus par l'expert médical du conseil de revision.

Cette commission, réunie au chef-lieu de chaque subdivision de région, sera composée de trois médecins militaires.

Elle adressera au préfet un rapport sur chacun des hommes examinés.

Le conseil de revision, dans sa séance finale, statuera sur tous les cas présentés en dehors de la présence des intéressés. Ultérieurement, le préfet communiquera à chacun des hommes examinés la décision prise sur son compte.

---

(1) Loi du 7 août 1913.

Les jeunes gens reconnus par le conseil de revision d'une constitution physique trop faible peuvent être ajournés jusqu'à l'époque où ils passent dans la réserve de l'armée active.

A moins d'une autorisation spéciale, ces ajournés sont astreints à repasser la visite devant le conseil de revision du canton qui les a examinés une première fois.

Les jeunes gens ajournés une première fois, reconnus bons l'année suivante, feront trois ans; après deux ajournements, les hommes pris par la revision feront deux ans.

Ceux qui, ayant été ajournés trois fois, sont pris au quatrième examen, sont astreints à un an de service.

Ceux enfin qui, après avoir été ajournés quatre fois, sont déclarés bons au dernier examen qu'ils doivent subir, sont versés dans la réserve et astreints aux périodes de la classe à laquelle ils appartiennent.

Les jeunes gens dont l'état physique est suffisant pour qu'ils soient versés dans l'armée active, mais qui présentent une tare accidentelle ou congénitale les empêchant de faire du service armé, sont versés dans le service auxiliaire et font trois ans de service.

Sous aucun prétexte, les hommes reconnus faibles de constitution ne peuvent être versés dans le service auxiliaire.

Les ajournés sont, après leur libération, astreints aux obligations de leur classe d'origine.

Les règles applicables aux ajournés le sont également aux jeunes gens réformés temporairement, qu'ils soient appelés ou engagés, qu'ils appartiennent au service armé ou au service auxiliaire, si, le temps de la réforme temporaire écoulé, ils sont reconnus aptes à reprendre du service. Le temps passé dans la position de réforme temporaire compte pour le service actif.

Art. 20. En temps de paix, l'un des deux frères inscrits la même année sur les tableaux de recensement, ou faisant partie du même appel, et, en cas de désaccord entre eux, le plus jeune ne sera, sur sa demande, incorporé qu'après l'expiration du temps obligatoire de service de l'autre frère.

Celui qui, au moment des opérations du conseil de revision, aura un frère servant comme appelé, ne sera également incorporé, s'il le demande, qu'après la libération de ce dernier.

Le jeune soldat qui a obtenu un sursis d'incorporation dans les conditions prévues au présent article a la faculté d'y renoncer ultérieurement. Il en fait la demande écrite au commandant du bureau de recrutement de son domicile; mais son incorporation n'a lieu qu'avec celle de la classe appelée immédiatement après sa renonciation.

Art. 21. En temps de paix, des sursis d'incorporation, renouvelables d'année en année jusqu'à l'âge de 25 ans, peuvent être accordés aux jeunes gens qui en font la demande, qu'ils aient été classés par le conseil de revision dans le service armé ou dans le service auxiliaire.

A cet effet, ils doivent établir que, soit à raison de leur situation de soutien de famille, soit dans l'intérêt de leurs études, soit pour leur apprentissage, soit pour les besoins de l'exploitation agricole, industrielle ou commerciale à laquelle ils se livrent pour leur compte ou pour celui de leurs parents, soit à raison de leur résidence à l'étranger, il est indispensable qu'ils ne soient pas enlevés immédiatement à leurs travaux.

Les demandes de sursis adressées au maire dans les deux mois qui précèdent les opérations du conseil de revision sont instruites par lui; le conseil municipal donne son avis motivé. Elles sont envoyées au préfet et transmises par lui, avec ses observations, au conseil de revision, qui statue (1).

Les sursis d'incorporation ne confèrent aucune dispense.

Les jeunes gens qui ont obtenu, sur leur demande, un ou plusieurs sursis suivent le sort de leur classe d'origine (1).

En cas de guerre, les sursis sont annulés et ces jeunes gens sont appelés avec les hommes de leur classe d'origine.

Art. 22 (1). Les familles des militaires de l'armée de terre et de l'armée de mer remplissant effectivement, avant leur départ pour le service, les devoirs de soutiens indispensables de famille, auront droit, sur leur demande, en temps de paix, à une allocation journalière fournie par l'Etat pendant la présence de ces jeunes gens sous les drapeaux.

Cette allocation est fixée par jour à 1 fr. 25. Elle sera majorée de 0 fr. 50 pour chacun des enfants âgés de moins de 16 ans, à la charge du soutien de famille.

La même allocation sera due aux familles des militaires qui, pendant leur présence sous les drapeaux, justifieront de leur qualité de soutiens indispensables de famille.

---

(1) Loi du 7 août 1913.

Les demandes sont adressées par les familles au maire de la commune de leur domicile. Il en sera donné récépissé. Elles doivent comprendre à l'appui :

1° Le relevé des contributions payées par la famille et certifié par le percepteur;

2° Un état certifié par le maire de la commune et indiquant le nombre et la position des membres de la famille vivant sous le même toit ou séparément, les revenus et ressources de chacun d'eux.

Le conseil municipal émet sur chaque demande un avis motivé.

Le dossier ainsi constitué est transmis au préfet qui, dans le mois, provoque une enquête de la gendarmerie sur la situation matérielle de la famille et émet un avis motivé.

Le dossier ainsi complété reste déposé à la mairie pendant quinze jours. Acte de ce dépôt est notifié au demandeur. Celui-ci peut en prendre connaissance et présenter par écrit ses observations.

A l'expiration de ce délai de quinzaine, le maire transmet le dossier à un conseil composé du juge de paix, président; du contrôleur des contributions directes et du receveur de l'enregistrement.

Ce conseil statue sur la demande d'allocation; sa décision doit être motivée; elle est rendue en séance publique et notifiée dans la huitaine par le greffier, tant au demandeur qu'au préfet du département.

Dans le mois de cette notification, appel peut être interjeté, tant par le demandeur que par le préfet du département.

Cet appel est motivé.

Il est porté devant le tribunal civil de l'arrondissement, qui statue en chambre du conseil, sur pièces et sans frais, l'intimé ayant été appelé à fournir une réponse écrite aux motifs invoqués dans l'acte d'appel qui lui aura été notifié.

Lorsqu'il s'agira de familles résidant à l'étranger et remplissant les conditions du présent article, les demandes d'allocation seront adressées au consul de la ville de leur résidence, qui les instruira et statuera par des décisions motivées, communiquées aux intéressés et au Ministre des affaires étrangères.

Un règlement d'administration publique déterminera les conditions d'application et de procédure du présent article.

Nota. — L'article 22 est applicable aux réservistes, aux territoriaux et à leur famille pendant l'accomplissement de leurs périodes d'instruction.

Toute disposition contraire est abrogée (art. 50 de la loi du 7 août 1913).

Pendant la durée de leur service dans l'armée active, ne sont pas assujettis à l'impôt personnel et mobilier les hommes de troupe mariés dont la cote ne dépasse pas 10 francs en principal (art. 49 de la loi du 7 août 1913).

Art. 23 (1). Les jeunes gens admis à l'Ecole spéciale militaire, à l'Ecole du service de santé militaire et à l'Ecole du service de santé de la marine entreront directement dans ces écoles pour y faire leurs deux années de service. Ils seront versés chaque année, pendant deux mois, dans un corps de troupe, à la date du 1er août, pour y servir, la première année comme soldats, la deuxième année comme sous-officiers, et participer aux grandes manœuvres. Ces jeunes gens, en entrant à l'Ecole, devront contracter un engagement de huit années.

Les jeunes gens admis à l'Ecole polytechnique entreront directement dans cette école pour y faire leurs deux années de service. Ils seront versés chaque année, pendant deux mois, dans un corps de troupe, à la date du 1er août, pour y servir, la première année comme soldats, la deuxième comme sous-officiers, et participer aux grandes manœuvres.

Ceux d'entre eux qui ne seront pas classés dans les armées de terre ou de mer feront deux ans de service à leur sortie de l'école comme sous-lieutenants de réserve.

Les jeunes gens admis à l'Ecole polytechnique devront contracter, lors de leur entrée à l'école, un engagement de huit années au service de l'Etat.

Les élèves de l'Ecole spéciale militaire, de l'Ecole polytechnique, de l'Ecole du service de santé militaire et de l'Ecole du service de santé de la marine qui n'ont pas satisfait aux examens de sortie et ceux qui ont quitté l'école pour une cause quelconque sont incorporés dans un corps de troupe, comme soldats ou comme sous-officiers, pour y accomplir le complément des trois années de service exigées par la présente loi. Ce complément ne pourra être inférieur à deux ans.

Dans ce cas, l'engagement qu'ils avaient contracté est annulé. Il l'est également pour les élèves de l'Ecole polytechnique qui, ayant satisfait aux examens de sortie, n'ont été classés dans aucun des services qu'ils avaient demandés.

Nul ne sera admis à passer le concours d'admission à l'Ecole spéciale militaire et à l'Ecole polytechnique, s'il ne justifie avoir

---

(1) Nouvelle rédaction. (Loi du 7 août 1913.)

fait en France les trois dernières années d'études qui ont précédé le concours.

Les jeunes gens admis après concours à l'Ecole normale supérieure et à l'Ecole forestière, à l'intérieur desquelles l'instruction militaire est organisée, devront contracter, lors de leur entrée à l'école, un engagement de huit années au service de l'Etat et seront assimilés aux élèves de l'Ecole polytechnique. Ils seront donc versés, chacune des deux premières années, pendant deux mois, dans un corps de troupe, à la date du 1er août, pour y servir, la première année comme soldats, la deuxième comme sous-officiers, et participer aux grandes manœuvres. Ils feront deux ans de service à leur sortie de l'école comme sous-lieutenants de réserve.

NOTA. — La disposition du 7e paragraphe de l'article 23 relatif au concours d'admission à l'Ecole spéciale militaire ou à l'Ecole polytechnique ne sera applicable que cinq ans après la promulgation de la loi du 7 août 1913.

Art. 24 (1). Chaque année, au bout de six mois de service, entre les soldats incorporés, appelés ou engagés, un concours est ouvert pour l'admission aux écoles militaires d'infanterie, de cavalerie, d'artillerie, du génie et d'administration. Après un an de service à la caserne, les candidats admis entrent aux écoles. La durée des études y est d'un an. A leur sortie, les élèves sont nommés aspirants. Ils accompliront le dernier semestre de leur troisième année de service comme sous-lieutenants de réserve.

A leur libération, ils sont nommés officiers dans la réserve et doivent conserver leurs fonctions pendant un temps fixé par le Ministre de la guerre au moment du concours.

A l'expiration de ce temps, ils peuvent renoncer à leur grade. Ceux qui le conserveront seront astreints à des périodes d'exercices fixées par le Ministre de la guerre.

Celui-ci pourra également autoriser, chaque année, un certain nombre de sous-lieutenants à rester dans l'armée; ils ne pourront être nommés lieutenants qu'après un séjour dans une école d'application.

En aucun cas, le nombre des officiers de réserve provenant des sous-officiers de réserve des corps de troupe ne pourra être inférieur au tiers des vacances annuelles.

Art. 25 (1). Les docteurs ou les étudiants en médecine ou en

(1) Nouvelle rédaction. (Loi du 7 août 1913.)

pharmacie munis de douze inscriptions, qui ont subi avec succès, à la fin de leur première année de service, l'examen de médecin ou de pharmacien auxiliaire, peuvent être nommés à cet emploi et accomplissent leurs deuxième et troisième années de service comme médecins ou pharmaciens auxiliaires.

Les jeunes gens pourvus du diplôme de vétérinaire civil ou admis en quatrième année qui ont subi avec succès, à la fin de leur première année de service, l'examen de vétérinaire auxiliaire, sont nommés à cet emploi et accomplissent leurs deuxième et troisième années de service comme vétérinaires auxiliaires.

Les étudiants en médecine, en pharmacie et les élèves vétérinaires pourront être autorisés, après une première année de service, à demander des sursis pour achever leurs études.

Ils seront ensuite appelés pour terminer leurs deux années de service, qu'ils accompliront comme médecins, pharmaciens ou vétérinaires auxiliaires.

S'ils ont leur diplôme de docteur en médecine, de pharmacien ou de vétérinaire, ils pourront accomplir le dernier semestre de leur troisième année de service comme médecin ou pharmacien aide-major de réserve ou aide-vétérinaire.

Les sursis ne pourront être accordés à ces étudiants que jusqu'à l'âge de 27 ans révolus.

Art. 26 (1). Les élèves des écoles normales et les instituteurs seront, pendant leur présence sous les drapeaux, astreints à un séjour minimum de trois mois à l'Ecole normale de gymnastique.

Nota. — Les limites d'âge prévues par les lois, décrets et arrêtés pour l'admission aux concours ou emplois de l'Etat, des départements et des communes sont reculées d'un an pour les jeunes gens ayant accompli trois années de service militaire. Elles sont abaissées d'un an par année de service militaire non accomplie. Toute année pendant laquelle il a été fait quatre mois de service compte pour une année de service (art. 17 de la loi du 7 août 1913).

Art. 27. Sont considérés comme ayant satisfait à l'appel de leur classe :

1° Les jeunes gens sous les drapeaux en vertu d'un engagement volontaire ou ayant terminé leur service en vertu d'un engagement volontaire;

2° Les jeunes marins portés sur les registres matricules de l'inscription maritime, conformément aux règles prescrites par la loi sur l'inscription maritime du 24 décembre 1896.

---

(1) Nouvelle rédaction. (Loi du 7 août 1913.)

Les jeunes marins qui se font rayer de l'inscription maritime sont tenus d'en faire la déclaration au maire de leur commune dans les deux mois, de retirer une expédition de leur déclaration et de la soumettre au préfet du département, sous les peines portées par l'article 86 ci-après.

Ils sont tenus d'accomplir dans l'armée active le temps de service prescrit par la présente loi; ils suivent ensuite le sort de leur classe d'origine.

Toutefois, le temps déjà passé par eux au service militaire actif de l'Etat est déduit du nombre d'années pendant lesquelles tout Français fait partie de l'armée active.

Art. 28. Lorsque les jeunes gens portés sur les tableaux de recensement ont fait des déclarations dont l'admission ou le rejet dépend de la décision à intervenir sur des questions judiciaires relatives à leur etat ou à leurs droits civils, le conseil de revision ajourne sa décision ou ne prend qu'une décision conditionnelle.

Les questions sont jugées contradictoirement avec le préfet à la requête de la partie la plus diligente. Le tribunal civil du lieu du domicile statue sans délai, le ministère public entendu.

Le délai de l'appel et du recours en cassation est de quinze jours francs à partir de la signification de la décision attaquée.

Le recours est, ainsi que l'appel, dispensé de la consignation d'amende.

L'affaire est portée directement devant la chambre civile.

Les actes faits en exécution du présent article sont visés pour timbre et enregistrés gratis.

Il en est de même de tous actes, de quelque nature qu'ils soient, faits pour l'exécution de l'article 22 (1).

Les paragraphes 2, 3, 4; 5 et 6 du présent article sont applicables au cas prévu par l'article 6.

Art. 29. Hors les cas prévus par les articles 6 et 28, les décisions du conseil de revision sont définitives. Elles peuvent, néanmoins, être attaquées devant le Conseil d'Etat pour incompétence, excès de pouvoir ou violation de la loi.

Le recours au Conseil d'Etat n'aura pas d'effet suspensif.

L'appelé pourra toujours réclamer le bénéfice de l'annulation, même si elle est prononcée sur le recours du Ministre formé dans l'intérêt de la loi.

Elles peuvent être aussi revisées par les conseils de revision

---

(1) Alinéa nouveau. (Loi du 7 août 1913.)

eux-mêmes pour l'un des motifs ci-après : erreur matérielle dans les pièces sur le vu desquelles la décision a été prise; défaut de justification imputable aux fonctionnaires ou agents, civils ou militaires, chargés d'établir les pièces ou de les transmettre.

La demande de revision est examinée dans la session qui suit immédiatement la découverte de l'erreur et, au plus tard, dans celle qui précède le renvoi de la classe avec laquelle l'intéressé a été incorporé.

Elle est introduite par le Ministre de la guerre soit d'office, soit à la requête de l'intéressé.

Art. 30. Après que le conseil de revision a statué sur la situation des jeunes gens, ainsi que sur toutes les réclamations auxquelles les opérations peuvent donner lieu, la liste de recrutement cantonal de la classe est définitivement arrêtée et signée par le conseil de revision, ainsi que par les maires des communes intéressées.

Cette liste, divisée en sept parties, comprend :

1° Tous les jeunes gens déclarés propres au service armé, sauf ceux visés au paragraphe 7°;

2° Les jeunes gens classés dans le service auxiliaire de l'armée, sauf ceux visés au paragraphe 6°;

3° Les jeunes gens liés au service en vertu d'un engagement volontaire, d'un brevet ou d'une commission, et les jeunes marins inscrits;

4° Les jeunes gens exclus en vertu des dispositions de l'article 4;

5° Les jeunes gens qui sont ajournés d'office conformément au 3° de l'article 18;

6° Les jeunes gens qui, classés dans le service auxiliaire, ont obtenu, sur leur demande, un ajournement, conformément au 4° alinéa de l'article 19;

7° Les jeunes gens qui ont obtenu un sursis, conformément aux articles 20 et 21.

CHAPITRE III.

DU REGISTRE MATRICULE.

Art. 31. Il est tenu par subdivision de région un registre matricule sur lequel sont portés tous les jeunes gens inscrits sur les listes de recrutement cantonal.

Ce registre mentionne l'incorporation de chaque homme inscrit ou la position dans laquelle il est laissé et, successivement, tous les changements qui peuvent survenir dans sa situation jusqu'à sa libération définitive.

Tout homme inscrit sur le registre matricule reçoit un livret individuel qu'il est tenu de représenter à toute réquisition des autorités militaire, judiciaire ou civile.

En cas d'appel à l'activité ou de convocation pour des manœuvres, exercices ou revues, la représentation du livret individuel doit avoir lieu dans les vingt-quatre heures de la réquisition.

En tout autre cas, le délai est de huit jours.

TITRE III.

DU SERVICE MILITAIRE.

CHAPITRE Ier.

BASES DU SERVICE.

Art. 32 (1). Tous les hommes reconnus aptes au service militaire sont tenus d'accomplir effectivement la même durée de service.

Tout Français reconnu propre au service militaire fait partie successivement :

De l'armée active pendant trois ans;

De la réserve de l'armée active pendant onze ans;

De l'armée territoriale pendant sept ans;

De la réserve de l'armée territoriale pendant sept ans.

Le service militaire est réglé par classe. L'armée active comprend, indépendamment des hommes qui ne proviennent pas des appelés, tous les jeunes gens déclarés propres au service militaire armé et auxiliaire et faisant partie des trois derniers contingents incorporés.

Art. 33. La durée du service compte du 1er octobre de l'année de l'inscription sur les tableaux de recensement, et l'incorporation du contingent doit avoir lieu, au plus tard, le 10 octobre de la même année.

Pour les jeunes gens dont l'incorporation a été retardée en

---

(1) Nouvelle rédaction. (Loi du 7 août 1913.)

vertu des articles 20 et 21, la durée du service compte du 1er octobre de l'année de leur incorporation.

Pour les engagés volontaires, elle compte du jour de leur engagement, et pour les hommes visés à l'article 5, du jour de leur incorporation.

En temps de paix, chaque année, au 30 septembre, les militaires qui ont accompli le temps de service prescrit :

1° Soit dans l'armée active;

2° Soit dans la réserve de l'armée active;

3° Soit dans l'armée territoriale;

4° Soit dans la réserve de l'armée territoriale,

Sont envoyés respectivement :

1° Dans la réserve de l'armée active;

2° Dans l'armée territoriale;

3° Dans la réserve de l'armée territoriale;

4° Dans leurs foyers comme libérés à titre définitif.

Mention de ces divers passages et de la libération est faite sur le livret individuel.

Après les grandes manœuvres, la totalité de la classe dont le service actif expire le 30 septembre suivant peut être renvoyée dans ses foyers en attendant son passage dans la réserve.

Dans le cas où les circonstances paraîtront l'exiger, le Ministre de la guerre et le Ministre de la marine sont autorisés à conserver temporairement sous les drapeaux la classe qui a terminé sa troisième année de service. Notification de cette décision sera faite aux Chambres dans le plus bref délai possible (1).

Dans les mêmes circonstances et pendant la première année de leur service dans la réserve, les hommes peuvent être rappelés sous les drapeaux par ordres individuels avec l'assentiment du conseil des ministres.

En temps de guerre, les passages et la libération n'ont lieu qu'après l'arrivée de la classe destinée à remplacer celle à laquelle les militaires appartiennent. Cette disposition est exceptionnellement applicable, dès le temps de paix, aux hommes servant aux colonies.

Les militaires faisant partie de corps mobilisés peuvent y être maintenus jusqu'à la cessation des hostilités, quelle que soit la classe à laquelle ils appartiennent.

En temps de guerre, le Ministre peut appeler par anticipation la classe qui ne serait appelée que le 1er octobre suivant.

---

(1) Nouvelle rédaction de cet alinéa. (Loi du 7 août 1913.)

Art. 34. Ne compte pas, pour les années de service exigées par la présente loi dans l'armée active, la réserve de l'armée active et l'armée territoriale, le temps pendant lequel un militaire de l'armée active, un réserviste ou un homme de l'armée territoriale a subi la peine de l'emprisonnement en vertu d'un jugement, si cette peine a eu pour effet de l'empêcher d'accomplir, au moment fixé, tout ou partie des obligations d'activité qui lui sont imposées par la présente loi ou par les engagements qu'il a souscrits.

Ces individus seront tenus de remplir leurs obligations d'activité, soit à l'expiration de leur peine s'ils appartiennent à l'armée active, soit au moment de l'appel qui suit leur élargissement s'ils font partie de la réserve de l'armée active ou de l'armée territoriale.

Toutefois, quelles que soient les déductions de service ainsi opérées, les hommes qui en sont l'objet sont rayés des contrôles en même temps que la classe à laquelle ils appartiennent.

CHAPITRE II.

DU SERVICE DANS L'ARMÉE ACTIVE.

Art. 35. Le contingent à incorporer est formé par les jeunes gens inscrits dans la première et la seconde partie des listes de recrutement cantonal et par ceux dont l'incorporation, ayant été retardée en vertu des articles 19, 20 et 21, doit avoir lieu dans l'année.

Il comprend en outre les engagés des articles 23 et 26 et les jeunes gens qui ont été autorisés à contracter l'engagement spécial dit de devancement d'appel prévu à la fin de l'article 50.

Il est mis, à dater du 1er octobre, à la disposition du Ministre de la guerre, qui en arrête la répartition.

Les jeunes gens appelés sous les drapeaux pour y accomplir la durée légale du service sont classés dans les différents corps de troupes, suivant les règles fixées par le Ministre de la guerre pour l'incorporation annuelle du contingent. Aucun d'eux ne peut être l'objet d'une affectation spéciale qui ne serait pas conforme à ces règles (1).

Art. 36. Sont affectés à l'armée de mer :

1° Les hommes fournis par l'inscription maritime;

---

(1) Nouvel alinéa. (Loi du 7 août 1913.)

2° Les hommes qui ont été admis à s'engager ou à contracter un rengagement dans les équipages de la flotte, suivant les conditions spéciales à l'armée de mer;

3° Les jeunes gens qui, au moment des opérations du conseil de revision, auront demandé à entrer dans les équipages de la flotte et auront été reconnus aptes à ce service;

4° En cas d'insuffisance des trois modes de recrutement ci-dessus indiqués, les hommes du contingent dont le Ministre de la marine pourra demander l'affectation aux équipages de la flotte pour les services à terre, dans les conditions déterminées par une loi spéciale.

Art. 37. Sont affectés aux troupes coloniales :

1° Les jeunes gens provenant des contingents des colonies de la Guadeloupe, la Martinique, la Guyane et la Réunion, et les Français astreints au service militaire dans les colonies et pays de protectorat visés à l'article 90:

2° Les hommes qui ont été admis à s'engager ou à contracter un rengagement dans lesdites troupes suivant les conditions spéciales déterminées aux articles 50 à 56 ci-après;

3° Les jeunes gens qui, au moment des opérations du conseil de revision, auront demandé à entrer dans les troupes coloniales et auront été reconnus propres à ce service;

4° Les omis visés à l'avant-dernier alinéa de l'article 16 ci-dessus;

5° A défaut d'un nombre suffisant d'hommes compris dans les catégories précédentes, les jeunes gens du contingent métropolitain qui auront été affectés par le recrutement aux troupes coloniales, mais sans que ces jeunes gens puissent être envoyés aux colonies sans leur consentement.

Art. 38 (1). Les militaires engagés ou appelés sous les drapeaux au titre des contingents annuels, accomplissant la durée légale du service, pourront, en dehors des dimanches et jours fériés, obtenir des congés ou permissions jusqu'à concurrence d'un total de 120 jours, au cours de leurs trois années de service. En dehors des périodes de fêtes légales, le nombre des hommes simultanément absents ne dépassera pas, dans chaque unité, 10 p. 100 de l'effectif fixé par la loi des cadres des différentes armes ou services.

(1) Nouvelle rédaction. (Loi du 7 août 1913.)

Toutefois, à deux périodes dans l'année fixées par l'autorité militaire, mais qui ne pourront pas au total excéder deux mois, le pourcentage pourra être de 20 p. 100.

Les hommes exerçant la profession d'agriculteur pourront, de préférence aux autres, obtenir leurs permissions au moment des travaux des champs, en une ou deux périodes.

La qualité d'agriculteur sera reconnue, pour les appelés, au moment de leur passage devant le conseil de revision; pour les engagés volontaires, par le bureau de recrutement, après enquête de la gendarmerie.

Les périodes de travaux agricoles seront déterminées annuellement par les conseils généraux dans leur session d'avril ou, à leur défaut, par les commissions départementales. Ces décisions seront notifiées par les soins des préfets à l'autorité militaire. qui en tiendra compte pour accorder les permissions agricoles

Les autorités militaires tiendront compte également de ces décisions pour fixer l'époque de convocation des réservistes agriculteurs dans les conditions compatibles avec les intérêts du service.

Ces congés ou permissions ne pourront être supprimés qu'en cas de punition grave.

Les militaires incorporés en Corse, en Algérie ou aux colonies, titulaires de permissions, bénéficieront de la réduction du quart de place pour leur transport sur les bateaux des compagnies de navigation.

Les militaires servant aux colonies ou dans les pays de protectorat, auxquels les nécessités de service ou le défaut de ressources n'auront pas permis de profiter de tout ou partie des 120 jours de permission, pourront en bénéficier en une seule fois immédiatement avant leur libération.

Art. 39. Les militaires qui, pendant la durée de leur service, auront subi des punitions de prison ou de cellule, d'une durée supérieure à huit jours, seront maintenus au corps après la libération de leur classe ou l'expiration de leur engagement pendant un nombre de jours égal au nombre de journées de prison ou de cellule qu'ils auront subies, déduction faite des punitions n'excédant pas huit jours.

Cette disposition ne sera pas applicable aux militaires qui, au moment de la libération de leur classe ou de l'expiration de leur engagement, seraient en possession du grade de sous-officier ou de celui de caporal ou de brigadier, ou qui seraient soldats de

1re classe, si les punitions ont été encourues par eux antérieurement à leur nomination.

Néanmoins, ceux des militaires dont la conduite aura été satisfaisante depuis leurs punitions pourront bénéficier d'une réduction partielle ou même totale, après comparution devant un conseil de discipline régimentaire dont la composition sera réglée par décret (1).

CHAPITRE III.

DU SERVICE DANS LES RÉSERVES.

Art. 40. Les hommes envoyés dans la réserve de l'armée active, dans l'armée territoriale et dans la réserve de ladite armée sont affectés aux divers corps de troupe et services de l'armée active ou de l'armée territoriale.

Ils sont tenus de rejoindre leur corps en cas de mobilisation, de rappel de leur classe ordonné par décret et de convocation pour des manœuvres ou exercices.

A l'étranger, les ordres de mobilisation, de rappel ou de convocation sont transmis par les soins des agents consulaires de France.

Le rappel de la réserve de l'armée active peut être fait d'une manière distincte et indépendante pour les troupes métropolitaines, pour les troupes coloniales ou pour l'armée de mer. Il peut être fait pour un, plusieurs ou tous les corps d'armée, pour un ou plusieurs cantons, et, s'il y a lieu, distinctement par arme ou par subdivision d'arme. Il a lieu par classe, en commençant par la moins ancienne.

En cas d'agression ou menace d'agression caractérisée par le rassemblement de forces étrangères en armes, le rappel à l'activité peut être ordonné, par arme ou par subdivision d'arme, pour une, plusieurs ou totalité des classes dans une zone déterminée autour des places fortes et des ouvrages fortifiés et sur le territoire des îles.

Les mêmes dispositions sont applicables à l'armée territoriale et à la réserve de l'armée territoriale. Toutefois, afin de limiter les rappels des hommes appartenant à la réserve de l'armée territoriale au nombre nécessité par certains besoins spéciaux, temporaires ou locaux, ces rappels pourront toujours s'effectuer par

(1) Alinéa nouveau. (Loi du 7 août 1913.)

fraction de classe et sans commencer obligatoirement par la classe la moins ancienne.

En cas de mobilisation, les militaires de la réserve domiciliés dans la région et, en cas d'insuffisance, les militaires de la réserve domiciliés dans d'autres régions, complètent les effectifs des divers corps de troupe et des divers services qui entrent dans la composition de chaque corps d'armée.

Les corps de troupe et services qui n'entrent pas dans la composition des corps d'armée sont complétés avec des militaires de la réserve pris sur l'ensemble du territoire.

Mention du corps d'affectation est portée sur le livret individuel.

Art. 41 (1). Les hommes de la réserve de l'armée active sont assujettis, pendant leur temps de service dans ladite réserve, à prendre part à deux périodes d'exercices : la première d'une durée de vingt-trois jours, la seconde d'une durée de dix-sept jours.

Les hommes de l'armée territoriale sont assujettis à une période d'exercices d'une durée de neuf jours.

L'emploi du temps pour les périodes de la réserve et de l'armée territoriale sera réglé par les soins des chefs de corps. Un compte rendu de cet emploi du temps sera envoyé annuellement au Ministre de la guerre, qui adressera également chaque année, au Président de la République, un rapport sur les exercices des réservistes et des territoriaux, sur les effectifs convoqués pour les manœuvres d'automne et ceux qui y auront pris part. Ce rapport sera inséré au *Journal officiel*.

Ces dispositions sont applicables dès l'année 1908, sauf en ce qui concerne les hommes des classes 1901, 1902, 1903, 1904 ayant moins de deux ans de service, pour qui la durée de la première convocation restera fixée à quatre semaines. Ceux qui auront été libérés du service actif avant le 1er janvier 1908 accompliront cette première période en 1908.

Les anciens bénéficiaires de l'article 23 de la loi du 15 juillet 1889, qui ont déjà accompli la période spéciale aux dispensés de cet article, ne seront appelés que pour des périodes de vingt-trois jours.

Sont dispensés de ces exercices et manœuvres les hommes appartenant à l'armée territoriale qui, au moment de l'appel de

(1) Nouvelle rédaction. (Loi du 14 avril 1908, *B. O.*, p. 484.)

leur classe pour une période d'instruction, seront inscrits, depuis au moins deux ans, sur les contrôles des corps de sapeurs-pompiers régulièrement organisés et qui auront contracté un engagement de cinq ans dans ces corps. En cas d'inexécution de cet engagement, les sapeurs-pompiers seront rappelés pour la période d'instruction dont ils auront été dispensés (1).

Peuvent être dispensés de ces manœuvres ou exercices, sur l'avis du consul de France, les jeunes gens qui ont établi leur résidence à l'étranger, hors d'Europe, et qui y occupent une situation régulière.

Les familles des hommes de la réserve et de l'armée territoriale qui, au moment de leûr convocation, remplissent effectivement les devoirs de soutien indispensable de famille, peuvent recevoir une allocation journalière fournie par l'Etat pendant la durée de cette période. Cette allocation, qui est fixée à soixante-quinze centimes (0 fr. 75), sera majorée de vingt-cinq centimes (0 fr. 25) pour chaque enfant de moins de 16 ans à la charge de l'homme convoqué.

En vue d'obtenir cette allocation, l'homme appelé à accomplir une période devra adresser au maire de la commune où il réside une demande dont il lui sera donné récépissé. Cette demande comprendra à l'appui :

1° Un relevé des contributions payées par le réclamant ou ses ascendants, certifié par le percepteur;

2° Un état certifié par le maire de la commune et indiquant le nombre et la position des membres de la famille vivant sous le même toit ou séparément, le revenu et les ressources de chacun d'eux.

Les listes et les dossiers de demandes annotés sont envoyés par le maire au préfet.

Il est statué sur ces demandes par le conseil spécial institué à l'article 22. Ce conseil se réunira sur la convocation du préfet.

Les allocations ci-dessus prévues peuvent être accordées jusqu'à concurrence de douze pour cent (12 p. 100) du nombre des hommes appelés momentanément sous les drapeaux.

Les hommes de la réserve de l'armée territoriale peuvent être soumis, pendant leur temps de service dans ladite réserve, à une revue d'appel pour laquelle la durée du déplacement imposé n'excédera pas une journée.

La décision ministérielle qui prescrit cette revue doit être mo-

---

(1) Nouvelle rédaction de cet alinéa. (Loi du 25 février 1914.)

tivée et spéciale aux unités ou fractions d'unités qu'il est utile de convoquer (1).

Les hommes de la réserve de l'armée territoriale qui, en temps de guerre, sont affectés à la garde des voies et communications et des points importants du littoral, peuvent être, en temps de paix, astreints à des exercices spéciaux dont la durée totale, pendant les six années passées dans la réserve de l'armée territoriale, n'excède pas sept jours.

Peuvent être dispensés des manœuvres, exercices ou revues d'appel, les hommes qui ont été classés dans le service auxiliaire.

Les militaires de la réserve, de l'armée territoriale et de la réserve de l'armée territoriale convoqués à une manœuvre, à une période d'exercices ou à un exercice spécial, ne peuvent obtenir aucun ajournement, sauf en cas de force majeure dûment justifié; les bénéficiaires d'ajournement seront rappelés pour une période similaire, soit l'année suivante, soit deux ans après.

En aucun cas, l'ajournement ne peut être accordé deux fois de suite pour la même période d'instruction.

Dans le cas où les circonstances paraîtraient l'exiger, les Ministres de la guerre et de la marine sont autorisés à conserver provisoirement sous les drapeaux, au delà de la période réglementaire, les hommes appelés à un titre quelconque pour accomplir une période d'exercices. Notification de cette décision sera faite aux Chambres dans le plus bref délai.

Les hommes désignés dans l'article 5 comme devant être incorporés dans les bataillons d'infanterie légère d'Afrique et qui n'auront point été jugés dignes d'être envoyés dans d'autres corps, au moment où ils seront libérés du service actif, resteront affectés, lors de leur passage dans les réserves, aux bataillons d'infanterie légère d'Afrique. En temps de paix, ils accompliront leurs périodes d'exercices dans des unités désignées par le Ministre de la guerre (2).

Les dispositions du dernier paragraphe seront applicables aux hommes qui, après avoir quitté l'armée active, ont encouru les condamnations spécifiées à l'article 5, sauf décision contraire du Ministre de la guerre, après enquête sur leur conduite depuis leur sortie de prison (2).

Les instituteurs publics des classes 1901, 1902, 1903 et 1904, ayant accompli leur période spéciale de quatre semaines, ne sont

(1) Alinéa nouveau. (Loi du 7 août 1913.)
(2) Alinéa nouveau. (Loi du 11 avril 1910.)

assujettis, pendant leur temps dans la réserve de l'armée active, qu'à une période d'exercices d'une durée de vingt-trois jours (1).

Indépendamment de la période d'instruction à laquelle ils sont astreints tous les deux ans, les officiers de complément peuvent accomplir, chacune des autres années, une période de quinze jours avec solde (2).

Art. 42. En cas de mobilisation, nul ne peut se prévaloir de la fonction ou de l'emploi qu'il occupe pour se soustraire aux obligations de la classe à laquelle il appartient.

Sont autorisés à ne pas rejoindre immédiatement, dans le cas de convocation par voie d'affiches et de publications sur la voie publique, les titulaires des fonctions et emplois désignés aux tableaux A, B et C annexés à la présente loi, sous la condition qu'ils occupent ces fonctions ou emplois depuis six mois au moins.

Peuvent être autorisés, à titre exceptionnel, à ne rejoindre leur corps d'affectation que dans un délai déterminé par le Ministre de la guerre, les hommes des différentes catégories de réserves employés en temps de paix à certains services ou dans des établissements, usines, exploitations houillères, fabriques, etc., dont le bon fonctionnement est indispensable aux besoins de l'armée.

Les fonctionnaires et agents portés au tableau A, qui ne relèvent pas déjà des Ministres de la guerre ou de la marine, sont mis à la disposition de ces ministres et attendent leurs ordres dans leur situation respective.

Les fonctionnaires et agents du tableau B, qui ne comptent plus dans la réserve de l'armée active, et les fonctionnaires et les agents du tableau C, même appartenant à la réserve de l'armée active, ne rejoignent leurs corps que sur ordres spéciaux.

Les hommes autorisés à ne pas rejoindre immédiatement sont, dès la publication de l'ordre de mobilisation, soumis à la juridiction des tribunaux militaires, par application de l'article 57 du Code de justice militaire.

Art. 43. Les hommes de la réserve et de l'armée territoriale appelés en cas de mobilisation ou convoqués pour des exercices, manœuvres ou revues sont considérés sous tous les rapports comme des militaires de l'armée active et soumis dès lors à toutes les obligations imposées par les lois et règlements en vigueur.

Art. 44. Lorsque les hommes de la réserve et de l'armée terri-

(1) Loi du 13 juillet 1911 (*B. O.*, p. 811).
(2) Alinéa nouveau. (Loi du 7 août 1913.)

toriale, même non présents sous les drapeaux, sont revêtus de la tenue militaire, ils doivent à tout supérieur hiérarchique, en uniforme, les marques extérieures de respect prescrites par les règlements militaires, et seront, comme des militaires en congé, passibles de peines disciplinaires.

Art. 45. Tout homme inscrit sur le registre matricule est astreint, s'il se déplace, aux obligations suivantes :

1° S'il se déplace pour changer de domicile ou de résidence, il fait viser, dans le délai d'un mois, son livret individuel par la gendarmerie dont relève la localité où il transporte son domicile ou sa résidence;

2° S'il se déplace pour voyager pendant plus de deux mois, il fait viser son livret, avant son départ, par la gendarmerie de sa résidence habituelle;

3° S'il va se fixer en pays étranger, il fait de même viser son livret avant son départ et doit, en outre, dès son arrivée, prévenir l'agent consulaire de France le plus voisin, qui lui donne récépissé de sa déclaration et envoie copie de celle-ci dans les huit jours au Ministre de la guerre.

A l'étranger, s'il se déplace pour changer de résidence, il en prévient, au départ et à l'arrivée, l'agent consulaire de France, qui en informe le Ministre de la guerre.

Lorsqu'il rentre en France, il se conforme aux prescriptions du paragraphe 1er du présent article.

Art. 46. Les hommes qui se sont conformés aux prescriptions de l'article précédent ont droit, en cas de mobilisation ou de rappel de leur classe, à des délais supplémentaires pour rejoindre, calculés d'après la distance à parcourir.

Ceux qui ne s'y sont pas conformés sont considérés comme n'ayant pas changé de domicile ou de résidence.

Art. 47. Les hommes de la réserve de l'armée active, de l'armée territoriale ou de sa réserve sont, en temps de paix, justiciables des tribunaux ordinaires et passibles des peines édictées par le Code de justice militaire lorsque, ayant été renvoyés dans leurs foyers depuis moins de six mois, ils commettent l'un des crimes ou délits prévus et punis par les articles dudit code énumérés au tableau D annexé à la présente loi.

L'application de ces articles est faite aux inculpés sous la réserve des dispositions spéciales indiquées audit tableau.

Art. 48. Les hommes de la réserve de l'armée active ainsi que les hommes envoyés en congé, par application des articles 90 et 91, peuvent se marier sans autorisation. Ils restent soumis néanmoins à toutes les obligations de service imposées à leur classe.

Les réservistes qui sont pères de quatre enfants vivants passent de droit et définitivement dans l'armée territoriale.

Les pères de six enfants vivants passent de droit dans la réserve de l'armée territoriale.

Est assimilé à la paternité légale et donne droit aux mêmes faveurs le fait d'avoir, par le mariage, la charge de quatre ou de six enfants vivants (1).

Art. 49. Tout militaire appartenant à l'armée active, à sa réserve ou à l'armée territoriale, qui cessera d'être apte au service armé, pourra, sur l'avis des commissions de réforme, être versé dans le service auxiliaire.

TITRE IV.

DES ENGAGEMENTS VOLONTAIRES, DES RENGAGEMENTS ET DES COMMISSIONS.

CHAPITRE Ier.

DES ENGAGEMENTS VOLONTAIRES.

Art. 50. Tout Français ou naturalisé Français, comme il est dit aux articles 11 et 12 de la présente loi, ainsi que les jeunes gens qui doivent être inscrits sur les tableaux de recensement ou qui sont autorisés par les lois à servir dans l'armée française, peuvent être admis à contracter un engagement volontaire dans l'armée active, aux conditions suivantes :

L'engagé volontaire doit :

1° S'il entre dans les troupes métropolitaines, avoir 18 ans accomplis.

S'il entre dans les troupes coloniales, avoir 18 ans accomplis et contracter un engagement de durée telle qu'il puisse séjourner deux années aux colonies à partir du moment où il aura atteint 21 ans.

Cette dernière condition ne s'applique pas aux jeunes gens résidant aux colonies ou dans les pays de protectorat, si les

---

(1) Loi du 13 juillet 1911.

troupes coloniales où ils s'engagent sont stationnées dans leur colonie ou pays de protectorat;

2° N'être ni marié ni veuf avec enfants;

3° N'avoir encouru aucune des condamnations tombant sous le coup de l'article 5 de la présente loi. Toutefois, les hommes incorporés dans les bataillons d'Afrique pourront contracter des rengagements renouvelables d'un an dans les conditions de l'article 54 de la présente loi (1);

4° Jouir de ses droits civils;

5° Etre de bonnes vie et mœurs;

6° S'il a moins de 20 ans, être pourvu du consentement de ses père, mère ou tuteur; ce dernier doit être autorisé par une délibération du conseil de famille.

En cas de divorce ou de séparation de corps, le consentement de celui des époux auquel la garde de l'enfant aura été confiée sera nécessaire et suffisant.

Le consentement du directeur de l'Assistance publique dans le département de la Seine, et du préfet dans les autres départements, est nécessaire et suffisant pour les enfants désignés au paragraphe 3 de l'article 2 de la loi du 27 juin 1904.

L'engagé volontaire est tenu, pour justifier des conditions prescrites aux paragraphes 3°, 4° et 5° ci-dessus, de produire un extrait de son casier judiciaire et un certificat délivré par le maire de son dernier domicile.

S'il ne compte pas au moins une année de séjour dans cette commune, il doit également produire un autre certificat du maire de la commune où il était antérieurement domicilié.

Le certificat doit contenir le signalement du jeune homme qui veut s'engager et mentionner la durée du temps pendant lequel il a été domicilié dans la commune.

Les hommes exemptés ou classés dans le service auxiliaire peuvent, jusqu'à l'âge de 32 ans accomplis, être admis à contracter des engagements volontaires s'ils réunissent les conditions d'aptitude physique exigées.

Les conditions relatives soit à l'aptitude physique et à l'admissibilité dans les différents corps de l'armée, soit aux époques de l'année où les engagements peuvent être contractés, soit au nombre maximum d'engagements à recevoir chaque année dans les différents corps de troupe, sont déterminées par décrets insérés au *Bulletin des lois*.

---

(1) Nouvelle rédaction de cet alinéa. (Loi du 11 avril 1910.)

Il ne pourra être reçu d'engagements volontaires que pour les troupes coloniales, pour les corps d'infanterie, de cavalerie, d'artillerie, du génie et pour le train des équipages militaires.

Tous les ans, les jeunes gens d'au moins 18 ans, remplissant les conditions d'aptitude physique et pourvus du certificat d'aptitude militaire institué par la loi du 8 avril 1905 seront admis à contracter, au moment de l'incorporation de la classe, dans le corps de leur choix, et jusqu'à concurrence du nombre fixé par le Ministre, pour chaque corps, un engagement spécial de trois ans, dit de devancement d'appel (1).

Les jeunes gens d'au moins 19 ans, non pourvus du certificat d'aptitude militaire et réunissant les conditions fixées par la loi de recrutement, pourront être admis à contracter, dans les troupes métropolitaines, des engagements de trois ans (1).

Le Ministre de la guerre déterminera les corps dans lesquels seront admis les engagés de chaque subdivision de région, les époques auxquelles ces engagements seront souscrits, ainsi que leur nombre pour chaque corps (1).

Les deux dispositions énoncées ci-dessus prendront fin trois ans après la promulgation de la présente loi, si l'éducation militaire de la jeunesse n'a pas été organisée par une loi dans l'ensemble du pays (1).

Les jeunes gens âgés d'au moins 18 ans qui seront désireux d'aller se fixer, à l'expiration de leur service militaire, soit en Algérie, soit dans une colonie française, soit dans les pays de protectorat, soit à l'étranger hors d'Europe et des pays limitrophes de la Méditerranée, sont admis, s'ils remplissent les conditions prévues à l'article 50 de la loi du 21 mars 1905, à contracter, au moment de l'incorporation de la classe, un engagement spécial de trois ans six mois, dit de devancement d'appel, pour résidence dans une colonie française ou à l'étranger hors d'Europe. Ils auront la faculté d'être mis en congé à l'expiration de leur troisième année de service, s'ils ont obtenu un certificat de bonne conduite. Dans les six mois qui suivent leur libération, ces jeunes gens devront se rendre en Algérie, dans une colonie française, dans un pays de protectorat ou à l'étranger hors d'Europe et des pays limitrophes de la Méditerranée et faire certifier chaque année, pendant cinq années consécutives, leur présence dans les pays d'outre-mer par le gouverneur de la colonie ou l'agent diplomatique français, suivant le cas (1).

---

(1) Alinéa nouveau. (Loi du 7 août 1913.)

Les jeunes gens visés à l'alinéa précédent qui, dans les six mois qui suivront leur libération, n'auront pas justifié de leur établissement effectif outre-mer, ceux qui, au cours de leur délai quinquennal, séjourneront plus de trois mois en France dans le courant de la même année et ceux qui rentreront en France définitivement avant l'expiration du délai quinquennal seront tenus d'accomplir six mois de service supplémentaires (1).

Les mêmes facilités d'engagement par devancement d'appel sont accordées aux jeunes gens nés ou déjà fixés à l'étranger. Les certificats prévus n'ont, en ce cas, qu'à être envoyés pendant un nombre d'années suffisant à parfaire une période quinquennale de résidence fixe à l'étranger en tenant compte du nombre des années qu'ils y auraient passées antérieurement à leur engagement (1).

L'affectation aux divers corps de troupes des jeunes gens admis à contracter un engagement dit de devancement d'appel sera faite par les bureaux de recrutement (1).

Art. 51 (1). Les jeunes gens réunissant les conditions prévues à l'article 50 ci-dessus peuvent contracter, pour les troupes métropolitaines, des engagements de quatre et cinq ans, et pour les troupes coloniales, ainsi que pour certains corps métropolitains d'Afrique désignés par le Ministre de la guerre, des engagements de trois, quatre et cinq ans, sous réserve toutefois, pour les troupes coloniales, de la restriction imposée par le paragraphe 1° de l'article 50.

Le service militaire compte, pour les engagés, du jour de la signature de l'acte d'engagement. Ils passent dans la réserve à l'expiration de leur service actif et suivent ensuite le sort de la classe incorporée dans l'année de leur engagement.

Les jeunes gens qui contractent un engagement volontaire de quatre ou cinq ans ont le droit de choisir leur arme et leur corps, sous réserve des conditions d'aptitude physique exigées pour cette arme. Ces engagements de quatre ou cinq ans sont admis à des dates fixées par le Ministre de la guerre.

Art. 52. En cas de guerre, tout Français ayant accompli le temps de service prescrit pour l'armée active, la réserve de ladite armée et l'armée territoriale est admis à contracter, dans un corps de son choix, un engagement pour la durée de la guerre.

---

(1) Loi du 7 août 1913.

Cette faculté cesse pour les hommes de la réserve de l'armée territoriale lorsque leur classe est rappelée à l'activité.

En cas de guerre continentale, le Ministre de la guerre peut être autorisé, par décret du Président de la République, à accepter comme engagés volontaires pour la durée de la guerre les jeunes gens ayant 17 ans; il fixe les conditions suivant lesquelles ces engagements peuvent être reçus.

Le temps ainsi passé sous les drapeaux sera, pour ces engagés, déduit des trois années de service actif (1).

Art. 53. Les engagements volontaires sont contractés dans les formes prescrites par les articles 34, 35, 36, 37, 38, 39, 40, 42 et 44 du Code civil, devant les maires des chefs-lieux de canton en France, devant les officiers de l'état civil désignés par décret en Algérie et par arrêtés des gouverneurs dans les colonies ou résidents généraux dans les pays de protectorat.

Les conditions relatives à la durée de ces engagements sont insérées dans l'acte même.

Les autres conditions sont lues aux contractants avant la signature, et mention en est faite à la fin de l'acte.

Dès qu'il a reçu un engagement, le maire est tenu d'aviser le commandant de recrutement dont relève l'engagé, qui prend les mesures nécessaires pour faire délivrer à celui-ci ou faire notifier à son domicile une feuille de route pour rejoindre son corps.

CHAPITRE II.

DES RENGAGEMENTS.

Art. 54. La faculté de contracter un rengagement est accordée à tout militaire en activité qui compte au moins une année de service dans les troupes métropolitaines ou six mois dans les troupes coloniales. Ce rengagement date du jour de l'expiration légale du service dans l'armée active. La même faculté est accordée aux militaires libérés qui ont quitté le service depuis moins de deux ans, s'ils désirent entrer dans les troupes métropolitaines; à tous les militaires libérés comptant moins de 36 ans d'âge, s'ils désirent entrer dans les troupes coloniales. Toutefois, le militaire libéré ne peut rengager que pour trois ans au moins dans les troupes coloniales. Dans les troupes métropolitaines, le renga-

---

(1) Alinéa modifié. (Loi du 7 août 1913.)

gement minimum qu'il peut contracter doit lui permettre de compléter au moins quatre années de service (1).

Les rengagements sont renouvelables jusqu'à une durée totale de quinze années de service pour les sous-officiers ou anciens sous-officiers de l'armée métropolitaine, pour les caporaux, brigadiers ou soldats de cette armée, occupant certains emplois désignés par le Ministre de la guerre, pour les militaires de tous grades de l'armée coloniale, du régiment de sapeurs-pompiers de Paris et de certains corps de l'armée métropolitaine d'Afrique désignés par le Ministre (2).

De dix années pour les brigadiers et soldats dans les régiments de cavalerie et les batteries des divisions de cavalerie (2);

Et de cinq années pour les brigadiers, caporaux et soldats des autres troupes métropolitaines (2).

Dans les limites indiquées ci-dessus, les militaires de toutes armes et de tous grades peuvent contracter des rengagements de six mois, un an, dix-huit mois, deux, trois, quatre et cinq ans (2).

Peuvent être maintenus sous les drapeaux, comme rengagés, après quinze ans de services :

1° Les militaires de toutes armes et de tous grades, pourvus dans les différents corps et services de certains emplois déterminés par le Ministre de la guerre;

2° Les militaires de la gendarmerie, de la justice militaire, du régiment de sapeurs-pompiers de Paris, de la remonte, et le personnel employé dans les écoles militaires (2).

La durée maximum des rengagements successifs que peuvent contracter les militaires ayant plus de quinze ans de services est fixée à deux années; l'âge maximum auquel ils sont rayés des cadres est de 50 ans, à l'exception des militaires occupant certains emplois sédentaires fixés par le Ministre de la guerre, et qui peuvent être maintenus jusqu'à 60 ans. Les militaires de la gendarmerie pourront être maintenus jusqu'à l'âge de 55 ans (2).

Le nombre des rengagements dans chaque corps est fixé par le Ministre de la guerre.

Art. 55 (3). Les sous-officiers, caporaux et brigadiers sont en principe rengagés pour le corps dans lequel ils servent ou ont

(1) Alinéa modifié conformément à la loi du 10 juillet 1907.
(2) Alinéa modifié conformément à la loi du 7 août 1913.
(3) Article modifié conformément aux lois du 10 juillet 1907 et du 7 août 1913.

servi; toutefois, ils peuvent être, sur leur demande, rengagés pour un autre corps dans lequel le nombre des rengagés et commissionnés n'atteindrait pas le complet réglementaire. Ils conservent leur grade, même s'ils ont quitté le service depuis plus de six mois, sauf le cas où ils se rengagent dans une arme autre que leur arme d'origine ou dans le régiment de sapeurs-pompiers de Paris. Dans ce cas, ils ne peuvent rentrer au service que comme simples soldats.

Le Ministre de la guerre peut toujours, dans l'intérêt du service, prononcer d'office le changement de corps d'un militaire rengagé.

Art. 56. Tout militaire des troupes métropolitaines peut demander son passage dans les troupes coloniales, à condition d'avoir au moins deux ans et trois mois de service à accomplir. S'il est lié au service pour une durée moindre, il peut demander à la porter à deux ans et trois mois pour passer dans les troupes coloniales.

Le militaire gradé des troupes métropolitaines, qui passe dans les troupes coloniales, ne conserve son grade qu'en cas d'insuffisance du nombre des gradés dans le corps de troupe où il entre.

Ces dispositions sont applicables aux militaires de la légion étrangère naturalisés Français.

Les militaires des troupes coloniales ne sont pas autorisés à demander leur passage aux troupes métropolitaines; toutefois, les demandes de permutation entre sous-officiers peuvent être admises dans les conditions déterminées par le Ministre.

Art. 57. Les rengagements sont contractés devant les sous-intendants, les commissaires des troupes coloniales ou, à défaut, devant l'officier qui est leur suppléant légal, dans la forme prescrite par l'article 53 ci-dessus, sur la preuve que le contractant peut rester ou être admis dans le corps pour lequel il se présente.

NOTA. — L'article 58 a été supprimé par la loi du 7 août 1913.

Art. 59 (1). Dans les troupes métropolitaines, le nombre des sous-officiers de chaque corps de troupe restés sous les drapeaux au delà de la durée légale du service, en vertu d'une commission ou d'un rengagement, est fixé aux trois quarts de l'effectif total des militaires de ce grade.

---

(1) Article modifié conformément aux lois des 16 juillet 1906 et 10 juillet 1907.

Le nombre des brigadiers dans les mêmes conditions est fixé à la moitié de l'effectif total dans la cavalerie et l'artillerie des divisions de cavalerie; celui des caporaux et brigadiers est fixé au quart de l'effectif total dans les autres armes.

Pour l'arme de la cavalerie, ne seront pas compris dans les trois quarts des rengagés, les sous-officiers du petit état-major et du peloton hors rang.

Pour les simples soldats rengagés d'un an, leur nombre dans l'ensemble d'un corps de troupe pourra atteindre, mais non dépasser huit pour cent (8 p. 100) de l'effectif de mobilisation des compagnies du temps de paix dans les troupes à pied et le train des équipages, et quinze pour cent (15 p. 100) de l'effectif de mobilisation des escadrons et batteries du temps de paix dans les troupes à cheval.

Dans le régiment de sapeurs-pompiers de Paris, le nombre des rengagés peut atteindre la totalité de l'effectif.

CHAPITRE III.

AVANTAGES ASSURÉS AUX ENGAGÉS ET RENGAGÉS.

Art. 60. Les jeunes gens qui contractent un engagement ont le droit de choisir leur arme et leur corps, sous réserve des conditions d'aptitude physique exigées pour cette arme et des autres dispositions portées à l'article 50.

Tout militaire lié au service pour une durée supérieure à la durée légale a droit, à partir du commencement de la quatrième année de présence sous les drapeaux, à une haute paye journalière dont le tarif est fixé par le Ministre de la guerre pour chaque grade et pour chacune des catégories ci-après :

1° Troupes et services de l'armée coloniale;

2° Cavalerie et artillerie des divisions de cavalerie;

3° Autres troupes et services de l'armée métropolitaine (1).

Ces hautes payes pourront être augmentées pour certains corps.

Le droit à la haute paye journalière est suspendu pendant le cours des punitions supérieures à huit jours de prison et des punitions de cellule.

Art. 61. Tout militaire des troupes métropolitaines qui con-

---

(1) Paragraphe modifié. (Loi du 7 août 1913.)

tracte un engagement ou rengagement de manière à porter son service à quatre ou cinq années a droit à une prime (1).

Les militaires des troupes coloniales et de certains corps métropolitains d'Afrique désignés par le Ministre de la guerre, y compris ceux ayant contracté un engagement dans les conditions prévues au 2e alinéa de l'article 51 de la loi du 21 mars 1905, ont droit à une prime à partir du commencement de leur quatrième année de service jusqu'à la dixième inclusivement (1).

Le taux de la prime varie suivant le temps que l'engagé ou le rengagé s'engage à passer sous les drapeaux et suivant le corps où il s'engage à servir (1).

Conformément aux règles qui seront fixées par décret, la prime peut n'être acquise à l'engagé ou au rengagé qu'au moment de sa libération, ou bien lui être payée en partie le jour de la signature de son engagement ou de son rengagement (1).

Le reliquat lui en est alors payé soit par annuités égales, soit en un seul versement au moment où il quitte le service. La partie de la prime constituant le dernier versement est augmentée de l'intérêt simple à 2 fr. 50 p. 100 (1).

Le Ministre de la guerre fait connaître annuellement, à la date du 1er janvier, les tarifs des primes des sous-officiers, caporaux, brigadiers et soldats dans les différents corps (1).

Si, dans le cours d'un engagement ou rengagement, le militaire qui a bénéficié d'une prime est nommé sous-officier, la différence entre cette prime et celle de sous-officier lui est rappelée pour une part proportionnelle au temps de service qui lui reste à accomplir (2).

Si, dans le cours d'un engagement ou rengagement, le tarif de la prime vient à être modifié dans un corps, le militaire bénéficie, pour la portion de prime non encore touchée, du tarif nouveau (2).

Le militaire de l'armée métropolitaine, qui passe dans l'armée coloniale, a droit au rappel de la différence entre la prime dont il avait bénéficié et celle existant dans l'armée coloniale, seulement pour une part proportionnelle au temps qui lui reste à accomplir dans cette dernière (2).

Art. 62. Les sous-officiers de toutes armes restant sous les drapeaux au delà de cinq années de service ont droit, à partir du

---

(1) Paragraphe modifié. (Loi du 7 août 1913.)
(2) Paragraphe modifié. (Loi du 10 juillet 1907.)

commencement de la sixième année, à une solde spéciale, dont les tarifs sont réglés par décret du Président de la République, et qui est perçue dans les mêmes conditions que celle des officiers.

Cette solde exclut toute autre indemnité ou allocation en nature, sauf les indemnités de marches, de manœuvres, de logement, de résidence et de rassemblement, s'il y a lieu, ainsi que les allocations en nature qui peuvent être attribuées aux troupes en campagne et les allocations réglementaires relatives à l'habillement.

Art. 63. Les sous-officiers qui ont accompli la durée légale du service et qui sont autorisés à loger en ville ont droit à une indemnité de logement dont les tarifs sont fixés par le Ministre de la guerre, suivant les garnisons.

Art. 64 (1). Les militaires ayant accompli au moins quatre ans de service ou une période de séjour aux colonies sont dispensés de la première des périodes d'exercices de la réserve. Ceux ayant accompli au moins cinq ans de service sont dispensés des deux périodes d'exercices de la réserve.

Art. 65. Les militaires de toutes armes qui quittent les drapeaux après quinze ans de service effectif ont droit à une pension proportionnelle à la durée de leur service; après vingt-cinq ans de service, ils ont droit à une pension de retraite.

Ceux qui jouiront de ces pensions et qui seront titulaires du grade de sous-officier au moment où ils quitteront le service actif seront, pendant cinq ans au moins, et, en tout cas, jusqu'à leur libération définitive, à la disposition du Ministre de la guerre pour les cadres de la réserve et de l'armée territoriale.

La pension se règle sur le grade et l'emploi dont le militaire est titulaire, s'il en est investi depuis deux années consécutives, et sur le grade ou l'emploi inférieur dans le cas contraire.

Les taux des pensions et des pensions proportionnelles sont décomptés d'après les articles non abrogés de la loi du 11 avril 1831, d'après les lois du 25 juin 1861, du 18 août 1879 et le tarif joint à la loi du 11 juillet 1899.

Les autres conditions sont déterminées par un règlement inséré au *Bulletin des lois*.

La pension s'ajoute toujours au traitement afférent à l'emploi

---

(1) Article modifié conformément aux lois des 10 juillet 1907, 14 avril 1908 et 7 août 1913. (Voir le renvoi 1 de la page 32.)

civil dont le pensionnaire peut être pourvu aux termes des articles ci-après.

Les militaires qui obtiendraient d'être commissionnés après avoir quitté les drapeaux ne pourront réclamer la pension de retraite ou la pension proportionnelle qu'après avoir servi cinq ans en cette nouvelle qualité.

Les dispositions du présent article ne s'appliquent pas aux pensions des militaires de la gendarmerie qui sont régies par des dispositions spéciales.

Les sous-officiers de toutes armes qui, après avoir servi cinq ans au moins au delà de la durée légale, seraient réformés avant d'avoir acquis des droits à la pension proportionnelle, toucheront, pendant un temps égal à la moitié de la durée de leurs services effectifs, une solde de réforme égale au montant de la pension proportionnelle de leur grade (1).

Si, en raison de l'origine des blessures ou infirmités qui ont entraîné la réforme, le sous-officier a bénéficié, en outre, d'une gratification de réforme, temporaire ou permanente, le payement de celle-ci sera suspendu aussi longtemps que le titulaire jouira de la solde de réforme.

La pension civile ou le secours concédés à la veuve ou aux orphelins d'un fonctionnaire ou employé civil d'une administration publique ou de toute autre administration où des emplois sont réservés aux anciens militaires, décédé titulaire d'une pension proportionnelle au titre militaire, seront décomptés sur la totalité des services tant militaires que civils du mari ou du père. Chaque année de service militaire sera décomptée à raison de un vingt-cinquième de la pension ou du secours auquel cette veuve ou ces orphelins auraient eu droit si le mari ou le père avait accompli vingt-cinq années de services militaires (1).

Il sera procédé, dans des conditions analogues, par une loi spéciale, à l'attribution de pensions ou de secours à la veuve ou aux orphelins des anciens militaires titulaires d'une pension proportionnelle, mais n'étant pas pourvus d'un emploi de l'Etat (1).

Art. 66. Tout militaire engagé ou rengagé qui, étant sous les drapeaux, subit une condamnation, soit à la peine des travaux publics, soit à celle de l'emprisonnement pour une durée de trois

---

(1) Loi du 7 août 1913.

mois au moins, est déchu de tous ses droits à la haute paye et à la dispense des périodes d'instruction.

Le militaire qui a encouru la peine des travaux publics est également déchu de ses droits à la pension proportionnelle.

En outre, si la condamnation tombe sous le coup de l'article 5 de la présente loi, il sera dirigé, à l'expiration de sa peine, sur un bataillon d'infanterie légère d'Afrique.

La même mesure sera prise à l'égard de l'engagé ou du rengagé qui, ayant été, par un seul jugement, déclaré coupable d'un crime ou d'un délit militaire et d'un des crimes et délits spécifiés aux 1er et 2e alinéas de l'article 5, aura été condamné à la peine des travaux publics par application de l'article 135 du Code de justice militaire.

Les dispositions de l'article 5, dernier alinéa, sont applicables aux militaires dirigés sur les bataillons d'Afrique en exécution du présent article.

Le droit à la haute paye est temporairement suspendu :

1° Pour tout militaire engagé ou rengagé, envoyé par mesure disciplinaire dans une compagnie de discipline, pendant la durée de son séjour dans cette compagnie;

2° Pour tout rengagé des régiments étrangers, des régiments de tirailleurs algériens et des bataillons d'infanterie légère d'Afrique, envoyé par mesure disciplinaire à la section de discipline de son corps, pendant la durée de son séjour à ladite section.

Art. 67. L'admission d'office à la retraite proportionnelle ou la révocation des sous-officiers, caporaux, brigadiers et soldats commissionnés sont prononcées par le Ministre ou par le général commandant le corps d'armée, délégué, d'après l'avis d'un conseil d'enquête constitué suivant les règlements militaires en vigueur. Cet avis ne peut être modifié qu'en faveur de l'intéressé.

La commission est, en outre, retirée de plein droit lorsque, ayant été délivrée en vertu d'un emploi ou d'un traité déterminé, cet emploi est supprimé ou le traité est résilié ou vient à expiration.

Art. 68. La rétrogradation ou la cassation des sous-officiers, brigadiers ou caporaux rengagés est prononcée par le Ministre ou par le général commandant le corps d'armée délégué, d'après l'avis du conseil d'enquête constitué suivant les règlements actuellement en vigueur pour les sous-officiers. Cet avis ne peut être modifié qu'en faveur de l'intéressé.

CHAPITRE IV.

DES EMPLOIS RÉSERVÉS AUX ENGAGÉS ET RENGAGÉS.

Art. 69. Les emplois désignés au tableau E, annexé à la présente loi, sont réservés, dans les proportions indiquées audit tableau, aux sous-officiers de toutes armes qui ont accompli au moins dix ans de service et qui ont obtenu, en raison de leur manière de servir, l'avis favorable du conseil de régiment, ainsi qu'un certificat d'aptitude professionnelle.

Les emplois désignés au tableau F également annexé à la présente loi sont réservés, dans les mêmes conditions, aux sous-officiers, brigadiers et caporaux de toutes armes qui ont accompli au moins quatre ans de service, et aux simples soldats ayant accompli au moins cinq ans de service dans la cavalerie ou l'artillerie des divisions de cavalerie. Un certain nombre des emplois de ce dernier tableau sont réservés aux militaires de tous grades de l'armée coloniale ayant quinze années de services, dont dix au moins dans l'armée coloniale, et aux militaires de tous grades de certaines unités métropolitaines d'Afrique désignées par le Ministre, ayant accompli quinze années de service dont dix au moins dans des corps; ces militaires ont également droit aux autres emplois du même tableau (1).

Les emplois désignés au tableau G, également annexé à la présente loi, sont réservés dans les mêmes conditions aux simples soldats de toutes armes ayant accompli au moins quatre ans de service.

Un règlement d'administration publique répartit les emplois de chaque tableau en catégories et détermine le mode d'obtention du certificat d'aptitude professionnelle pour chacune de ces catégories.

Art. 70. Le classement des candidats aux emplois est opéré par une commission nommée par décret du Président de la République, sur le rapport du Ministre de la guerre, et composée :

D'un général de division, président;

De trois directeurs d'armes du ministère de la guerre et du directeur des troupes coloniales;

D'un maître des requêtes au Conseil d'Etat;

---

(1) Nouvelle rédaction de ce paragraphe. (Loi du 7 août 1913.)

D'un fonctionnaire du corps du contrôle de l'administration de l'armée;

D'un délégué de chacun des ministères autres que celui de la guerre et d'un délégué du sous-secrétariat des postes et télégraphes;

D'un fonctionnaire civil de l'administration centrale de la guerre, secrétaire.

Les compagnies ou administrations étrangères à l'Etat qui consentent à attribuer des emplois aux anciens militaires sont représentées respectivement dans la commission par le délégué du ministère qui se trouve plus spécialement en relation avec elles.

Le secrétaire de la commission est chargé, sous l'autorité du général président, de la centralisation de tous les renseignements et dossiers concernant les candidats, de l'examen des améliorations à apporter dans la collation des emplois, des mesures à prendre pour assurer l'application de la loi, enfin de l'étude des propositions à adresser au Ministre de la guerre en vue des modifications à introduire dans les tableaux E, F et G par suite de créations ou de transformations d'emplois. Ces dernières modifications devront faire l'objet de règlements d'administration publique rendus sur la proposition du Ministre de la guerre.

Les modifications à l'organisation administrative entraînant des suppressions d'emplois, des changements dans leur dénomination ou dans leur répartition par classes, doivent être notifiées à la commission de classement par l'administration intéressée.

Nota. — L'article 71 a été supprimé par la loi du 7 août 1913.

Art. 72. Les divers départements ministériels ou administrations desquels dépendent les emplois mentionnés aux tableaux E, F et G adressent, dans le courant de décembre de chaque année, au Ministre de la guerre, un état de prévision du nombre des emplois de chaque espèce dont la vacance est à prévoir dans le cours de l'année suivante.

Cet état de prévision est notifié à tous les corps de troupe et porté à la connaissance des candidats par les chefs de corps.

Au commencement de chaque trimestre, les chefs de corps adressent au Ministre de la guerre les dossiers de demandes des candidats dont le temps de service expire dans le trimestre qui s'ouvrira trois mois plus tard.

Les candidats peuvent demander plusieurs emplois en indiquant leur ordre de préférence.

Les militaires à qui sont ouverts les emplois du tableau E ont la faculté de concourir pour les emplois des tableaux F et G; ceux à qui sont ouverts les emplois du tableau F ont la faculté de concourir pour les emplois du tableau G.

La commission se réunit dans le cours du trimestre et opère dans chaque catégorie le classement des candidats par ordre de mérite et en tenant compte de la durée des services effectifs sans que toutefois ceux-ci puissent être comptés pour plus de quinze années; les emplois sont ensuite attribués suivant ce classement et suivant l'ordre de préférence de chacun des candidats. Chacun d'eux n'est désigné que pour un seul emploi. Notification du classement établi et de l'attribution des emplois est adressée aux corps de troupe.

Les tableaux de classement sont publiés au *Journal officiel.*

Si les demandes de certains candidats n'ont pu recevoir satisfaction, ils sont avisés d'avoir à attendre le classement trimestriel suivant ou d'accepter l'un des emplois qui pourront leur être offerts faute de ceux qu'ils avaient demandés.

Art. 73. Les nominations doivent être faites dans l'ordre du classement adopté par la commission et transmis par elle aux ministères et administrations intéressés. Elles sont insérées, quelle que soit l'autorité dont elles émanent, au *Journal officiel.* Pour les emplois dont les militaires ne peuvent bénéficier que dans une certaine proportion, le libellé de la nomination doit faire ressortir qu'elle est conférée au titre militaire ou au titre civil suivant un tour régulièrement fixé.

Lorsqu'une vacance ne peut être imputée au tour appartenant aux militaires, faute de candidat classé dans cette catégorie, la vacance est dévolue à un candidat civil et la cause en est mentionnée à la suite de la nomination.

Toute nomination non insérée au *Journal officiel* est nulle et non avenue, sans que cette nullité puisse être opposée aux tiers.

Le premier payement pour les traitements afférents aux emplois prévus aux tableaux E, F et G, quelle que soit l'origine des titulaires, ne pourra avoir lieu sans que le mandat fasse mention du numéro du *Journal officiel* dans lequel la nomination a été publiée.

Les administrations étrangères à l'Etat adressent au secrétariat de la commission le compte rendu des nominations qu'elles ont faites au fur et à mesure qu'elles se produisent.

Les militaires régulièrement inscrits sur les listes de classement peuvent porter devant le Conseil d'Etat statuant au contentieux leurs réclamations contre les décisions des autorités compétentes qui auront nommé des titulaires à des emplois sans tenir compte de leur ordre de classement ou de la proportion exclusivement attribuée aux candidats militaires.

Ces pourvois sont dispensés de l'intervention d'un avocat au Conseil d'Etat.

Art. 74. Les nominations aux emplois ne peuvent avoir lieu plus de trois mois avant l'expiration légale du temps de service du candidat.

En cas d'insuffisance d'emplois, les candidats sont autorisés à attendre au corps leur nomination à l'emploi qu'ils ont sollicité ou accepté : pendant deux ans, s'il s'agit d'un emploi du tableau E; pendant un an, s'il s'agit d'un emploi du tableau F ou du tableau G. Dans ce cas, ils sont assimilés aux commissionnés, continuent à faire leur service et ne sont pas remplacés dans leur grade ou emploi militaire.

Art. 75. Les militaires remplissant les conditions pour obtenir les emplois civils et qui ont quitté le service sans les avoir sollicités peuvent néanmoins, dans les cinq années qui suivent leur libération, adresser une demande d'emploi par l'intermédiaire de la gendarmerie. Le général commandant la subdivision de leur domicile établit alors leur dossier et les convoque, s'il y a lieu, pour subir les examens professionnels.

Les militaires réformés ou retraités par suite de blessures ou infirmités contractées au service peuvent profiter des dispositions de l'article 69, quel que soit le temps passé par eux au service, s'ils remplissent les conditions d'âge et d'aptitude fixées pour l'emploi qu'ils sollicitent.

Les anciens militaires qui se sont démis volontairement d'un des emplois prévus aux tableaux E, F et G ne peuvent plus concourir au titre militaire pour un emploi réservé.

Art. 76. Chaque année, le président de la commission adresse au Ministre de la guerre un compte rendu de ses opérations faisant connaître également le nombre de nominations effectuées dans les différents emplois. Ce compte rendu est inséré au *Journal officiel* et annexé au compte rendu des opérations du recrutement adressé chaque année par le Ministre de la guerre aux deux Chambres, en exécution de l'article 95 de la présente loi.

Art. 77. Les sous-officiers des troupes coloniales qui se retirent après huit ans de service dans ces troupes, et les caporaux, brigadiers ou soldats de ces mêmes troupes qui se retirent, après quinze ans de service, dont dix dans l'armée coloniale, peuvent, s'ils sont mariés ou veufs avec enfants et s'ils en font la demande, recevoir, dans l'année qui suit leur libération, un titre de concession sur les terres disponibles en Algérie et dans les colonies. Cette concession leur sera accordée dans les mêmes conditions que celles qui sont faites aux autres colons.

Les militaires libérés après quinze ans de services dans les corps métropolitains d'Afrique désignés par le Ministre de la guerre auront droit aux mêmes avantages que les militaires des troupes coloniales en ce qui concerne les emplois réservés visés au 2e paragraphe de l'article 69 de la loi du 21 mars 1905 et les concessions visées par le présent article (1).

Art. 78. Un tableau faisant connaître les divers avantages réservés aux militaires engagés et rengagés, les principaux emplois offerts aux militaires remplissant les conditions énumérées à l'article 69 et les tarifs annuels des primes et hautes payes des différents corps de troupe est adressé, au commencement de chaque année, aux mairies de toutes les communes, aux bureaux de recrutement et aux chefs de corps. Ce tableau reste affiché dans un endroit apparent jusqu'à ce qu'il soit remplacé par le tableau de l'année suivante.

En outre, des tableaux détaillés des emplois portés aux tableaux E, F et G sont envoyés par le secrétariat de la commission à tous les maires et à tous les corps de troupe. Ces tableaux indiquent, pour chaque nature d'emploi, le traitement fixe, les indemnités ou accessoires, les conditions d'admissibilité, ainsi que les moyennes présumées des vacances annuelles. Ils doivent être mis à la disposition des personnes désirant les consulter.

TITRE V.

DISPOSITIONS PÉNALES.

Art. 79. Toutes fraudes ou manœuvres par suite desquelles un jeune homme a été omis sur les tableaux de recensement sont déférées aux tribunaux ordinaires et punies d'un emprisonnement d'un mois à un an.

Sont déférés aux mêmes tribunaux et punis de la même peine :

---

(1) Nouvel alinéa. (Loi du 7 août 1913.)

1° Les jeunes gens appelés qui, par suite d'un concert frauduleux, se sont abstenus de comparaître devant le conseil de revision;

2° Les jeunes gens qui, à l'aide de fraudes ou manœuvres, se font exempter par un conseil de revision, sans préjudice de peines plus graves en cas de faux.

Les auteurs ou complices sont punis des mêmes peines.

Si le jeune homme omis a été condamné comme auteur ou complice de fraudes ou manœuvres, les dispositions des articles 15 et 16 de la présente loi lui sont appliquées.

Le jeune homme indûment exempté est rétabli en tête de la première partie de la classe appelée, après qu'il a été reconnu que l'exemption avait été indûment accordée.

Art. 80. Tout homme prévenu de s'être rendu impropre au service militaire, soit temporairement, soit d'une manière permanente, dans le but de se soustraire aux obligations imposées par la présente loi, est déféré aux tribunaux, soit sur la demande des conseils de revision, soit d'office. S'il est reconnu coupable, il est puni d'un emprisonnement d'un mois à un an.

Sont également déférés aux tribunaux et punis de la même peine les jeunes gens qui, dans l'intervalle de la clôture de la liste cantonale à leur mise en activité, se sont rendus coupables du même délit.

A l'expiration de leur peine, les uns et les autres sont mis à la disposition du Ministre de la guerre pour tout le temps du service militaire qu'ils doivent à l'Etat et sont envoyés dans une compagnie de discipline.

Les complices sont punis de la peine prévue aux alinéas 1 et 2 du présent article et, s'ils n'ont pas encore terminé la durée légale de leur service actif sous les drapeaux, les dispositions du troisième alinéa leur sont applicables.

Si les complices sont des médecins, des officiers de santé ou des pharmaciens, la durée de l'emprisonnement est pour eux de deux mois à deux ans, indépendamment d'une amende de deux cents francs (200 fr.) à mille francs (1.000 fr.) qui peut être aussi prononcée et sans préjudice de peines plus graves, dans les cas prévus par le Code pénal.

Art. 81. Les médecins militaires ou civils qui, appelés au conseil de revision à l'effet de donner leur avis, conformément aux articles 16, 17, 18 et 19 de la présente loi, ont reçu des dons ou agréé des promesses pour être favorables aux jeunes gens qu'ils doivent examiner, sont punis d'un emprisonnement de deux mois à deux ans, sans préjudice des peines plus graves prononcées par l'article 262 du Code de justice militaire, quand il s'agit de médecins militaires ayant commis le délit prévu par ledit article.

Cette peine leur est appliquée, soit qu'au moment des dons ou promesses ils aient déjà été désignés pour assister au conseil de revision, soit que les dons ou promesses aient été agréés en prévision des fonctions qu'ils auraient à y remplir.

Il leur est défendu, sous la même peine, de rien recevoir, même pour une exemption justement prononcée.

Ceux qui leur ont fait des dons ou promesses sont punis de la même peine.

Art. 82. Tout fonctionnaire ou officier public, civil ou militaire qui, sous quelque prétexte que ce soit, a autorisé ou admis des exclusions ou exemptions autres que celles déterminées par la présente loi, ou qui aura donné arbitrairement une extension quelconque soit à la durée, soit aux règles ou conditions des appels, des engagements ou des rengagements, sera coupable d'abus d'autorité et puni des peines portées dans l'article 185 du Code pénal, sans préjudice des peines plus graves prononcées par ce code dans les autres cas qu'il a prévus et des peines prononcées par l'article 261 du Code de justice militaire, quand il s'agit de militaires coupables d'un des crimes prévus par ledit article.

Art. 83. Tout jeune soldat appelé, ou tout autre militaire dans ses foyers, rappelé à l'activité, à qui un ordre de route a été régulièrement notifié et qui, hors le cas de force majeure, n'est pas arrivé à sa destination au jour fixé par cet ordre est, après un délai de trente jours en temps de paix, considéré comme insoumis et puni des peines portées par l'article 230 du Code de justice militaire.

Est également considéré comme insoumis tout engagé volontaire et tout militaire ayant contracté un rengagement après renvoi dans ses foyers, qui, hors le cas de force majeure, n'est pas arrivé à sa destination, en temps de paix, dans les trente jours qui suivent le jour fixé par sa feuille de route.

La notification de l'ordre de route est faite, pour les appelés, au domicile et, en cas d'absence, au maire de la commune dans laquelle l'appelé a été porté sur la liste de recensement.

Pour les militaires rappelés, la notification est faite à la résidence déclarée et, en cas d'absence, au maire du domicile.

Le délai d'insoumission est porté en temps de paix : à deux

mois pour les hommes affectés à des corps de l'intérieur, qui demeurent en Algérie, en Tunisie ou hors de France en Europe, et pour les hommes affectés à des corps d'Algérie demeurant en Tunisie ou en Europe; à six mois pour les hommes demeurant dans tout autre pays.

Si l'insoumis appartient à un corps mobilisé ou faisant partie de troupes d'opérations, ou si son corps est stationné sur un territoire compris dans la zone des armées, les délais fixés par les paragraphes 1 et 2 sont réduits à deux jours et ceux fixés par le paragraphe 5 sont réduits de moitié. Dans ce cas, les noms des insoumis sont affichés, pendant toute la durée de la mobilisation où des opérations, dans toutes les communes du canton de leur domicile; les insoumis qui sont condamnés sont, à l'expiration de leur peine, envoyés dans une compagnie de discipline.

Dans aucun cas, le temps pendant lequel les hommes visés à tous les paragraphes qui précèdent n'auront pas été présents sous les drapeaux ne comptera dans les années de service exigées (1).

La prescription contre l'action publique résultant de l'insoumission ne commence à courir que du jour où l'insoumis a atteint l'âge de 50 ans (2).

Art. 84. Quiconque est reconnu coupable d'avoir sciemment recélé ou pris à son service un homme recherché pour insoumission ou d'avoir favorisé son évasion est puni d'un emprisonnement qui ne peut excéder six mois. Selon les circonstances, la peine peut être réduite à une amende de cinquante francs (50 fr.) à cinq cents francs (500 fr.).

La même peine est prononcée contre ceux qui, par des manœuvres coupables, ont empêché ou retardé le départ des jeunes soldats.

Si le délit a été commis à l'aide d'un attroupement, la peine sera double.

Si le délinquant est fonctionnaire public, employé du gouvernement ou ministre d'un culte salarié par l'Etat, la peine peut être portée jusqu'à deux années d'emprisonnement, et il est, en outre, condamné à une amende qui ne pourra excéder deux mille francs (2.000 fr.).

Sont exceptées des dispositions pénales prévues par le présent

---

(1) Alinéa modifié. (Loi du 13 mars 1912.)
(2) Alinéa nouveau. (Loi du 25 mars 1909.)

article les personnes désignées dans le dernier paragraphe de l'article 248 du Code pénal.

Art. 85. En temps de paix, les militaires en congé dans leurs foyers en attendant leur passage dans la réserve de l'armée active, les hommes de la réserve de l'armée active et ceux de l'armée territoriale et de la réserve de cette armée qui, étant rappelés à l'activité en vertu de la loi par voie d'affiches ou par ordres d'appel individuels, ne seront pas, hors le cas de force majeure, rendus le jour fixé au lieu indiqué par les affiches ou ordres d'appel, ou qui, étant convoqués d'urgence et sans délai, auront excédé le temps strictement nécessaire pour se rendre à leur destination, seront passibles d'une punition disciplinaire.

Si, sur notification d'un ordre de route individuel leur réitérant l'ordre de rejoindre, les hommes désignés au paragraphe précédent ne se présentent pas à leur destination dans les quinze jours suivant le jour fixé par cet ordre, ils seront considérés comme insoumis et passibles des pénalités de l'insoumission.

Lorsqu'ils appartiennent à un corps mobilisé ou faisant partie de troupes d'opérations, ou lorsque leur corps est stationné sur un territoire compris dans la zone des armées, les militaires, rappelés autrement que par voie de mobilisation au moyen d'affiches ou de publications sur la voie publique, sont déclarés insoumis si, sur notification directe d'un ordre de route, ils ne se rendent pas à leur destination dans les deux jours suivant le jour fixé par cet ordre.

En cas de mobilisation, les militaires rappelés sont déclarés insoumis si, hors le cas de force majeure, ils ne se sont pas conformés aux mesures prescrites par l'ordre de route contenu dans leur livret pour assurer leur arrivée à destination.

Par exception aux dispositions qui précèdent, les hommes se trouvant dans le cas prévu à l'article 46 de la présente loi ne seront, en cas de mobilisation ou de rappel de leur classe par décret, déclarés insoumis que s'ils ont excédé de quinze jours en temps de paix, ou de deux jours dans les cas prévus aux paragraphes 3 et 4 ci-dessus, les délais strictement nécessaires pour se rendre, par les voies les plus rapides, directement de leur résidence à la destination qui leur est assignée.

Les dispositions des paragraphes 4, 5 et 6 de l'article 83 sont applicables aux hommes visés par le présent article.

Tout homme qui n'a pas rejoint au jour indiqué pour des manœuvres ou exercices peut être astreint par l'autorité militaire à faire ou à compléter dans un corps de troupe le temps de service pour lequel il était appelé.

Les dispositions du présent article ne sont pas applicables, en temps de paix, aux hommes de la réserve de l'armée territoriale convoqués pour assister à des revues; ces hommes ne sont, en cas de retard ou manquement à ces revues, passibles que de punitions disciplinaires.

Sont également passibles de peines disciplinaires les hommes des différentes catégories de réserve ayant contrevenu aux obligations qui leur sont imposées par les articles 31 et 45 de la présente loi.

Les punitions disciplinaires infligées aux hommes des réserves dans leurs foyers ne peuvent pas excéder huit jours de prison; ce maximum est réduit à quatre jours pour les hommes appartenant à l'armée territoriale ou à la réserve de cette armée.

L'autorité militaire assure l'exécution de ces punitions dans les locaux disciplinaires des corps les plus rapprochés.

Art. 86. Les hommes liés au service dans les conditions mentionnées à l'article 27 ci-dessus, qui n'ont pas fait les déclarations prescrites audit article, sont déférés aux tribunaux ordinaires et punis d'une amende de dix francs (10 francs) à deux cents francs (200 francs). Ils peuvent, en outre, être condamnés à un emprisonnement de quinze jours à trois mois.

En temps de guerre, la peine est double.

Art. 87. Les peines prononcées par les articles 81, 82 et 84 de la présente loi sont applicables aux tentatives des délits prévus par ces articles.

Art. 88. Pour toutes les peines prononcées par la présente loi, les juges peuvent, en temps de paix, accorder des circonstances atténuantes : l'application en est faite, pour les condamnés n'appartenant pas à l'armée, conformément à l'article 463 du Code pénal, et pour les condamnés militaires ou assimilés aux militaires, conformément à l'article 1er de la loi du 19 juillet 1901.

TITRE VI.

RECRUTEMENT EN ALGÉRIE ET AUX COLONIES.

Art. 89. Les dispositions de la présente loi sont applicables en Algérie et en Tunisie. Elles le sont également dans les colonies de la Guadeloupe, de la Martinique, de la Guyane et de la Réunion.

Art. 90. Elles sont également applicables dans les autres colonies et pays de protectorat sous les réserves suivantes :

En dehors d'exceptions motivées et dont il serait fait mention dans le compte rendu prévu par l'article 95 ci-après, les Français et naturalisés Français résidant dans l'une de ces colonies ou pays de protectorat sont incorporés dans les corps les plus voisins et, après une année de présence effective sous les drapeaux, au maximum, ils sont envoyés en congé s'ils ont satisfait aux conditions de conduite et d'instruction militaire déterminées par le Ministre de la guerre.

S'il ne se trouve pas de corps stationnés dans un rayon fixé par arrêté ministériel, ces jeunes gens sont dispensés de la présence effective sous les drapeaux. Dans le cas où cette situation viendrait à se modifier avant qu'ils aient atteint l'âge de 30 ans révolus, ils seraient appelés dans le corps de troupe le plus voisin, pour y recevoir l'instruction militaire pendant un laps de temps qui ne pourrait dépasser une année.

En cas de mobilisation générale, les hommes valides qui ont terminé leurs vingt-huit ans de services sont incorporés avec la réserve de l'armée territoriale, sans cependant pouvoir être appelés à servir hors du territoire de la colonie où ils résident (1).

Si un Français ou naturalisé Français ayant bénéficié des dispositions du paragraphe 2 du présent article transportait son établissement en France avant l'âge de 30 ans accomplis, il devrait compléter, dans un corps de la métropole, le temps de service dans l'armée active prescrit par l'article 32 de la présente loi, sans toutefois pouvoir être retenu sous les drapeaux au delà de l'âge de 30 ans.

Art. 91. Les jeunes gens inscrits sur les listes de recrutement de la métropole, résidant dans une colonie ou un pays de protectorat où il n'y aurait pas de troupes françaises stationnées, pourront, sur l'avis conforme du gouverneur ou du résident, bénéficier des dispositions contenues dans les paragraphes 3 et suivants de l'article précédent.

La même disposition s'applique aux jeunes gens inscrits sur les listes de recrutement d'une colonie autre que celle où ils résident.

Art. 92. Les conditions spéciales de recrutement des corps étrangers et indigènes sont réglées par décret, jusqu'à ce qu'une

---

(1) Nouvelle rédaction de cet alinéa. (Loi du 7 août 1913.)

loi spéciale ait déterminé les conditions du service militaire des indigènes.

TITRE VII.

DISPOSITIONS PARTICULIÈRES.

Art. 93 (1). L'article 5, le cinquième paragraphe de l'article 6, le dernier paragraphe de l'article 41 et l'alinéa 3° du paragraphe 2 de l'article 50 ne s'appliquent pas aux hommes ayant bénéficié de la loi du 26 mars 1891, à moins qu'ils n'aient été condamnés pour avoir fait métier de souteneur.

En cas d'inconduite grave durant leur présence sous les drapeaux, les hommes appelés ou engagés visés aux paragraphes ci-dessus peuvent, sur la proposition de leur chef de corps et par décision ministérielle, être envoyés aux bataillons d'infanterie légère d'Afrique.

Les inscrits visés au paragraphe 2 de l'article 7 de la loi du 24 décembre 1896 sont soumis aux dispositions du présent article et peuvent également, en cas d'inconduite grave, recevoir, par décision ministérielle, la même destination que les hommes du recrutement.

Art. 94. Une loi spéciale déterminera :

1° Les mesures à prendre pour rendre uniforme, dans tous les lycées et établissements d'enseignement, l'application de la loi du 27 janvier 1880, imposant l'obligation des exercices;

2° L'organisation de l'instruction militaire pour les jeunes gens de 17 à 20 ans et le mode de désignation des instructeurs.

Une loi, qui devra être promulguée dans un délai maximum d'un an après la promulgation de la présente loi, déterminera le nombre supplémentaire des médailles militaires à mettre à la disposition du Ministre de la guerre et la répartition des médailles militaires entre les divers corps et armes (2).

Art. 95. Chaque année, avant le 30 juin, il sera rendu compte aux Chambres, par le Ministre de la guerre, de l'exécution des dispositions contenues dans la présente loi pendant l'année précédente.

---

(1) Nouvelle rédaction. (Loi du 11 avril 1910.)
(2) Alinéa nouveau. (Loi du 7 août 1913.)

TITRE VIII.

DISPOSITIONS TRANSITOIRES.

Art. 96. La présente loi entrera en vigueur un an après sa promulgation.

Toutefois, la disposition de l'article 33, relative à l'incorporation de la classe le 1er octobre, sera immédiatement appliquée.

Il en sera de même des dispositions du titre IV relatives aux engagements, rengagements et commissions, sauf en ce qui concerne les engagements de trois ans qui, jusqu'à la mise en vigueur de la présente loi, resteront soumis au régime de la loi du 15 juillet 1889.

Les sous-officiers qui ont contracté un rengagement sous le régime de la loi du 18 mars 1889 et qui sont encore sous les drapeaux bénéficieront d'un délai supplémentaire de deux années pendant lequel ils pourront concourir pour les emplois visés à l'article 69 et participer au classement de chaque trimestre (1).

Ceux de ces sous-officiers qui, le 21 mars 1905, avaient accompli dix ans de service, pourront être maintenus sous les drapeaux en qualité de commissionnés, quel que soit leur emploi, jusqu'à l'expiration de la vingtième année de service (1).

Les sous-officiers qui ont souscrit un rengagement sous le régime de la loi du 18 mars 1889, qui ont été, depuis le 21 mars 1905, et avant d'avoir atteint l'âge de 40 ans, libérés du service, admis à la retraite ou réformés par suite de blessures ou infirmités contractées au service, et qui n'ont pas accepté l'un des emplois qui leur ont été offerts, faute de ceux qu'ils avaient demandés, bénéficieront d'un délai supplémentaire de deux années pendant lequel ils pourront concourir pour les emplois réservés par la loi du 21 mars 1905 et participer au classement de chaque trimestre (2).

Les intéressés adresseront à cet effet, dans les six mois qui suivront la promulgation de la présente loi, une demande au chef du corps dans lequel ils servaient au moment de leur radiation des contrôles. Cette demande sera transmise au Ministre au commencement du plus prochain trimestre, dans les conditions indiquées à l'article 72 de la loi du 21 mars 1905 (2).

Art. 97. Pourra être envoyé en congé, si les besoins du ser-

---

(1) Alinéa nouveau. (Loi du 10 juillet 1907.)
(2) Alinéa nouveau. (Loi du 22 mai 1909.)

vice le permettent, après deux ans de présence sous les drapeaux, tout ou partie de la première classe incorporée après la promulgation de la présente loi.

Mention spéciale des décisions prises sera faite dans le compte rendu prescrit par l'article 95 ci-dessus.

Art. 98. Les sous-officiers de la classe visée à l'article précédent, qui seraient maintenus sous les drapeaux jusqu'à l'expiration de leur troisième année de service, recevront la même haute paye que les sous-officiers rengagés et auront le droit de concourir pour les emplois civils visés par l'article 69 ci-dessus.

Art. 99. Les jeunes gens qui, avant la mise en vigueur de la présente loi, auront été ajournés conformément à l'article 27 de la loi du 15 juillet 1889, ou dispensés conditionnellement du service actif après un an de présence sous les drapeaux, conformément aux articles 21, 22, 23 et 50 de la même loi, ainsi que les engagés volontaires visés à l'avant-dernier paragraphe de l'article 59 de la même loi, conserveront la situation qui leur est faite par ladite loi au point de vue des obligations du service militaire dans l'armée active.

Art. 100. La présente loi est applicable aux hommes appelés en vertu des lois antérieures, libérés ou non du service militaire, jusqu'à ce qu'ils aient atteint l'âge de 45 ans.

Art. 101. Abrogé par la loi du 8 août 1913 (*B. O.* 2e 1916, p. 909).

La présente loi, délibérée et adoptée par le Sénat et par la Chambre des députés, sera exécutée comme loi de l'Etat.

TABLEAUX ANNEXÉS.

TABLEAU A[1].

Personnel placé sous les ordres des Ministres de la guerre et de la marine ou mis à leur disposition en cas de mobilisation.

(Application de l'article 42 de la loi sur le recrutement de l'armée.)

MINISTÈRE DE LA GUERRE.

Administration centrale;
Etablissements.

MINISTÈRE DE LA MARINE.

Administration centrale;
Etablissements métropolitains et coloniaux.

MINISTÈRE DE L'INTÉRIEUR.

Sapeurs-pompiers des places de guerre n'appartenant plus à la réserve de l'armée active;
Cantonniers n'appartenant plus à la réserve de l'armée active;
Médecins et chirurgiens des hospices;
Médecins chefs de service des hospices;
Médecins des services pénitentiaires, maisons centrales, pénitenciers;
Chirurgiens des services pénitentiaires, maisons centrales, pénitenciers;
Pharmaciens, internes des services pénitentiaires, maisons centrales, pénitenciers.

MINISTÈRE DES TRAVAUX PUBLICS.

Conducteurs et commis des ponts et chaussées désignés par le Ministre des travaux publics parmi ceux qui ne sont pas officiers de réserve;
Personnel des services de navigation : officiers et maîtres de port, maîtres et gardiens de phares, gardes de navigation, barragistes, éclusiers, pontiers, gardiens de barrages-réservoirs, mécaniciens des usines élévatoires (1);
Cantonniers appartenant à l'armée territoriale.

---

(1) Modifié conformément à la loi du 16 juillet 1906.

MINISTÈRE DES FINANCES.

Douaniers (bataillons, compagnies et sections);
Personnel des différents services affectés au service de la trésorerie et des postes aux armées (1).

MINISTÈRE DES COLONIES.

Etablissements en France;
Etablissements aux colonies et pays de protectorat;
Personnel européen de la garde indigène (1).

MINISTÈRE DE L'AGRICULTURE.

Forêts (agents et préposés organisés militairement).

SOUS-SECRÉTARIAT DES POSTES ET DES TÉLÉGRAPHES.

Tout le personnel.

CHEMINS DE FER.

Sections techniques;
Personnel de l'exploitation technique;
Administration centrale des grandes compagnies et des lignes secondaires qui seront utilisées d'une manière permanente en cas de guerre (non compris les agents occupant des emplois pour lesquels il n'est pas indispensable de posséder des connaissances spéciales ou d'avoir fait un apprentissage).

TABLEAU B.

Désignation des fonctionnaires et agents qui, en cas de mobilisation, sont autorisés à ne pas rejoindre immédiatement, quand ils n'appartiennent pas à la réserve de l'armée active.

(Application de l'article 42 de la loi sur le recrutement de l'armée.)

SERVICES PUBLICS.

Personnel de l'administration du Sénat et de la Chambre des députés

Secrétaires généraux;
Chefs de service;
Chefs adjoints ou sous-chefs;
Les personnes désignées par le président du Sénat ou par le président

(1) Modifié conformément à la loi du 16 juillet 1906.

de la Chambre des députés pour assurer les services du compte rendu analytique et de la sténographie dans chaque Assemblée.

MINISTÈRE DES FINANCES.

Administration centrale.

Secrétaire général;
Directeur général de la comptabilité publique;
Directeur;
Chef de la division du contentieux;
Caissier-payeur central du Trésor;
Contrôleur central;
Chefs de bureau.

Inspection générale des finances.

Inspecteurs généraux des finances;
Inspecteur et adjoints à l'inspection.

Trésorerie.

Trésoriers-payeurs généraux;
Receveurs particuliers;
Percepteurs;
Un fondé de pouvoir de chaque trésorier-payeur général, désigné par le Ministre des finances.

Services de trésorerie d'Algérie, des colonies et pays de protectorat.

Trésoriers généraux;
Trésoriers-payeurs;
Payeurs principaux;
Payeurs particuliers;
Payeurs adjoints;
Les payeurs (1).

Administration des contributions directes.

Directeur général;
Administrateurs;
Chefs de bureau;
Directeurs;
Inspecteurs et inspecteurs rédacteurs;
Contrôleurs rédacteurs principaux;
Contrôleurs rédacteurs.

Administration de l'enregistrement, des domaines et du timbre.

Directeur général;
Administrateurs;

(1) Modifié conformément à la loi du 16 juillet 1906.

Chefs de bureau;
Directeurs;
Inspecteurs;
Conservateurs des hypothèques.

Administration des douanes.

Directeur général;
Administrateurs;
Chefs de bureau;
Directeurs;
Inspecteurs;
Sous-inspecteurs.

Administration des contributions indirectes (France) et contributions diverses (Algérie).

Directeur général;
Administrateurs;
Chefs de bureau;
Directeurs;
Sous-directeurs, chefs de service dans un arrondissement;
Inspecteurs;
Receveurs principaux;
Receveurs particuliers;
Entreposeurs;
Contrôleurs;
Receveurs ambulants;
Receveurs buralistes;
Agents des contributions indirectes mis à la disposition du Ministre de l'agriculture pour la surveillance des fabriques de margarine.

Administration des manufactures de l'Etat (tabacs).

Directeur général;
Administrateurs;
Chefs de bureau;
Directeurs;
Contrôleurs des manufactures;
Inspecteurs entreposeurs;
Vérificateurs et commis de culture.

Administration des monnaies et médailles.

Directeur;
Chefs de section du secrétariat;
Conservateur du musée, chef du service des commandes;
Directeur des essais;
Chefs des travaux;
Caissier agent comptable;
Contrôleur principal;
Graveur;
Ingénieur.

Banque de France.

Gouverneur;
Sous-gouverneur;
Secrétaire général;
Contrôleur;
Caissier principal;
Caissiers particuliers et sous-caissiers;
Chefs de bureau;
Inspecteurs;
Ouvriers de l'imprimerie des billets;
Directeurs des succursales;
Caissiers des succursales;
Chefs et commis caissiers des bureaux auxiliaires (1).

Banque d'Algérie.

Directeur;
Sous-directeur;
Chefs et caissiers des bureaux auxiliaires (1);
Secrétaire général;
Inspecteur;
Caissier principal;
Chefs de bureau;
Directeurs des succursales;
Caissiers.

Caisse des dépôts et consignations.

Directeur général;
Chefs de division;
Caissier général;
Chefs de bureau.

Banques coloniales (1).

Directeurs;
Sous-directeurs;
Caissiers;
Chefs de service.

MINISTÈRE DE L'INTÉRIEUR.

Administration centrale.

Directeurs;
Chefs de bureau.

---

(1) Modifié conformément à la loi du 16 juillet 1906.

Etablissements nationaux de bienfaisance.

Directeurs;
Médecins en chef.

Services pénitentiaires, maisons centrales, pénitenciers.

Contrôleurs (1);
Economes;
Agents comptables.

Sûreté publique.

Commissaires spéciaux de police.
Inspecteurs spéciaux.

Administration départementale.

Préfets, sous-préfets et secrétaires généraux;
Chefs de division de préfecture;
Inspecteurs départementaux de l'Assistance publique (1);
Chef du bureau militaire de préfecture;
Agents voyers en chef et agents voyers d'arrondissement;
Médecins en chef et médecins directeurs des asiles publics d'aliénés.

Administration communale.

Secrétaires chefs du bureau militaire des mairies des chefs-lieux de département, d'arrondissement, ainsi que des communes qui, n'étant pas chefs-lieux de département ou d'arrondissement, ont plus de 4.000 habitants;
Receveurs d'octroi;
Préposés en chef d'octroi;
Commissaires de police;
Sergents de ville ou gardiens de la paix;
Gardes champêtres.

Services spéciaux de la ville de Paris ressortissant à la préfecture de la Seine.

Directeurs et chefs de bureau de la préfecture de la Seine.
Secrétaires chefs des bureaux des mairies des vingt arrondissements de Paris;
Agents de l'assistance publique;
Directeur et secrétaire général de l'administration générale de l'assistance publique;
Directeurs des hôpitaux et hospices;
Receveurs des hôpitaux et hospices;
Directeurs d'agences des enfants assistés de la Seine.

---

(1) Modifié conformément à la loi du 16 juillet 1906.

Services spéciaux de la ville de Paris ressortissant à la préfecture de police.

Chefs de division et chefs de bureau de la préfecture de police;
Directeur et sous-directeur de la police municipale;
Directeur général des recherches;
Commissaires divisionnaires;
Commissaires de police du ressort de la préfecture de police et officiers de paix de la ville de Paris;
Inspecteurs de police, y compris les stagiaires;
Secrétaires des commissariats de police;
Inspecteurs de commissariat;
Inspecteurs du contrôle général;
Gardiens de la paix de la ville de Paris, y compris les gardiens de la paix stagiaires;
Sergents de ville des communes du département de la Seine.

ADMINISTRATION DE L'ALGÉRIE.

Secrétaire général du gouvernement;
Directeurs et chefs de bureau du gouvernement général;
Administrateurs des communes mixtes;
Chefs du service pénitentiaire du gouvernement général;

MINISTÈRE DES TRAVAUX PUBLICS.

Administration centrale.

Directeurs;
Chefs de bureau.

MINISTÈRE DE L'INSTRUCTION PUBLIQUE ET DES BEAUX-ARTS.

Directeurs de l'administration centrale;
Chefs de bureau de l'administration centrale;
Proviseurs et principaux des lycées et collèges de l'Etat;
Directeurs des écoles normales primaires de l'Etat.

ADMINISTRATION DES CULTES.

Directeur général;
Sous-directeurs;
Chefs de bureau;
Les ministres des cultes reconnus par l'Etat, qui sont rétribués par lui pour le service d'une paroisse.

MINISTÈRE DES AFFAIRES ÉTRANGÈRES.

Administration centrale.

Directeurs;
Sous-directeurs;
Chefs de division;
Chefs de bureau;

Agents en fonctions à l'étranger.

Ambassadeurs;
Ministres plénipotentiaires;
Consuls généraux;
Consuls;
Vice-consuls rétribués;
Secrétaires d'ambassade de 1re, 2e et 3e classes;
Consuls suppléants;
Commis de chancellerie;
Interprètes;
Conseillers d'ambassade (1);
Elèves vice-consuls;
Elèves interprètes (1).

PAYS DE PROTECTORAT.

Ministère des affaires étrangères et ministère des colonies.

Résidents généraux ou supérieurs;
Résidents;
Contrôleurs civils de la régence de Tunis (1);
Vice-résidents;
Chanceliers de résidence;
Commis de résidence.

Personnel des services de l'Indo-Chine en résidence au Tonkin, en Annam, au Cambodge et au Laos.

Inspecteurs;
Administrateurs de toutes classes;
Administrateurs stagiaires;
Commis de toutes classes

MINISTÈRE DE LA JUSTICE.

Directeurs;
Chefs de bureau;
Procureurs généraux;
Procureurs de la République;
Dans chaque tribunal de première instance, parmi les magistrats inamovibles composant ce tribunal, les deux magistrats appartenant aux classes de mobilisation les plus anciennes, dans le cas où leur maintien serait indispensable pour que le tribunal ne soit pas réduit à moins de deux juges; dans les tribunaux d'Algérie et des colonies, deux magistrats.

MINISTÈRE DE L'AGRICULTURE.

Directeurs;

Chefs de bureau;

---

(1) Modifié conformément à la loi du 16 juillet 1906.

Directeurs des écoles vétérinaires;
Directeurs, sous-directeurs, agents comptables et gagistes des haras et des dépôts d'étalons.

MINISTÈRE DU COMMERCE.

Directeurs et chefs de division de la comptabilité;
Chefs de bureau;

MINISTÈRE DES COLONIES.

Directeurs;
Sous-directeurs;
Chefs et sous-chefs de bureau.

TABLEAU C.

Désignation des fonctionnaires et agents qui, en cas de mobilisation, seront autorisés à ne pas rejoindre immédiatement, même quand ils appartiennent à la réserve de l'armée active.

(Application de l'article 42 de la loi sur le recrutement de l'armée.)

MINISTÈRE DES FINANCES.

Service de trésorerie d'Algérie, des colonies et pays de protectorat.

Commis principaux de trésorerie (1);
Commis de trésorerie.

Administration de l'enregistrement, des domaines et du timbre.

Sous-inspecteurs.
Receveurs (1).

Administration des douanes.

Receveurs;
Contrôleurs, vérificateurs et vérificateurs adjoints, commis principaux commis de direction d'un traitement égal (1) ou supérieur à 2.200 francs.

Administration des contributions indirectes (France) et contributions diverses (Algérie).

Commis principaux;
Commis;
Préposés;

(1) Modifié conformément à la loi du 16 juillet 1906.

Agents subalternes des contributions indirectes mis à la disposition du Ministre de l'agriculture pour la surveillance des fabriques de margarine.

MINISTÈRE DE L'INTÉRIEUR.

Services pénitentiaires, maisons centrales, pénitenciers.

Directeurs;
Greffiers;
Gardiens ou surveillants;
Gardien comptable en chef, gardiens comptables et seconds gardiens des transports cellulaires;
Directeurs des maisons centrales, des pénitenciers agricoles, des circonscriptions pénitentiaires et des prisons annexes de l'Algérie;
Gardiens chefs de prisons annexes de l'Algérie.

TABLEAU D.

Articles du Code de justice militaire (livre IV, titre II) applicables dans les cas prévus par l'article 47 de la loi.

Art. 223 et 224. Voies de fait et outrages envers un supérieur.	Pour l'application du premier paragraphe de chacun de ces articles, le fait incriminé ne sera considéré comme ayant eu lieu à l'occasion du service que s'il est le résultat d'une vengeance contre un acte d'autorité légalement exercé. Le deuxième paragraphe de ces mêmes articles ne sera applicable que dans les cas où le supérieur et l'inférieur seraient l'un et l'autre revêtus d'effets d'uniforme
Art. 225. Rébellion.	Cet article n'est applicable qu'aux hommes revêtus d'effets d'uniforme.
Art. 229. Abus d'autorité.	Pour l'application de cet article, il est nécessaire que le supérieur et l'inférieur soient l'un et l'autre revêtus d'effets d'uniforme.

TABLEAUX E. F. G.

Se reporter aux tableaux détaillés qui font l'objet du chapitre VIII du volume 36 de l'édition méthodique (emplois civils et militaires réservés aux engagés et rengagés de l'armée).

TABLEAU III.

Militaires pouvant rester au service jusqu'à 50 ans.

1° SOUS-OFFICIERS.

Sous-chefs de musique et chefs de fanfare.
Armuriers.
Maîtres d'escrime.
Adjudants et adjudants-chefs chargés du casernement.
Adjudants-chefs à la disposition du capitaine chargé du matériel.
Adjudants premiers maîtres maréchaux ferrants.
Adjudants des pelotons hors rang des régiments et groupes autonomes d'artillerie.
Maréchaux des logis chefs mécaniciens (artillerie).
Maréchaux des logis maréchaux ferrants.
Tambours-majors, trompettes-majors.
Sous-officiers secrétaires du major.
Sous-officiers secrétaires du trésorier.
Sous-officiers secrétaires de l'adjoint au trésorier.
Sous-officiers secrétaires de l'officier chargé du matériel ou de l'habillement.
Sous-officiers garde-magasins.
Vaguemestres.
Sous-officiers topographes du cadre permanent du service géographique de l'armée.
Sous-officiers des compagnies et sections d'ouvriers d'artillerie.
Sous-officiers des sections de secrétaires d'état-major et du recrutement.
Sous-officiers des sections de commis et ouvriers militaires d'administration, sauf ceux mentionnés au tableau I.
Sous-officiers de l'atelier d'arçonnerie de l'Ecole d'application de cavalerie.

2° CAPORAUX ET BRIGADIERS.

Caporaux garde-magasins.
Caporaux et brigadiers armuriers.
Brigadiers selliers.
Brigadiers des compagnies et sections d'ouvriers d'artillerie.
Caporaux employés dans les dépôts du matériel du génie et à l'Ecole des chemins de fer.
Caporaux commis aux écritures et caporaux ouvriers de toutes professions des sections de commis et ouvriers d'administration.
Caporaux des sections de secrétaires d'état-major et du recrutement.
Brigadiers de l'atelier d'arçonnerie de l'Ecole d'application de cavalerie.

3° SOLDATS.

Ouvriers tailleurs, cordonniers, bottiers, selliers, armuriers des unités hors rang.
Maîtres ouvriers et ouvriers des compagnies et sections d'ouvriers.
Musiciens de l'artillerie et du génie.

Soldats commis aux écritures et ouvriers de toutes professions des sections de commis et ouvriers d'administration (dans la proportion d'un tiers seulement pour les ouvriers boulangers et bouchers).

4° SOUS-OFFICIERS, CAPORAUX OU BRIGADIERS ET SOLDATS.

Du régiment de sapeurs-pompiers, sauf les caporaux et les soldats dont la durée maximum des services est fixée à vingt ans.

Des compagnies et groupes de cavaliers de remonte.

Employés dans les écoles militaires, sauf les sous-maîtres de manège, dont la durée maximum des services est fixée à vingt ans.

Gardes étalons.

Des sections hors rang des groupes d'aéronautique.

Mécaniciens de dirigeables.

Mécaniciens d'avions.

Pilotes d'aéroplanes.

Monteurs d'aéroplanes.

TABLEAU I.

Militaires de tous grades pouvant rester au service jusqu'à 60 ans.

Maîtres selliers, tailleurs, cordonniers, bottiers.

Adjudants-chefs et adjudants d'administration et du recrutement.

Sergents concierges des sections de commis et ouvriers d'administration.

Sergents concierges des hôpitaux militaires.

Sergents-majors, sergents fourriers, sergents commis et garde-magasins du cadre des sections de commis et ouvriers militaires d'administration.

Sous-officiers du service de la justice militaire.

Personnel du cadre des écoles de l'aéronautique.

Personnel de tous grades des établissements et ateliers de l'aéronautique.

TABLEAU J.

Caporaux ou brigadiers et soldats autorisés à rengager jusqu'à 15 ans de services.

1° CAPORAUX OU BRIGADIERS.

Caporaux tambours, clairons, brigadiers trompettes.

Saporaux ou brigadiers sapeurs.

Brigadiers chefs d'atelier de casernement (cavalerie).

Caporaux et brigadiers moniteurs d'escrime et prévôts d'armes.

Caporaux ou brigadiers secrétaires du major (cavalerie) et du capitaine-major.

Caporaux ou brigadiers secrétaires de l'officier chargé du matériel.

Caporaux ou brigadiers secrétaires du trésorier.

Caporaux ou brigadiers secrétaires de l'adjoint au trésorier.
Caporaux d'infirmerie.
Caporaux chargés des équipages, brigadiers conducteurs des équipages régimentaires (cavalerie).
Caporaux et brigadiers maréchaux ferrants.
Caporaux secrétaires faisant fonctions de fourrier au dépôt (dans les bataillons de chasseurs).
Caporaux des bataillons d'Afrique.
Caporaux des sections spéciales.
Brigadiers télégraphistes des régiments de cavalerie.
Caporaux infirmiers de visite, masseurs, doucheurs, cuisiniers, chauffeurs et mécaniciens dans les établissements du service de santé.

2° SOLDATS.

Musiciens des corps de troupe d'infanterie, tambours, clairons, trompettes.
Sapeurs.
Télégraphistes (cavalerie).
Aides-maréchaux ferrants.
Gardes-magasins.
Prévôts d'escrime.
Secrétaires du chef de corps.
Secrétaires du major.
Secrétaires du trésorier.
Secrétaires de l'officier chargé du matériel.
Maîtres ouvriers des compagnies du génie.
Ouvriers en fer et en bois, ouvriers mécaniciens des batteries d'artillerie.
Maîtres pointeurs et maîtres ouvriers en fer des batteries d'artillerie.
Ordonnances.
Infirmiers de visite et infirmiers des salles de malades.
Infirmiers masseurs, doucheurs, chauffeurs, mécaniciens.
Soldats boulangers et bouchers des sections de commis et ouvriers d'administration non compris au tableau H.

3° CAPORAUX, BRIGADIERS OU SOLDATS.

Des corps et services métropolitains de l'Afrique du Nord, en service au Maroc ou s'engageant à y servir dans les conditions précisées par l'instruction du 17 octobre 1913.

TABLE DES MATIÈRES

DE LA LOI DU 21 MARS 1905 SUR LE RECRUTEMENT DE L'ARMÉE, REDUISANT A DEUX ANS LA DURÉE DU SERVICE DANS L'ARMÉE ACTIVE.

TITRE IV.

DES ENGAGEMENTS VOLONTAIRES, DES RENGAGEMENTS ET DES COMMISSIONS.

II. — Dispositions spéciales aux colonies et pays de protectorat.

Circulaire relative à la surveillance des jeunes gens qui, ayant leur établissement aux colonies, résident temporairement hors des colonies (art. 90 *de la loi du* 21 *mars* 1905).

Paris, le 13 juillet 1908.

Aux termes de l'article 90 de la loi du 21 mars 1905 sur le recrutement de l'armée :

« Les Français et naturalisés Français résidant dans l'une de ces colonies ou pays de protectorat (autres que la Tunisie, l'Algérie, la Martinique, la Guadeloupe, la Guyane et la Réunion), sont incorporés dans les corps les plus voisins et, après une année de présence effective sous les drapeaux, au maximum, ils sont envoyés en congé s'ils ont satisfait aux conditions de conduite et d'instruction militaire déterminées par le Ministre de la guerre (§ 2)..................................

« Si un Français ou naturalisé Français ayant bénéficié des dispositions du paragraphe 2 du présent article, transportait son établissement en France avant l'âge de 30 ans accomplis, il devrait compléter, dans un corps de la métropole, le temps de service dans l'armée active prescrit par l'article 32 de la présente loi, sans pouvoir, toutefois, être retenu sous les drapeaux au delà de 30 ans (§ 5). »

Il résulte de ce texte que les jeunes gens ayant bénéficié de l'article 90 précité peuvent, il est vrai, en cas de force majeure et principalement pour raison de santé, quitter temporairement les colonies, mais que, s'ils transportent leur établissement en France avant l'âge de 30 ans, ils sont tenus de compléter deux années de service.

Il convient, en conséquence, d'exercer sur les jeunes gens qui se déplacent ainsi une surveillance et un contrôle sérieux au point de vue de la conservation de leur établissement aux colonies.

A cet effet, les jeunes gens dont il s'agit, qui désireront s'absenter temporairement de la colonie où ils résident devront en informer les gouverneurs ou leurs suppléants, en leur faisant connaître la date de leur départ, la localité où ils comptent se rendre et la durée probable de leur absence.

Les gouverneurs ou leurs suppléants devront :

1° Prendre note de ces indications sur un registre spécial

2° Vérifier par tous les moyens possibles si les intéressés ont réellement conservé leur établissement aux colonies (emploi position, etc.) ;

3° Signaler au Ministre de la guerre (Direction de l'Infanterie ; Bureau du Recrutement), en indiquant la date de leur départ et le lieu de leur résidence, ceux qui, par suite d'une absence plus ou moins prolongée, leur sembleraient avoir quitté les colonies sans esprit de retour.

D'autre part, les commandants des bureaux de recrutement dont dépendent les jeunes gens bénéficiant de l'article 90 de la loi du 21 mars 1905 devront exercer, de leur côté, une surveillance sur ces jeunes gens et signaler au Ministre de la guerre ceux d'entre eux qui leur sembleraient se trouver dans une situation irrégulière.

Il y a lieu d'appliquer les mesures ci-dessus énoncées aux jeunes gens qui ont bénéficié de la réduction de service prévue par l'article 81 de la loi du 15 juillet 1889.

Décret rendant applicable aux colonies et pays de protectorat la loi du 25 mars 1909 concernant la prescription du délit d'insoumission.

Paris, le 4 novembre 1909.

RAPPORT AU PRÉSIDENT DE LA RÉPUBLIQUE FRANÇAISE.

Monsieur le Président,

La loi du 25 mars 1909 a complété l'article 83 de la loi d

21 mars 1905, sur le recrutement de l'armée, en ce qui concerne la prescription du délit d'insoumission.

Or, il n'a pas été spécifié dans cette loi qu'elle était applicable dans les colonies et pays de protectorat.

Il nous a paru qu'il y aurait intérêt à la rendre dès maintenant applicable dans les colonies et pays de protectorat visés à l'article 90 de la loi de recrutement.

C'est dans ce but que nous avons préparé le présent projet de décret que nous avons l'honneur de soumettre à votre haute sanction.

Nous vous prions d'agréer, Monsieur le Président, l'hommage de notre profond respect.

Décret.

Le Président de la République française,

Vu le sénatus-consulte du 3 mai 1854 ;

Vu la loi du 21 mars 1905 sur le recrutement de l'armée;

Vu la loi du 25 mars 1909 complétant l'article 83 de la loi du 21 mars 1905, relativement à la prescription du délit d'insoumission ;

Sur le rapport des Ministres de la guerre et des colonies,

Décrète :

Art. 1er. Est déclaré applicable, dans les colonies et pays de protectorat visés à l'article 90 de la loi du 21 mars 1905, la loi du 25 mars 1909 complétant l'article 83 de la loi du 21 mars 1905, relativement à la prescription du délit d'insoumission, par la disposition qui figurait au dernier paragraphe de l'article 73 de la loi du 15 juillet 1889 sur le recrutement de l'armée.

Art. 2. Les Ministres de la guerre et des colonies sont chargés, chacun en ce qui le concerne, de l'exécution du présent décret qui sera publié au *Journal officiel* et inséré au *Bulletin des lois*.

Arrêté déterminant les conditions d'application aux colonies de la loi du 21 mars 1905 sur le recrutement de l'armée.

Paris, le 9 février 1910.

Les Ministres de la guerre et des colonies,

Vu les articles 13, 16, 89, 90 et 91 de la loi du 21 mars 1905 sur le recrutement de l'armée,

Arrêtent :

Art. 1er. Dans les colonies, autres que l'Algérie et la Tunisie, visées par l'article 89 de la loi du 21 mars 1905, c'est-à-dire à la Martinique, à la Guadeloupe, à la Guyane et à la Réunion, les maires ou administrateurs faisant fonctions de maires, établissent, chaque année, des tableaux de recensement sur lesquels sont portés tous les Français et naturalisés Français domiciliés ou résidant dans la colonie et appelés, par leur âge, à y être inscrits.

Ces jeunes gens sont examinés par un conseil de revision composé suivant les règles tracées par l'article 16 de la loi.

En raison de l'impossibilité de constituer un conseil de revision à la Guyane, les jeunes gens inscrits sur les tableaux de recensement de cette colonie sont examinés par le conseil de revision siégeant à la Martinique; ils peuvent y être examinés sur pièces (1).

Le registre matricule de recrutement prévu par l'article 31 de la loi est tenu par les autorités militaires locales ; s'il n'y a pas de troupe stationnée dans la colonie, ce registre est tenu par les autorités militaires de la colonie la plus voisine.

Les jeunes gens reconnus bons pour le service armé ou pour le service auxiliaire y sont annotés comme marchant avec la classe à laquelle ils appartiennent par leur âge. Ils reçoivent le livret individuel prévu à l'article 31 de la loi et sont tenus aux déclarations exigées par l'article 45 de la loi.

Art. 2. Dans les colonies et pays de protectorat visés par l'article 90, il y a lieu d'établir les distinctions suivantes :

a) Colonies et pays de protectorat pourvus de troupes fran-

(1) Modification du 10 septembre 1913 (*B. O.*, p. 1181.)

çaises (Cochinchine, Cambodge, Tonkin, Annam, Sénégal, Nouvelle-Calédonie, Madagascar, Maroc, quelle que soit la zone (1).

Les Français et naturalisés Français, qui sont domiciliés ou en résidence dans les colonies et pays de protectorat désignés ci-dessus, sont inscrits au lieu de leur domicile ou de leur résidence et sont examinés par un conseil de revision siégeant dans la localité indiquée par le gouverneur ou le résident et composé conformément aux règles tracées par l'article 16 de la loi (1).

Peuvent également bénéficier de l'article 90 les jeunes gens inscrits dans la métropole qui se rendraient, avant l'incorporation de leur classe, dans ces colonies et pays de protectorat pour y fixer leur résidence après déclaration faite aux autorités françaises civiles ou militaires (1).

Conformément au 2e alinéa de l'article 90 de la loi, les jeunes gens domiciliés ou en résidence dans ces colonies et pays de protectorat sont incorporés pour une année au maximum dans un corps de troupe qui s'y trouve stationné (1).

Ils peuvent faire des séjours dans la métropole, dans les conditions déterminées par la circulaire du 13 juillet 1908 (2), mais sont tenus de compléter le temps de service légal s'ils transportent leur établissement dans la métropole avant l'âge de 30 ans (1, 3).

b) Colonies dépourvues de troupes françaises.

Les Français qui, au plus tard à la date de la clôture des tableaux de recensement de leur classe, ont établi leur résidence dans les colonies ou pays de protectorat énumérés dans le tableau ci-après, dépourvus de troupes françaises, sont recensés au lieu de leur résidence par les maires ou administrateurs faisant fonctions de maires.

Ils sont examinés par les conseils de revision des colonies mentionnées audit tableau. Ils peuvent, d'ailleurs, demander à se faire visiter au lieu de leur résidence et, dans ce cas, le conseil de revision statue sur pièces.

---

(1) Circulaire du 12 janvier 1914 (*B. O.*, p. 272).

(2) Voir page 77.

(3) Les jeunes gens qui ont été incorporés dans la métropole, mais qui résidaient au Maroc avant leur incorporation, peuvent être renvoyés, sur leur demande, s'ils ont effectué une année de service au moins, sous la réserve de retourner au Maroc et d'y résider dans les conditions fixées par le présent paragraphe *a*).

COLONIES DE RÉSIDENCE.	SIÈGE du CONSEIL DE REVISION.
Mauritanie	Saint-Louis.
Haut-Sénégal et Niger	Bamako.
Guinée	Conakry.
Côte d'Ivoire	Bingerville.
Dahomey	Porto-Novo.
Gabon	Moyen-Congo.
Moyen-Congo	
Oubangui-Chari et territoire militaire du Tchad	
Côte française des Somalis	Madagascar.
Mayotte, Comores et dépendances	
Laos-Nord	Tonkin.
Laos-Sud	Cochinchine.
Etablissements français de l'Inde	
Etablissements français de l'Océanie	Nouvelle-Calédonie.
Archipel des Nouvelles-Hébrides	
Saint-Pierre et Miquelon	Martinique.

Dans ces colonies, le registre matricule de recrutement est tenu par les autorités militaires de la colonie où siège le conseil de revision.

Conformément au parapraghe 3 de l'article 90 de la loi, le contingent de ces colonies est dispensé de la présence effective sous les drapeaux ; les intéressés reçoivent le livret individuel prévu à l'article 31 de la loi.

Les règles ci-dessus sont applicables aux jeunes gens visés par l'article 91 de la loi. Mais ces derniers, au cas où ils transporteraient leur établissement en France avant l'âge de 30 ans, tomberaient sous l'application du paragraphe 5 de l'article 90.

c) Toutefois, en cas de mobilisation générale, les hommes visés par le présent article et appartenant aux classes appelées ou rappelées sous les drapeaux seront incorporés dans un corps de troupe stationné dans la colonie la plus voisine pourvue de troupes françaises (1).

Art. 3. Les Français et naturalisés Français originaires d'une colonie, qui résident dans la métropole à l'époque de la formation de leur classe, sont signalés par l'autorité militaire locale chargée de la tenue du registre matricule au commandant du

(1) Circulaire du 3 février 1915 (*B. O.*, p. 109).

bureau de recrutement de leur résidence, qui doit les affecter et leur adresser un ordre d'appel sous les drapeaux.

Les Français et naturalisés Français originaires d'une colonie, qui résident à l'étranger, en Europe ou hors d'Europe, à l'époque de la formation de leur classe, sont signalés dans les mêmes conditions au *commandant du 6e bureau de recrutement de la Seine* (1).

Art. 4. Aucun engagement volontaire n'est reçu dans les colonies où il n'y a pas de troupes françaises stationnées.

Les jeunes gens qui résident dans ces colonies et qui désirent contracter un engagement, doivent se rendre à leurs frais dans la colonie la plus voisine et se présenter à l'autorité militaire pour subir la visite médicale.

S'ils ne sont pas admis à s'engager, les intéressés n'ont droit à aucune indemnité pour leur rapatriement.

Art. 5. L'arrêté ministériel du 26 décembre 1906 (*B. O.*, P. R., p. 1762) est abrogé.

Le Ministre des colonies,
GEORGES TROUILLOT.

Le Ministre de la guerre,
BRUN.

Décret rendant applicables dans les colonies et pays de protectorat relevant du ministère des colonies diverses lois qui ont modifié la loi du 21 mars 1905 sur le recrutement de l'armée, ainsi que le règlement d'administration publique du 9 août 1913 concernant les allocations pour soutien de famille aux militaires de l'armée active et de ses réserves.

Paris, le 23 novembre 1913.

Art. 1er. Est déclarée applicable dans les colonies de la Guadeloupe, de la Martinique, de la Guyane et de la Réunion, la loi du 25 mars 1909, complétant l'article 83 de la loi du 21 mars 1905, relativement à la prescription du délit d'insoumission, par la disposition qui figurait au dernier paragraphe de l'article 73 de la loi du 15 juillet 1889 sur le recrutement de l'armée.

---

(1) Circulaire du 25 juillet 1911 (*B. O.*, p. 87

Art. 2. Sont déclarées applicables dans les colonies et pays de protectorat, relevant du ministère des colonies :

1° La loi du 22 mai 1909, complétant l'article 96 de la loi du 21 mars 1905, sur le recrutement de l'armée;

2° La loi du 13 mars 1912, remplaçant le 7° alinéa de l'article 83 de la loi du 21 mars 1905;

3° La loi du 6 décembre 1912, portant modification des articles 4 et 5 de la loi sur le recrutement de l'armée;

4° La loi du 7 août 1913, modifiant les lois des cadres de l'infanterie, de la cavalerie, de l'artillerie et du génie, en ce qui concerne l'effectif des unités et fixant les conditions du recrutement de l'armée active et la durée du service dans l'armée active et ses réserves ;

5° Le règlement d'administration publique du 9 août 1913, concernant les allocations pour soutien de famille aux militaires de l'armée active et des réserves.

III. — Dispositions diverses.

Loi sur les obligations militaires des membres du Parlement.

Le Sénat et la Chambre des députés ont adopté,

Le Président de la République promulgue la loi dont la teneur suit :

Art. 1er. Nul ne peut être membre du Parlement s'il n'a satisfait définitivement aux prescriptions de la loi militaire concernant le service actif.

La disposition ci-dessus n'est pas applicable aux Français ou naturalisés Français résidant en Algérie ou aux colonies, qui, lors de leur élection, auront satisfait aux obligations spéciales que leur impose le titre VI de la loi du 15 juillet 1889.

Art. 2. En temps de paix, les membres du Parlement ne peuvent faire aucun service militaire pendant les sessions, si ce n'est sur la demande du Ministre de la guerre, de leur propre consentement et après décision favorable de l'Assemblée à laquelle ils appartiennent.

Art. 3. Les membres du Parlement faisant un service militaire ne peuvent participer aux délibérations ni aux votes de l'Assemblée à laquelle ils appartiennent.

En cas de convocation de l'Assemblée nationale, leur service militaire est suspendu de plein droit pendant la durée de la session de cette Assemblée.

Art. 4. Les dispositions des articles 2 et 3 ci-dessus ne s'appliquent pas aux officiers généraux maintenus sans limite d'âge dans la 1re section du cadre de l'état-major général et aux officiers généraux ou assimilés placés dans la 2e section du cadre de l'état-major général.

La présente loi, délibérée et adoptée par le Sénat et par la Chambre des députés, sera exécutée comme loi de l'Etat.

Fait à Paris, le 20 juillet 1895.

Circulaire au sujet de l'application des articles 4 et 5 de la loi sur le recrutement de l'armée.

Le Ministre de la guerre à MM. les Préfets.

Paris, le 3 mars 1913.

J'appelle spécialement votre attention sur certaines dispositions particulières édictées par la loi sur le recrutement de l'armée en ce qui concerne les jeunes gens dont les antécédents judiciaires entraînent soit l'envoi aux sections d'exclus, soit l'affectation aux bataillons d'infanterie légère d'Afrique.

I. — Il résulte des articles 4 et 5 que les condamnations prononcées par les tribunaux étrangers n'auront d'effets légaux qu'après constatation par le tribunal correctionnel du domicile des intéressés, de la régularité et de la légalité de la condamnation.

Lorsque les condamnations de l'espèce, qui doivent figurer d'ailleurs au casier judiciaire de l'individu (article 7, 3°, de la loi du 11 juillet 1900) seront parvenues à votre connaissance, il vous appartiendra de saisir le procureur de la République qui, après s'être fait délivrer une copie du jugement, poursuivra d'urgence, auprès du tribunal correctionnel, la décision d'exéquatur, et la portera aussitôt à votre connaissance.

Il sera statué par le conseil de revision dans sa séance de clôture.

II. — L'article 5, après avoir énuméré les condamnations qui entraînent l'incorporation aux bataillons d'Afrique, ajoute : « sauf décision contraire du Ministre de la guerre après enquête sur leur conduite depuis leur sortie de prison ».

Pour me permettre d'user, en toute connaissance de cause, de la faculté qui m'est reconnue par la loi, il est nécessaire que je possède sur *tous* les jeunes soldats dont les antécédents judiciaires entraînent l'affectation aux bataillons d'Afrique, des renseignements précis.

J'ai, en conséquence, décidé que MM. les commandants des bureaux de recrutement vous adresseraient, pour leur subdivision, l'état nominatif de tous les jeunes gens du département que leurs antécédents ont désignés pour être incorporés dans ces corps d'épreuve.

Dès le reçu de cette liste, vous voudrez bien recueillir auprès du maire de la commune tous renseignements susceptibles de m'éclairer sur la conduite de chaque intéressé et sa situation de famille.

Au cas où les jeunes gens susvisés auraient, postérieurement à leur condamnation, fixé leur résidence dans une commune autre que celle dans laquelle ils ont été recensés, vous inviterez les maires à vous faire connaître cette résidence le plus exactement possible.

Il vous appartiendra alors de recueillir les renseignements nécessaires, soit auprès du maire de la nouvelle résidence, soit auprès du préfet de cette résidence, si elle est établie en dehors du département que vous administrez.

Dans tous les cas, les renseignements devront me parvenir par les soins du préfet du département dans lequel les intéressés auront été recensés.

Ces renseignements seront consignés, avec votre avis personnel, sur des notices individuelles, distinctes pour chaque jeune soldat, que vous me ferez parvenir aussitôt que possible et au plus tard le 20 août qui précède l'incorporation, sous le timbre Direction du Contentieux et de la Justice militaire (2e Bureau).

A moins de circonstances tout exceptionnelles, vous ne comprendrez, dans vos propositions de dispense, que les jeunes gens qui seront sortis de prison depuis six mois au moins.

Eug. Etienne.

Circulaire relative à l'application de la loi du 11 *avril* 1910 *portant modification aux articles* 4, 5, 6, 41, 50 *et* 93 *de la loi de recrutement.*

Paris, le 18 juillet 1910.

La loi du 11 avril 1910 a prévu de nouveaux cas d'exclusion de l'armée et a modifié les conditions d'incorporation aux bataillons d'Afrique. Cette loi supprime, en outre, les compagnies de discipline et les remplace par des sections spéciales qui seront prochainement organisées.

I. — EXCLUSION DE L'ARMÉE.

Les individus condamnés en application de la loi du 28 avril 1886 sur l'espionnage, soit antérieurement, soit postérieurement à leur incorporation, n'étaient exclus de l'armée que s'ils avaient à la fois été condamnés à une peine correctionnelle de deux ans d'emprisonnement et au-dessus et été frappés de l'interdiction de tout ou partie de l'exercice des droits civiques, civils ou de famille. Cela résultait de l'article 4, n° 2, de la loi du 21 mars 1905. En vertu de la nouvelle loi, ces individus seront exclus, *quelle que soit la durée de la condamnation*, et même s'il n'y a pas interdiction totale ou partielle des droits civiques, civils ou de famille, à une condition toutefois, c'est que la condamnation soit motivée sur des faits rentrant dans les prévisions des articles 1, 2, 5, 8 et 9 de la loi de 1886.

La destination à donner aux jeunes soldats à diriger sur les sections métropolitaines d'exclus continuera à se faire suivant les prescriptions de l'instruction du 15 janvier 1903.

II. — AFFECTATION AUX BATAILLONS D'INFANTERIE LÉGÈRE D'AFRIQUE.

Les hommes à affecter aux bataillons d'infanterie légère d'Afrique se divisent en trois groupes : ceux qui sont affectés sans incorporation préalable dans un corps de troupe ordinaire, ceux qui ne peuvent être affectés qu'après une incorporation préalable dans un corps de troupe ordinaire, et enfin ceux qui n'encourent des condamnations de nature à justifier cette affectation qu'après leur incorporation.

PREMIER GROUPE.

Hommes affectés aux bataillons d'infanterie légère d'Afrique sans incorporation préalable dans un corps de troupe ordinaire.

Les hommes de ce groupe sont les suivants :

1° Hommes reconnus coupables de crimes et condamnés seulement à l'emprisonnement par application de l'article 463 du Code pénal ;

2° Hommes condamnés correctionnellement à trois mois de prison au moins pour outrage public à la pudeur, pour délit de vol, escroquerie, abus de confiance ou attentat aux mœurs, prévu par l'article 334 du Code pénal ;

3° Hommes ayant été condamnés correctionnellement pour avoir fait métier de souteneur, délit prévu par l'article 2 de la loi du 8 avril 1903, quelle que soit la durée de la peine;

4° Hommes qui ont été l'objet de deux ou de plusieurs condamnations, quelle qu'en soit la durée, pour l'un des délits spécifiés au n° 2.

Les condamnations dont il s'agit sous ce numéro sont non seulement celles qui ont infligé des peines correctionnelles d'emprisonnement expressément prévues par la loi, mais aussi celles qui, par application de l'*article* 463 *du Code pénal*, n'ont comporté que des peines d'emprisonnement abaissées au niveau des peines dites de simple police. C'est la conséquence nécessaire de cette règle incontestée du droit pénal que l'application des circonstances atténuantes n'a d'effet que sur la culpabilité judiciaire et que l'infraction à l'occasion de laquelle elles sont déclarées conserve sa nature légale et sa qualification juridique.

Doivent donc être envoyés aux bataillons d'infanterie légère d'Afrique, avant toute incorporation, comme remplissant la condition exigée par le n° 4 :

1° Les hommes condamnés à une peine correctionnelle d'emprisonnement deux ou plusieurs fois pour un des délits spécifiés à l'article 2 de la loi du 11 avril 1910 ;

2° Les hommes qui, ayant été, pour un de ces délits, l'objet d'une condamnation à une peine d'emprisonnement correctionnel de moins de trois mois, auront été également, soit antérieurement, soit postérieurement, condamnés, même une seule fois, pour un de ces délits à une peine d'emprisonnement abaissée au niveau des peines de simple police par application de l'article 463 du Code pénal ;

3° Les hommes qui ont été deux ou plusieurs fois condamnés également pour un de ces délits à des peines d'emprisonnement abaissées au niveau des peines de simple police par application du même article 463.

La destination à donner aux jeunes soldats à diriger sur les bataillons d'infanterie légère se fera conformément aux prescriptions de l'article 2 (A) de l'instruction du 19 décembre 1899 (vol. n° 63), qui sera d'ailleurs mis en harmonie avec les nouvelles prescriptions légales.

La loi du 11 avril 1910 (1), comme celle du 21 mars 1905, a donné au Ministre de la guerre le *pouvoir de dispenser* de l'envoi aux bataillons d'infanterie légère d'Afrique, après enquête sur la conduite des hommes depuis leur sortie de prison. Le texte des deux lois est identique : il n'y a donc pas lieu de changer quoi que ce soit à cette enquête, qui continuera à être faite dans les conditions déterminées par la circulaire du 5 janvier 1906 (vol. n° 63).

La décision ministérielle accordant la dispense ne saurait avoir aucun caractère définitif et peut être rapportée dans le cas où le bénéficiaire ne justifie pas, par sa bonnne conduite au corps, la faveur dont il a été l'objet. Il convient donc de rappeler que tout homme qui a obtenu une dispense peut néanmoins ultérieurement être affecté aux bataillons d'infanterie légère d'Afrique en cas d'inconduite grave.

Le retrait de la dispense est proposé par les gouverneurs militaires et les commandants de corps d'armée.

A l'égard des hommes qui n'ont été condamnés qu'à des peines d'emprisonnement abaissées au niveau des peines de simple police par application de l'article 463 du Code pénal, il sera toujours procédé d'office à l'enquête prévue par l'article 2 de la loi du 11 avril 1910, et l'affectation à un bataillon d'infanterie légère d'Afrique ne pourra être faite que lorsqu'il aura été décidé par le Ministre qu'il n'y a pas lieu à dispense.

DEUXIÈME GROUPE.

Hommes qui ne peuvent être affectés aux bataillons d'infanterie légère d'Afrique qu'après incorporation dans un corps de troupe ordinaire.

Les hommes à ranger dans ce groupe sont les suivants :

1° Hommes condamnés correctionnellement avant leur incorporation à une peine d'emprisonnement de moins de trois mois pour outrage public à la pudeur, pour délit de vol, escroquerie,

(1) Actuellement loi du 6 décembre 1912, voir page 5.

abus de confiance ou attentat aux mœurs, prévu par l'article 334 du Code pénal (art. 3, loi du 11 avril 1910).

L'envoi aux bataillons d'infanterie légère d'Afrique est proposé par les commandants de corps d'armée et prononcé par le Ministre de la guerre ; il est subordonné à certaines conditions essentielles :

a) *L'incorporation* dans un corps de troupe ordinaire doit avoir duré au *moins trois mois*. La loi accorde aux hommes ci-dessus visés un temps de stage qu'il importe de leur laisser accomplir entièrement. Les propositions d'envoi aux bataillons ne seront donc instruites qu'après l'expiration de ce délai.

b) Les hommes doivent s'être signalés par une inconduite grave, c'est-à-dire avoir commis soit des fautes répétées contre la discipline, dans le service, soit accompli des actes contraires à la probité ou aux bonnes mœurs dans leur vie personnelle ; il faut, en un mot, qu'il soit certain que leur présence dans les corps de troupe ordinaires est un danger au point de vue moral ou militaire.

c) Le conseil de discipline est probablement consulté.

La loi n'exige qu'un avis, mais comme cet avis est essentiel, aucune proposition ne saurait être adressée au Ministre de la guerre, sans qu'il soit joint au dossier de l'intéressé. De plus, il convient de ne pas oublier qu'il ne constitue qu'un élément d'instruction et que, dès lors, la circonstance qu'il serait défavorable à l'envoi aux bataillons d'Afrique n'est pas de nature à dispenser le chef de corps de saisir le général commandant le corps d'armée à qui il appartient de décider s'il y a lieu ou non de faire la proposition ;

2° Hommes condamnés, soit à trois mois d'emprisonnement au moins, soit à une peine d'emprisonnement inférieure à trois mois, pour l'un des mêmes délits, mais ayant bénéficié de la loi du 26 mars 1891 sur le sursis.

Les hommes condamnés à trois mois d'emprisonnement au moins, avec bénéfice du sursis, sauf ceux qui ont été condamnés pour avoir fait métier de souteneur, sont incorporés dans les corps de troupe ordinaires, sauf envoi ultérieur, s'il y a lieu, dans les bataillons d'infanterie légère d'Afrique, par application de l'article 93 de la loi du 21 mars 1905, modifié par l'article 6 de la loi du 11 avril 1910.

Cet envoi peut être prononcé *dès que les hommes*, après leur incorporation, se trouvent en état d'inconduite grave ; aucun délai n'est imposé à l'autorité militaire et le conseil de discipline n'a pas à intervenir.

C'est le Ministre de la guerre qui statue et, d'après le paragraphe 2 de l'article 93 nouveau de la loi du 21 mars 1905, le droit de faire la proposition appartient, dans ce cas, au chef de corps et non au commandant de corps d'armée, qui a seulement la mission obligatoire de transmettre cette proposition en l'accompagnant de son avis.

Les hommes condamnés à moins de trois mois d'emprisonnement, qui ont obtenu le sursis, sont expressément régis par l'article 93 tel qu'il est rédigé depuis la loi du 11 avril 1910. Il s'ensuit qu'en droit strict ils devraient être, sans distinction, soumis à la même procédure en cas d'inconduite grave. Une semblable jurisprudence aboutirait à cette anomalie d'imposer aux hommes condamnés avec le bénéfice du sursis un régime plus rigoureux qu'à ceux qui n'ont pas obtenu ce bénéfice. Il sera obvié à cet inconvénient en se conformant à la règle suivante :

Dans les cas exceptionnels, lorsque la conduite de l'homme aura été tellement grave qu'il y aura nécessité de soustraire le plus rapidement possible au contact des troupes ordinaires un homme dangereux, il conviendra de se borner à employer la procédure expéditive de l'article 93.

Si, au contraire, on se trouve en présence d'un homme dont les actes d'inconduite, tout en étant graves, ne présentent pas le même caractère de danger pour les troupes, le chef de corps, avant de faire sa proposition, devra attendre l'expiration du délai de trois mois imparti par l'article 3 de la loi du 11 avril 1910 et prendre l'avis du conseil de discipline.

TROISIÈME GROUPE.

Hommes ayant encouru des condamnations postérieurement à leur incorporation dans un corps de troupe ordinaire.

Les militaires qui se sont rendus coupables des délits spécifiés dans l'article 2 de la loi de 1910 et se trouvent dans un des cas visés à cet article doivent être affectés immédiatement aux bataillons d'infanterie légère d'Afrique s'ils n'ont pas obtenu le bénéfice du sursis. L'affectation est faite dans les mêmes conditions que si le délit avait été commis avant l'incorporation. Il faut, par suite, soumettre ces militaires au même régime que les hommes du premier groupe, sauf que le Ministre de la guerre ne peut, à leur égard, exercer son droit de dispense, parce qu'il est impossible de constater s'ils se sont amendés depuis leur sortie de prison.

Dans le cas où le sursis a été accordé, il y a lieu d'appliquer l'article 6 de la loi du 11 avril 1910 et de maintenir les militaires dans un corps de troupe ordinaire. Mais ces militaires peuvent être changés de corps, tant dans leur intérêt que dans celui de la discipline. Ce n'est qu'après qu'ils se seront mis en état d'inconduite grave qu'on pourra les affecter à un bataillon d'infanterie légère d'Afrique en suivant les prescriptions du paragraphe 2 de l'article 93 de la loi du 21 mars 1905, modifié par ledit article 6, c'est-à-dire sans attendre l'expiration du délai de trois mois, par décision ministérielle et sur la simple proposition du chef de corps.

Quant aux militaires qui se trouvent dans le cas visé à l'article 3 de la loi du 11 avril 1910 et qui n'ont été, dès lors, condamnés qu'à moins de trois mois de prison pour outrage public à la pudeur, pour le délit de vol, escroquerie, abus de confiance ou attentat aux mœurs, prévu par l'article 334 du Code pénal, ils seront traités de la façon suivante :

S'ils n'ont pas obtenu de sursis, ils seront maintenus dans un corps de troupe ordinaire dès leur sortie de prison ; ils ne pourront plus être envoyés aux bataillons d'infanterie légère d'Afrique, en cas d'inconduite grave, qu'après l'expiration du délai de trois mois prévu à l'article 3 de la loi de 1910, par décision du Ministre de la guerre, après avis du conseil de discipline, et sur la proposition du général commandant le corps d'armée. S'ils ont obtenu le bénéfice du sursis, ils seront traités comme les hommes condamnés à moins de trois mois de prison avant leur incorporation.

Décret portant application aux territoires du sud de l'Algérie, des dispositions de l'article 22 de la loi du 21 mars 1905.

Paris, le 19 août 1907.

Le Président de la République française,

Sur le rapport du président du conseil, Ministre de l'intérieur, et sur celui du Ministre de la guerre,

Vu la loi du 21 mars 1905 sur le recrutement de l'armée ;

Vu la loi du 24 décembre 1902 portant organisation des territoires du sud de l'Algérie;

Le Conseil d'Etat entendu,

Décrète :

Art. 1er. Il est statué par les conseils institués dans les départements d'Alger, d'Oran et de Constantine sur les demandes d'allocations journalières présentées, en vertu de l'article 22 de la loi du 21 mars 1905, par les familles des jeunes gens recrutés dans les « territoires du sud de l'Algérie ».

Art. 2. Les demandes formées dans chaque territoire sont examinées par le conseil institué dans le département auquel ce territoire est rattaché pour le contentieux administratif (1).

Art. 3. Le Ministre de l'intérieur et le Ministre de la guerre sont chargés, chacun en ce qui le concerne, de l'exécution du présent décret, qui sera publié au *Journal officiel* et inséré au *Bulletin des lois* et au *Bulletin officiel* du gouvernement général de l'Algérie.

Circulaire relative à l'application de l'article 63 de la loi du 21 mars 1905 sur le recrutement de l'armée.

Paris, le 23 août 1910.

Aux termes de l'article 63 de la loi du 21 mars 1905, les sous-officiers qui ont accompli la durée légale du service et qui sont

(1) Décret du 25 juin 1908 (*B. O.*, p. 2061).

autorisés à loger en ville ont droit à une indemnité de logement dont les tarifs sont fixés par le Ministre suivant les garnisons.

Les autorisations de cette nature ne peuvent être accordées, en principe, qu'à des sous-officiers mariés, et, par extension, à des sous-officiers veufs avec enfant ou vivant avec leur mère veuve (1).

Toutefois, les chefs de corps peuvent également, lorsqu'ils le jugent à propos, étendre cette faveur aux sous-officiers veufs sans enfant, sous la réserve formelle d'astreindre ces sous-officiers à prendre leurs repas au mess ou à la cantine (1).

Extraits de la loi du 7 août 1913 modifiant les lois des cadres de l'infanterie, de la cavalerie, de l'artillerie et du génie, en ce qui concerne l'effectif des unités et fixant les conditions du recrutement de l'armée active et la durée du service dans l'armée active et ses réserves.

....

Art. 1er. Les lois relatives à la constitution des cadres et des effectifs de l'infanterie, la cavalerie, l'artillerie et le génie sont modifiées, en ce qui concerne l'effectif en hommes de l'armée active des différentes unités, conformément au tableau annexé à la présente loi.

Art. 2. Les effectifs fixés par les lois des cadres et des effectifs représentent les nombres au-dessous desquels le total des hommes du service armé présents dans les différentes unités ne peut être abaissé. Ces effectifs ne peuvent être modifiés que par des lois spéciales indépendantes des lois de finances.

Art. 7. La classe de 1913 sera incorporée dans la seconde quinzaine de novembre au plus tard; pour les appelés de cette classe, la durée du service comptera du 1er octobre 1913.

Les tableaux de recensement de la classe 1913 seront dressés sans délai dans les conditions indiquées par l'article 10 de la loi du 21 mars 1905, modifié par l'article 6 de la présente loi. Ils seront publiés aussitôt et de telle manière que l'unique publica-

---

(1) Circulaire du 6 mai 1913 (*B. O.*, p. 509).

tion qui en sera faite ait lieu au plus tard le troisième dimanche qui suivra la promulgation de la présente loi.

Le délai d'un mois prévu à l'article 10 précité est, par exception, réduit à dix jours.

Les demandes de sursis d'incorporation prévues à l'article 21 de la loi du 21 mars 1905 devront être adressées au maire dix jours au moins avant la date fixée pour les opérations des conseils de revision. Elles seront instruites et soumises d'urgence au préfet dans les formes en vigueur.

Art. 17. Les limites d'âge prévues par les lois, décrets et arrêtés pour l'admission aux concours ou emplois de l'Etat, des départements et des communes sont reculées d'un an pour les jeunes gens ayant accompli trois années de service militaire. Elles sont abaissées d'un an par année de service militaire non accomplie. Toute année pendant laquelle il a été fait quatre mois de service compte pour une année de service.

Art. 35. Les emplois de facteurs adultes des télégraphes, à Paris et dans les départements, sont réservés en totalité aux jeunes facteurs arrivés à leur majorité, pour permettre leur titularisation.

25 p. 100 des emplois de facteurs à Paris et de facteurs de ville dans les départements sont laissés à la disposition de l'administration pour assurer l'avancement du personnel local, rural et suburbain et la réintégration des jeunes facteurs des télégraphes.

25 p. 100 des emplois de facteurs locaux et ruraux sont réservés aux facteurs auxiliaires remplissant les conditions qui seront déterminées par l'administration et aux candidats civils appartenant de préférence à des familles nombreuses et réunissant les conditions réglementaires.

Le tableau G annexé à la loi du 21 mars 1905 est en outre modifié comme suit :

ADMINISTRATION CENTRALE.

Personnel subalterne permanent (autre que les gardiens de bureau), 75 p. 100.

Dispositions transitoires et particulières.

Art. 41. La présente loi n'est pas applicable aux appelés appartenant aux classes de 1910, 1911 et 1912, qui demeurent régies par la loi du 21 mars 1905.

Toutefois, les dispositions de l'article 18 relatives à la nouvelle durée du service dans les réserves seront appliquées aux hommes de toutes les classes, appelés ou rencensés en vertu des lois antérieures, libérés ou non du service militaire actif, à l'exception des hommes actuellement dégagés par leur âge de toute obligation militaire.

Les jeunes gens, qui, au moment de la promulgation de la présente loi, servent comme engagés spéciaux par devancement d'appel, demeurent régis, quelle que soit leur classe de recrutement, par les clauses de l'engagement qu'ils ont souscrit par application de l'article 50 de la loi du 21 mars 1905.

A partir de la promulgation de la présente loi et seulement jusqu'au jour de l'incorporation de la classe de 1912, les jeunes gens de cette classe, engagés pour trois ans depuis le 1er janvier 1913, seront, sur leur demande, assimilés, au point de vue de la date de leur libération, aux hommes de la classe à laquelle ils appartiennent.

Ils perdront de ce fait tout droit aux primes et hautes payes.

Ceux qui ne réclameront pas le bénéfice de cette mesure auront droit à une haute paye à partir de la 3e année de service et à une prime de libération de 300 francs.

Les dispositions nouvelles relatives aux engagements et rengagements entreront immédiatement en vigueur. Les militaires qui servent en qualité de commissionnés conserveront cette situation jusqu'à leur libération, à moins qu'ils ne demandent eux-mêmes à continuer à servir comme rengagés.

Sont et demeurent en vigueur les dispositions de la loi du 21 mars 1905 qui ne sont pas contraires à la présente loi.

Des décrets détermineront les mesures d'exécution de la présente loi.

Art. 42. La disposition du 7e paragraphe de l'article 13 de la présente loi relatif au concours d'admission à l'Ecole spéciale militaire ou à l'Ecole polytechnique ne sera applicable que cinq ans après la promulgation de la présente loi.

Art. 43. Par mesure transitoire, un sursis d'office est accordé aux jeunes gens de la classe de 1913 qui n'auront pas répondu à l'appel de leur classe, lorsque ces jeunes gens seront domiciliés à l'étranger.

Art. 44. Sont autorisés, du 15 août au 15 novembre 1913, dans les limites fixées par le Ministre :

1° Les devancements d'appel pour les jeunes gens de 18, 19,

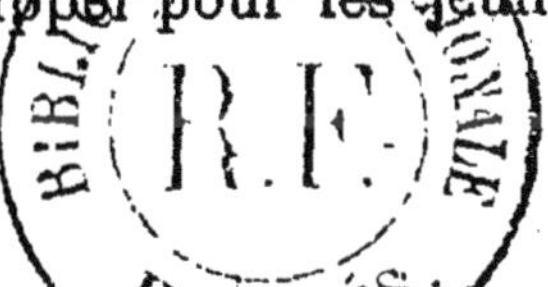

20 ans : par mesure transitoire exceptionnelle, seront admis les devancements d'appel des jeunes gens de 18 ans non pourvus du certificat d'aptitude militaire;

2° Les rengagements des hommes libérables de toutes armes : rengagement d'un an, avec haute paye de 1 franc par jour et prime de libération de 500 francs; rengagement de deux ans, avec haute paye de 1 franc et prime de libération de 1.100 francs;

3° Dans les mêmes conditions de durée, de haute paye et de prime — mais la prime étant payée au jour du rengagement — le rengagement des soldats ayant accompli leur service militaire et obtenu, à leur libération, le certificat de bonne conduite, n'ayant encouru aucune condamnation et ne dépassant pas 26 ans au 31 décembre de l'année de leur engagement.

Art. 45. Les casernes nouvelles et les casernes anciennes, après achèvement de leurs travaux d'aménagement et de réparations, ne pourront être utilisées qu'après avoir été reçues et déclarées en état de salubrité nécessaire et suffisant par le service de santé.

Art. 46. Les Français ou naturalisés Français nés à l'étranger hors d'Europe ou des pays limitrophes de la Méditerranée et y résidant peuvent être admis à bénéficier des dispositions concernant les Français résidant dans les colonies ou pays de protectorat visés à l'article 90 de la loi du 21 mars 1905.

Ils accomplissent, dans ce cas, leur service militaire dans une des colonies les plus voisines, suivant la répartition arrêtée par décret rendu sur la proposition des Ministres de la guerre et des affaires étrangères, sous réserve des dispositions contenues au 3° alinéa de l'article 90 précité.

Ces dispositions sont également applicables aux Français ou naturalisés Français qui se sont établis à l'étranger hors d'Europe ou des pays limitrophes de la Méditerranée avant l'âge de 18 ans ou qui s'y sont établis après cet âge, s'ils n'ont pu, pour cause d'inaptitude physique, contracter l'engagement prévu à l'article 25 de la présente loi.

Les jeunes gens visés au présent article doivent, en cas de mobilisation, rejoindre dans le plus bref délai leur corps d'affectation.

S'ils revenaient en France avant leur passage dans l'armée territoriale, ils devraient accomplir ou compléter dans un corps de la métropole le temps de service dans l'armée active prescrit par l'article 18, sans toutefois pouvoir être retenus sous les drapeaux au delà de la date où leur classe d'origine passe dans l'armée territoriale.

Pendant les périodes de résidence obligatoire à l'étranger prévues par les dispositions du présent article, les intéressés sont admis à faire en France, chaque année, des séjours de trois mois.

Art. 47. Dans le délai de six mois à partir de la promulgation de la présente loi, le gouvernement présentera un projet de loi réglant les conditions de recrutement des indigènes en Algérie, aux colonies et dans les pays de protectorat.

Art. 49. Pendant la durée de leur service dans l'armée active, ne sont pas assujettis à l'impôt personnel et mobilier les hommes de troupe mariés dont la cote ne dépasse pas 10 francs en principal.

Art. 50. L'article 12 de la présente loi est applicable aux réservistes, aux territoriaux et à leur famille pendant l'accomplissement de leurs périodes d'instruction (1).

Toute disposition contraire est abrogée.

---

(1) Voir article 22, page 17.

TABLEAU ANNEXÉ

Effectifs minima des unités des différentes armes.

<table>
<tr><th rowspan="2">DÉSIGNATION.</th><th colspan="2">INFANTERIE.</th><th>CAVALERIE.</th><th colspan="4">ARTILLERIE.</th></tr>
<tr><th>Compagnie d'infanterie et de zouaves de France. 1</th><th>Compagnie de chasseurs à pied. 2</th><th>Régiment de cavalerie. 3</th><th>Batterie montée et d'artillerie lourde. 4</th><th>Batterie à cheval. 5</th><th>Batterie de montagne. 6</th><th>Batterie à pied. 7</th></tr>
<tr><td>Unités à effectif normal........</td><td>140</td><td>»</td><td rowspan="2">740</td><td>110</td><td rowspan="2">175</td><td rowspan="2">140</td><td>120</td></tr>
<tr><td>Unités à effectif renforcé........</td><td>200</td><td>200</td><td>140</td><td>160</td></tr>
</table>

<table>
<tr><th rowspan="2">DÉSIGNATION.</th><th colspan="7">GÉNIE.</th></tr>
<tr><th>Compagnie de sapeurs mineurs. 8</th><th>Compagnie de télégraphistes. 9</th><th>Compagnie de chemins de fe[illegible] 10</th><th>Compagnie de radiotélégraphistes. 11</th><th>Compagnie de sapeurs conducteurs. 12</th><th>Compagnie d'aéronautique. 13</th><th>Détachement de projecteurs. 14</th></tr>
<tr><td>Unités à effectif normal........</td><td>140</td><td rowspan="2">140</td><td rowspan="2">200</td><td rowspan="2">220</td><td rowspan="2">130 fort.
90 faible.</td><td rowspan="2">150</td><td rowspan="2">50</td></tr>
<tr><td>Unités à effectif renforcé........</td><td>200</td></tr>
</table>

Circulaire portant modifications aux tableaux H, I et J, annexés à la loi du 21 mars 1905.

Paris, le 27 janvier 1914.

En vue de permettre l'application des dispositions énoncées à l'article 28 de la loi du 7 août 1913, j'ai l'honneur de vous adresser les trois tableaux H, I, J, ci-joints (1) qui énumèrent :

Le tableau H, les emplois dont les titulaires peuvent rester au service jusqu'à 50 ans d'âge;

Le tableau I, les emplois qui peuvent être tenus jusqu'à 60 ans d'âge;

Le tableau J, les emplois de caporaux ou brigadiers et soldats dont les titulaires pourront être autorisés à rengager jusqu'à quinze ans de service.

Ces tableaux ne concernent ni les étrangers et les indigènes qui sont régis par des statuts spéciaux, ni l'armée coloniale.

La composition des nouveaux tableaux H et I diffère, sur certains points, de celle des tableaux H et I annexés à la loi du 21 mars 1905.

On y a introduit, tout d'abord, certains des nouveaux emplois sédentaires des unités hors rang.

En outre, on y fait figurer tous les emplois qui peuvent, sans inconvénients d'ordre militaire, être tenus jusqu'à 50 et 60 ans d'âge et constituer, pour leurs titulaires, une fin de carrière tenant lieu d'emploi civil.

Par contre, pour rester dans l'esprit de la loi du 30 mars 1912, c'est-à-dire pour assurer à nos unités combattantes (compagnies, escadrons, batteries) un encadrement de gradés subalternes en pleine vigueur, on a évité, en principe, de faire figurer aux nouveaux tableaux H et I, les catégories de militaires appelés à fournir un service actif intensif.

Dans cet ordre d'idées ne figurent au tableau H ci-après que les seuls emplois spéciaux d'adjudant chef prévus aux unités hors rang (adjudants chefs chargés du casernement, à la dispo-

---

(1) Il est à remarquer qu'aux termes des dispositions nouvelles, la composition de ces tableaux peut être modifiée par simple décision ministérielle, alors que sous le régime de la loi de 1905 toute modification aux tableaux H et I ne pouvait s'opérer que par voie législative (voir les tableaux, pages 71, 72 et 73.

sition du capitaine chargé du matériel). Les autres emplois d'adjudants chefs (du cadre complémentaire de bataillon, etc.), restent soumis à la règle générale de la libération à quinze ans de services.

Il résulte des considérations exposées ci-dessus qu'un certain nombre des emplois qui figurent aux tableaux H et I annexés à la loi de 1905, ne sont plus mentionnés aux nouveaux tableaux et sont ainsi replacés dans la règle commune de la libération obligatoire à quinze ans de service.

A titre de mesure transitoire et pour ménager les intérêts particuliers en cause, les titulaires actuels des emplois « supprimés » aux tableaux H et I, qui comptent aujourd'hui dix ans de services au moins (date à partir de laquelle on pouvait autrefois commissionner) seront autorisés à conserver ces emplois jusqu'à 50 et 60 ans d'âge dans les conditions antérieurement prévues.

Par contre, les titulaires des emplois « supprimés » qui ont aujourd'hui moins de dix ans de services seront soumis à la règle générale de la libération obligatoire à quinze ans de services.

Vous voudrez bien porter les dispositions de la présente dépêche, qui entreront en vigueur à la date du 1er février 1914, à la connaissance des corps et services placés sous votre commandement.

J. Noulens.

Décret relatif à l'application de l'article 46 de la loi du 7 août 1913.

Paris, le 5 mars 1914.

Art. 1er. Les jeunes gens visés à l'article 46 de la loi du 7 août 1913 (1), en résidence dans une circonscription consulaire limitrophe d'une colonie pourvue de troupes françaises et admis au bénéfice de l'article 90 de la loi du 21 mars 1905, accomplissent leur service militaire actif dans ladite colonie.

Art. 2. Ceux de ces jeunes gens qui résident dans une circonscription consulaire occupée par des troupes françaises et qui demandent à bénéficier des dispositions de l'article 90 susvisé

(1) Voir page 95 l'extrait de cette loi.

accomplissent leur temps de service actif dans les troupes d corps français d'occupation; ils pourront, toutefois, être auto risés, sur leur demande, à effectuer ce service dans la coloni française pourvue de troupes la plus voisine.

Art. 3. Sont dispensés de la présence effective sous les dra peaux, dans les conditions prévues à l'article 46 précité, le jeunes gens visés par cet article qui résident dans une circons cription consulaire non limitrophe d'une colonie pourvue d troupes françaises. Exception est faite, toutefois, en ce qui con cerne les jeunes gens visés à l'article 2 du présent décret, les quels sont, en tous les cas, astreints à l'obligation du servic militaire.

Art. 4. Ceux de ces jeunes gens qui sont en résidence dan une circonscription consulaire limitrophe de la Guyane fran çaise peuvent, en raison de la difficulté des communications e par mesure exceptionnelle, être également dispensés de la pré sence effective sous les drapeaux.

Art. 5. Un arrêté ministériel déterminera quelles sont les co lonies où la présence des troupes françaises permettra l'appli cation des dispositions ci-dessus.

Arrêté déterminant quelles sont les colonies dans lesquelles l présence de troupes françaises permet l'application des dispo sitions du décret du 5 mars 1914 relatif à l'application de l'ar ticle 46 de la loi du 7 août 1913.

Paris, le 11 juin 1914.

Le Ministre de la guerre,

Vu l'article 5 du décret du 5 mars 1914 relatif à l'applicatior de l'article 46 de la loi du 7 août 1913.

Arrête :

Les colonies dans lesquelles la présence de troupes française permet l'application des dispositions du décret du 5 mars 191 sont l'Indo-Chine française et le Sénégal (1).

(1) Applicable aux troupes coloniales exclusivement.

Avis du comité du contentieux interprétatif de l'article 39 de la loi du 21 mars 1905 sur le recrutement de l'armée.

Paris, le 3 juin 1914.

Le Comité du Contentieux et de la Justice militaire, consulté sur la question de savoir si un militaire maintenu au corps à l'expiration de son temps de service supplémentaire pour achever une punition de prison ou de cellule, qui vient à subir une condamnation à l'emprisonnement, doit voir le temps passé en prison par suite de cette condamnation compté sur le service au corps imposé par l'entier accomplissement de la punition disciplinaire, a, dans sa séance du 4 avril 1914, émis l'avis suivant :

« Considérant qu'en vertu de l'article 366 du décret du 25 août 1913, tout militaire qui, au moment de l'expiration de son temps de service supplémentaire, a à subir tout ou partie d'une punition de prison, est retenu au corps jusqu'à ce qu'il ait achevé sa punition;

« Considérant que, les *punitions* disciplinaires et les peines prononcées par jugement ne pouvant en aucune façon être confondues, l'accomplissement par un militaire d'une peine d'emprisonnement prononcée par jugement a pour effet d'interrompre le cours de la *punition* disciplinaire qu'il avait commencé antérieurement à subir, que cette *punition* devant, en vertu des dispositions ci-dessus rappelées du décret du 25 août 1913, être intégralement purgée avant la libération définitive, doit, en conséquence, être reprise pour entier achèvement à l'expiration de la peine résultant de la condamnation,

« Est d'avis :

« De répondre au Ministre dans le sens des observations qui précèdent. »

Le Ministre se rallie à cet avis.

Instruction relative à l'accomplissement du service militaire des élèves de l'Ecole des haras.

Paris, le 3 juin 1914.

Les jeunes gens du contingent provenant de l'Ecole des haras sont, suivant leur taille, affectés à un régiment de cuirassiers, de dragons ou de cavalerie légère.

Ils sont nommés brigadiers dans les conditions prévues par la circulaire du 11 octobre 1906.

Il leur est réservé, dans leur corps d'affectation, une place de sous-officier, grade auquel ils pourront être nommés dès qu'ils se trouveront dans les conditions d'ancienneté prescrites par la loi du 16 juillet 1906 et, au plus tard, dans la dernière quinzaine de septembre, s'ils remplissent toutefois à cette époque, les conditions d'aptitude générale, de tenue, de conduite et de moralité que l'on est en droit d'exiger de tout gradé.

Ceux qui auront ainsi obtenu le grade de maréchal des logis accomplissent ensuite leur troisième année de service actif à Saumur, où ils suivent le cours des élèves-officiers de réserve. Ils continuent à compter à l'effectif de leur corps d'origine, mais comme maréchaux des logis en surnombre.

Il leur sera donné, en fin de cours, la mention (parfaitement, très bien, etc.) correspondant à la moyenne des notes qu'ils auront obtenues et un certificat d'aptitude à l'emploi de chef de peloton.

Les élèves de l'Ecole des haras qui ont obtenu ce certificat sont nommés sous-lieutenants de réserve dès qu'ils ont accompli leur deuxième année de grade de sous-officier.

Ceux qui, pour raison de santé ou pour toute autre cause, n'auront pu obtenir, en fin de cours, le certificat d'aptitude ne seront nommés sous-lieutenants de réserve qu'après avoir obtenu ce certificat au cours d'une période d'exercice qu'ils pourront accomplir ultérieurement.

Arrêté relatif à l'application de l'article 46 de la loi du 7 août 1913.

Paris, le 16 juillet 1914.

Art. 1er. Les Français et naturalisés Français qui réclament le bénéfice de l'article 46 de la loi du 7 août 1913 devront justifier qu'ils remplissent les conditions exigées par un certificat du consul de France dressé conformément au modèle ci-dessous :

CONSULAT DE FRANCE

à

RÉPUBLIQUE FRANÇAISE.

Certificat pour établir le droit au bénéfice de l'article 46 de la loi du 7 août 1913 modifiant la loi du 21 mars 1905 sur le recrutement de l'armée.

Nous, soussigné, consul de France à
sur la demande qui nous en a été faite par l'intéressé, certifions que (1),
né le , à canton d
département d , fils de
et de domiciliés à ,
canton d , département d ,
appelé par la loi sur le recrutement de l'armée à concourir à la formation de la classe de
dans le canton d , département d ,
a établi sa résidence à , le 19 ,
et n'a point cessé d'y résider depuis lors.

En conséquence, nous estimons qu'il se trouve dans les conditions exigées pour obtenir le bénéfice de l'article 46 de la loi précitée.

Fait à , le 19 .

(*Signature du consul.*)

(1) Nom et prénoms du jeune homme.

Art. 2. Ce certificat sera adressé par les consuls, suivant le cas, soit au préfet du département où l'intéressé aura été inscrit en France, soit au préfet du département où les parents du jeune homme ont eu leur dernier domicile en France, et, si le consul n'était pas à même de le connaître, au préfet du département où est situé le port d'embarquement : Marseille, pour l'Asie et l'Océanie; Bordeaux, pour l'Amérique Centrale, l'Amérique du Sud et l'Afrique; Le Havre, pour l'Amérique du Nord.

Ce certificat sera adressé directement au préfet intéressé, en même temps que le résultat de la visite médicale passée par le jeune homme.

Le préfet avisera directement le consul de la décision rendue par le conseil de revision en faisant connaître le bureau de recrutement dont dépend le jeune homme.

Par la suite, le certificat de résidence ne sera plus adressé qu'aux commandants de recrutement, chaque année, jusqu'au passage de l'intéressé dans l'armée territoriale.

Art. 3. Les circonscriptions consulaires sur le territoire desquelles les Français et naturalisés Français y résidant devront accomplir un an de service dans la colonie voisine, s'ils remplissent les conditions exigées par l'article 46 de la loi du 7 août 1913, sont comprises dans le tableau suivant :

INDICATION DES PAYS ÉTRANGERS OU LA RÉSIDENCE ENTRAINE l'obligation du service effectif.	AGENTS CONSULAIRES DONT RELÈVENT LES PAYS ÉTRANGERS énumérés à la colonne précédente.	COLONIES FRANÇAISES OU SERA effectué le service actif.
Gambie anglaise.	Agent consulaire de France de Sainte-Marie-de-Bathurst, dépendant du consul général de Londres.	Sénégal.
Guinée portugaise.	Agent consulaire de France de Bissao et Boulam, dépendant de la légation de France à Lisbonne.	Sénégal.
Provinces chinoises de Kouang-Tong et de Kouang-Si.	Consul de France à Canton.	Tonkin.
Provinces chinoises du Yunnan et de Kouei-Tcheou.	Consul de France à Mong-tseu.	Tonkin.
Royaume de Siam.	Ministre de France à Bangkok.	Cochinchine.

Décret portant application aux brigadiers de gendarmerie et aux gendarmes retraités depuis moins de cinq ans des dispositions édictées, en ce qui concerne les sous-officiers, par l'article 65 de la loi du 21 mars 1905 sur le recrutement de l'armée.

Paris, le 27 octobre 1914.

Art. 1er. Les brigadiers de gendarmerie et les gendarmes jouissant d'une pension de retraite pour ancienneté de service restent pendant cinq ans, à partir de leur radiation des contrôles de l'activité, à la disposition du Ministre de la guerre, qui peut les employer, en cas de mobilisation, pour le service du territoire.

Art. 2. Les dispositions de l'article 1er ci-dessus sont applicables aux brigadiers de gendarmerie et gendarmes retraités, pour ancienneté de service qui ont été rayés des contrôles de l'activité dans les cinq ans qui ont précédé la date du présent décret.

IV. — Formation des classes.

§ 1er. — Établissement des tableaux de recensement.

Instruction relative à l'établissement des tableaux de recensement.

Paris, le 20 octobre 1905 (1).

CHAPITRE PREMIER.

RECENSEMENT ANNUEL.

1. — Recensement annuel des jeunes gens.

Les maires procèdent chaque année, dans le mois de décembre, au recensement des jeunes gens nés ou domiciliés dans leur commune qui ont atteint l'âge de 20 ans ou atteindront cet âge avant l'expiration de ladite année.

2. — Documents à consulter.

Les maires compulsent à cet effet les registres de l'état civil (naissances, mariages et décès) et tous les autres documents qui leur paraissent bons à consulter. En ce qui concerne les registres de naissance, ils notent soigneusement l'heure de la naissance des jeunes gens.

3. — Avis à publier par les maires.

Ils provoquent en même temps, au moyen d'avis publics, la déclaration à laquelle sont tenus, par l'article 10 de la loi, les jeunes gens, leurs parents ou tuteurs. Ils font ressortir l'intérêt que les familles ont à faire elles-mêmes ces déclarations, puisque

(1) Mise à jour par l'incorporation dans le texte des modifications qui y ont été apportées par les circulaires parues jusqu'au 20 septembre 1918.

ceux des jeunes gens appelés par la loi qui seraient omis sont repris lors du recensement de la classe appelée après la découverte de l'omission, à moins qu'ils n'aient 49 ans révolus à l'époque de la clôture des tableaux de recensement (art. 15 de la loi).

4. — Dispositions que doivent rappeler ces avis.

Ces avis rappellent aussi qu'aux termes de l'article 14 de la loi, les jeunes gens sont, d'après la notoriété publique, considérés comme ayant l'âge requis et tenus de suivre le sort de la classe avec laquelle ils sont inscrits, à moins qu'ils ne présentent au plus tard devant le conseil de revision un extrait de naissance régulier, ou, à défaut, un document authentique (art. 46 du Code civil) constatant un âge différent (1).

Les maires rappellent également les dispositions des articles 16 et 79 de la loi, portant que les jeunes gens omis sur les tableaux de recensement par suite de fraudes ou de manœuvres seront déférés aux tribunaux; qu'ils pourront être punis d'un emprisonnement d'un mois à un an, et que, dans le cas de condamnation, ils seront annotés comme devant être incorporés dans les troupes coloniales et pourront être envoyés aux colonies, ainsi que ceux qui, sans être coupables de fraudes ou de manœuvres, auront présenté au conseil de revision des excuses qui n'auront pas été admises.

5. — Renseignements sur les jeunes gens domiciliés hors de la commune où ils sont nés.

Les maires transmettent immédiatement à leurs collègues, qui leur en accusent réception, les documents et renseignements concernant l'état civil des jeunes gens domiciliés hors de la commune où ils sont nés, ces jeunes gens devant être portés sur les tableaux de recensement de leur domicile (2). (Etat modèle n° 1 annexé à la présente instruction.)

---

(1) Article 46 du Code civil :

« Lorsqu'il n'aura point existé de registres ou qu'ils seront perdus, la preuve en sera reçue tant par titre que par témoins; et, dans ce cas, les mariages, naissances et décès pourront être prouvés tant par les registres et papiers émanés des père et mère décédés que par témoins. »

(2) Dispositions du Code civil relatives au domocile :

Art. 102. Le domicile de tout Français, quant à l'exercice de ses droits civils, est au lieu où il a son principal établissement.

Art. 103. Le changement de domicile s'opérera par le fait d'une habi-

Les maires apportent à ce travail un soin particulier, l'inexactitude ou l'insuffisance des documents ou des renseignements transmis ayant pour résultat de retarder l'inscription et, par suite, la libération des jeunes gens dont il s'agit.

6. — Liste des omis à dresser par les préfets.

De leur côté, les préfets font également dresser, dans le mois de décembre, pour chaque commune, et transmettent aux maires la liste des jeunes gens qui ont été signalés comme omis sur les tableaux de recensement des années précédentes et qui, aux termes de l'article 15 de la loi du 21 mars 1905, doivent être inscrits sur les tableaux de recensement en préparation.

Ils indiquent sur cette liste les omis condamnés par les tribunaux conformément à l'article 79 de la loi, afin que mention de la condamnation soit reproduite sur les tableaux de recensement.

7. — Etablissement d'une notice individuelle.

Les maires établissent pour chaque jeune homme recensé une notice individuelle du modèle n° 2 annexé à la présente instruction.

Les noms et prénoms des inscrits doivent être, ainsi que ceux de leurs parents, reproduits avec la même orthographe et dans le même ordre que sur l'acte de naissance.

---

tation réelle dans un autre lieu, joint à l'intention d'y fixer son principal établissement.

Art. 104. La preuve de l'intention résultera d'une déclaration expresse faite tant à la municipalité du lieu qu'on quittera qu'à celle du lieu où l'on aura transféré son domicile.

Art. 105. A défaut de déclaration expresse, la preuve de l'intention dépendra des circonstances.

Art. 106. Le citoyen appelé à une fonction publique temporaire ou révocable conservera le domicile qu'il avait auparavant, s'il n'a pas manifesté d'intention contraire.

Art. 107. L'acceptation de fonctions conférées à vie emportera translation immédiate du domicile du fonctionnaire dans le lieu où il doit exercer ses fonctions.

Art. 108. La femme mariée n'a point d'autre domicile que celui de son mari; le mineur non émancipé aura son domicile chez ses père, mère ou tuteur; le majeur interdit aura le sien chez son tuteur.

Art. 109. Les majeurs qui servent ou travaillent habituellement chez autrui auront le même domicile que la personne qu'ils servent ou chez laquelle ils travaillent, lorsqu'ils demeurent dans la même maison.

Tous les renseignements portés sur la notice individuelle doivent être d'une exactitude rigoureuse; la notice est signée par l'intéressé ou son représentant et certifiée par le maire. Mention est faite par les maires des circonstances par suite desquelles les intéressés n'ont pas signé.

Les notices individuelles doivent être conservées dans les archives de la préfecture; mais il appartient au préfet de donner à l'autorité militaire les renseignements portés sur ces notices et relatifs aux jeunes gens qui invoquent des infirmités postérieurement à la décision prise à leur égard par le conseil de revision (1).

8. — Etablissement de la minute des tableaux de recensement.

A l'aide des renseignements recueillis et consignés sur les notices individuelles, les maires établissent la minute des tableaux de recensement qui doit être terminée le 31 décembre au plus tard.

Cette minute mentionne toutes les demandes d'inscription présentées. Les maires n'ont, en effet, le droit d'en rejeter aucune, puisque le conseil de revision est, aux termes de la loi, seul compétent pour statuer sur leur validité et que, si l'une quelconque d'entre elles lui paraît contestable, il doit prendre une décision conditionnelle en attendant que les tribunaux aient rendu un jugement à l'égard des intéressés.

D'autre part, comme il importe que l'administration puisse trouver trace de toute demande d'inscription et des motifs du rejet, pour être à même d'apprécier la suite à donner aux réclamations qui pourraient se produire si les intéressés étaient inscrits ultérieurement comme omis, il est délivré d'office à chacun un récépissé de sa demande d'inscription conforme au modèle n° 3 annexé à la présente instruction.

CHAPITRE II.

FORMATION DES TABLEAUX DE RECENSEMENT.

9. — Tableaux de recensement ouverts le 1er janvier.

Les tableaux de recensement des jeunes gens qui doivent faire partie de la classe appelée sont ouverts le 1er janvier de chaque année; ils sont conformes au modèle n° 4 annexé à la présente instruction.

---

(1) Paragraphe ajouté (circ. du 9 février 1910, *B. O.*, p. 226).

10. — Quels jeunes gens doivent être inscrits.

Les maires inscrivent sur les tableaux de recensement :

Les jeunes gens dont ils ont fait le recensement dans le courant du mois de décembre précédent qui ont demandé à y figurer, ou qui peuvent être inscrits d'office;

Ceux que les autres maires leur ont signalés et dont ils ont constaté le domicile légal dans leur commune;

Les omis des classes antérieures qui leur ont été signalés ou qu'ils ont découverts eux-mêmes.

Afin d'éviter que des jeunes gens soient inscrits dans deux cantons à la fois, les maires du lieu du domicile légal donnent avis de l'inscription, selon le cas, à l'aide de l'état modèle n° 10 : 1° au maire de la commune où est né l'intéressé; 2° au maire de la commune où l'intéressé aurait eu précédemment sa résidence où son domicile; 3° au maire de la commune où les parents auraient eu leur dernier domicile. D'autre part, quand un maire aura reçu pour le même jeune homme plusieurs avis d'inscription, il informera de ce fait les maires qui lui auront adressé ces avis.

Le récépissé de l'avis doit être renvoyé immédiatement.

11. — Dans quel ordre les jeunes gens doivent être inscrits sur les tableaux de recensement (1).

La loi du 21 mars 1905 ayant supprimé le tirage au sort, et le décret du 9 août 1911 stipulant que l'ordre alphabétique servirait de base à l'affectation des jeunes gens, les tableaux de recensement sont établis d'après les règles suivantes :

Dans chaque commune, tous les jeunes gens de la classe sont inscrits par le maire sur les tableaux de recensement d'après l'ordre alphabétique rigoureux.

Les omis sont portés à la suite des tableaux de recensement, mais également dans l'ordre alphabétique; mention de leur omission est faite par les maires sur les tableaux.

12. — Jeunes gens non inscrits sur les registres de l'état civil.

Si un jeune homme présumé appartenir à la classe de l'année ne produit pas son acte de naissance et n'est pas porté sur les registres de l'état civil, il y a lieu, comme il est dit à l'article précédent, paragraphe 4°, de consulter sur son âge la notoriété publique (art. 14 de la loi). Le maire procède, à cet effet, à une

---

(1) Texte nouveau (circ. du 26 octobre 1911, B. O., p. 1405).

enquête administrative; il ne se borne pas dans cette enquête à recevoir les déclarations des personnes qui lui sont présentées par les parties, mais il provoque lui-même les déclarations des notables habitants et principalement de ceux qui ont des fils inscrits sur les tableaux de la classe.

Il n'est pas nécessaire, en l'absence des registres de l'état civil, de consulter la notoriété publique pour les jeunes gens qui produisent à la place de leur acte de naissance un jugement régulier constatant leur âge et rendu contradictoirement avec le ministère public.

13. — Jeunes gens absents ou condamnés.

Lorsque des jeunes gens originaires d'une commune où ils ont cessé d'habiter et qui sont appelés par leur âge à concourir à la formation de la classe ont un domicile ou une résidence inconnus, ils sont portés d'office sur le tableau de recensement de la commune où ils sont nés, commune qui, dans ce cas, est présumée être le dernier domicile connu de l'intéressé.

Les maires consignent dans la colonne d'observations des tableaux de recensement les renseignements qu'ils ont obtenus, soit des parents, soit de la population, sur les jeunes gens absents. Ils y inscrivent également les indications qu'ils possèdent sur les jeunes gens qui ont été frappés de condamnations pouvant entraîner l'application des articles 4 et 5 de la loi; mais ces dernières indications ne figureront pas sur le tableau destiné à être affiché.

Ils n'oublient pas qu'aux termes de l'article 93 de la loi, l'article 5 ne s'applique pas aux hommes qui auront bénéficié de la loi du 26 mars 1891, à moins qu'ils n'aient été condamnés pour métier de souteneur, et qu'en conséquence les condamnations prononcées contre ces jeunes gens ne doivent pas être portées sur les tableaux.

14. — Majeurs non mariés inscrits au domicile de leurs parents.

Les jeunes gens qui atteignent leur majorité avant la clôture des tableaux de recensement doivent être inscrits au domicile de leurs parents, alors même qu'ils auraient un domicile distinct de celui de leur père ou de leur mère.

Il est fait exception à cette règle pour les jeunes gens mariés, qu'ils soient majeurs ou mineurs, lorsqu'ils ont un domicile autre que celui de leur père ou de leur mère.

15. — Jeunes gens dont le père est interdit, déclaré absent ou déchu de la puissance paternelle. — Cas de divorce.

Quand le père est interdit ou lorsqu'il a été déclaré absent ou déchu de la puissance paternelle, c'est au domicile de la mère, et, si elle est décédée, au domicile soit du tuteur, soit du jeune homme s'il n'a pas de tuteur, que doit être effectuée l'inscription.

S'il y a divorce, le domicile du père reste néanmoins le domicile légal du jeune homme.

16. — Elèves des hospices civils.

Les jeunes gens placés sous la tutelle des commissions administratives des hospices sont, par mesure d'ordre, inscrits sur les tableaux de recensement de la commune où ils résident au moment de la formation de ces tableaux.

En conséquence, que ces jeunes gens soient mineurs, ou qu'ils soient majeurs à l'époque déterminée pour le recensement, ils doivent être inscrits dans la commune où ils résident et concourir aux opérations de formation de la classe dans le canton auquel appartient cette commune.

Chaque année, dans la première quinzaine de décembre, les préfets dressent un état de tous les élèves des hospices civils de leur département qui appartiennent par leur âge à la classe.

Pour ceux qui résident dans le département, ils envoient au maire de la commune tous les renseignements nécessaires à leur inscription sur les tableaux de recensement.

Pour ceux qui habitent dans d'autres départements, ils transmettent aux préfets de ces départements les renseignements dont il s'agit.

Les élèves des hospices civils qui sont engagés volontaires lors de la formation des tableaux de recensement de leur classe doivent être inscrits dans la localité qu'ils habitaient au moment où ils ont souscrit leur engagement.

17. — Inscrits maritimes.

Afin d'éviter que des inscrits maritimes soient déclarés par erreur « bons absents », les maires doivent signaler, au moment de l'inscription sur les tableaux de recensement et au plus tard devant le conseil de revision, les jeunes gens qui, absents par suite d'embarquement, seraient régulièrement inscrits à titre définitif sur les contrôles des gens de mer.

18. — Engagés volontaires présents au drapeau dans les troupes métropolitaines et coloniales.

Les engagés volontaires ne doivent pas être inscrits au lieu de leur garnison, mais au lieu de leur domicile légal (art. 13 de la loi).

Le 31 décembre de chaque année, les chefs de corps ou de service signalent les engagés ayant atteint l'âge de 20 ans dans le cours de l'année aux préfets des départements dans lesquels ces jeunes gens auront à ce moment leur domicile légal. Pour les élèves des hospices civils, ils tiennent compte des prescriptions du n° 16 de la présente instruction.

Il est établi à cet effet, par les conseils d'administration, des feuilles individuelles conformes au modèle n° 5, annexé à la présente instruction. Ces feuilles tiennent lieu de certificat de présence pour l'inscription des engagés sur la 3e partie de la liste de recrutement. Elles sont appuyées de l'état signalétique et des services de l'intéressé, pièce qui est conservée par le préfet dans le dossier de l'intéressé.

Si l'inscription ne peut avoir lieu dans la commune signalée comme étant le domicile légal de l'engagé, le préfet en prévient immédiatement le conseil d'administration du corps qui met l'intéressé en demeure de fournir les renseignements nécessaires pour son inscription.

Après avoir assuré l'inscription sur les tableaux de recensement des engagés qui leur sont signalés, les préfets soumettent les signalements modèle n° 5 et l'état signalétique aux conseils de revision. Ils transmettent les premiers aux commandants de recrutement qui les renvoient, complétés, aux corps ou services intéressés. Ceux-ci inscrivent immédiatement les renseignements sur les registres matricules du corps et sur les livrets de l'engagé et font rectifier la plaque d'identité de l'homme.

Si l'homme a changé de corps avant le retour du signalement, cette pièce est directement envoyée au nouveau corps par l'ancien.

Les commandants de recrutement signalent aux préfets, le 31 décembre, dans les conditions prévues pour les corps et services, les engagés par devancement d'appel âgés de 20 ans, qui ont été réformés temporairement dans le cours de l'année, afin que mention de leur situation soit faite sur les tableaux de recensement.

Ils inscrivent sur les pièces matricules de ces hommes les décisions rendues par les conseils de revision et gardent dans leurs archives le signalement modèle n° 5.

Ils conservent également les signalements des engagés par devancement d'appel qui ont été réformés temporairement entre le 1er janvier et le conseil de revision.

19. — Engagés volontaires de l'armée de mer présents au drapeau.

Les dispositions qui précèdent sont applicables aux engagés de l'armée de mer (Circulaire Marine, 20 mars 1905), mais avec les modifications suivantes :

1° Les signalements relatifs aux engagés dans les équipages de la flotte sont établis par les conseils d'administration des dépôts de ces équipages, puis renvoyés dûment remplis à ces conseils par les commandants de recrutement;

2° S'il s'agit d'armuriers de la marine engagés avant 20 ans, les dossiers relèvent des directeurs d'artillerie navale;

3° Si un engagé de l'armée de mer est réformé entre le 1er janvier et l'époque de la réunion du conseil de revision, avis en est donné au commandant de recrutement par les autorités maritimes. Le commandant transmet ces pièces au préfet qui les soumet au conseil de revision;

4° Le signalement à fournir par les autorités maritimes est conforme au modèle n° 6 ci-annexé.

20. — Engagés de la légion étrangère naturalisés Français étant au corps.

Les étrangers incorporés dans la légion étrangère qui, pendant la durée de leur service, acquièrent la nationalité française ou sont réintégrés dans la qualité de Français, sont inscrits sur les tableaux de recensement des villes où se trouve stationnée la portion centrale de leur corps, quelle que soit l'époque de leur libération par rapport à l'époque fixée pour l'établissement des tableaux de recensement de la classe formée après leur changement de nationalité.

Toutefois, ceux qui en font la demande au moment où ils reçoivent avis de leur naturalisation ou de leur réintégration, sont inscrits sur les tableaux de recensement de la localité qu'ils indiquent.

A cet effet, le conseil d'administration central de chacun des régiments étrangers signale immédiatement aux maires des communes intéressées, au moyen du signalement modèle n° 5 et de l'état signalétique et des services, ceux des hommes de leur régiment qui sont naturalisés Français ou réintégrés dans cette qualité. Au reçu de cet état, les maires se conforment aux prescriptions de l'article 24 ci-après.

Si, au moment de l'établissement des tableaux de recensement, le légionnaire qui a demandé à être inscrit dans une commune n'est pas venu résider dans cette commune, le maire en informe, pour le 1er janvier au plus tard, le conseil d'administration du régiment étranger dans lequel l'intéressé a servi en dernier lieu. Ce conseil prend les mesures nécessaires pour que l'inscription soit immédiatement effectuée dans la ville où stationne la portion centrale du corps.

21. — Questions de nationalité à examiner lors du recensement.

L'attention des préfets et des maires est spécialement appelée sur les lois des 26 juin 1889 et 22 juillet 1893, qui ont profondément modifié les articles 8 et suivants du Code civil en matière de nationalité.

Il faut distinguer : 1° les Français à titre définitif; 2° les Français sous condition résolutoire; 3° les individus devenus Français par voie de naturalisation, réintégration ou déclaration.

A ces diverses catégories d'individus, la loi du 21 mars 1905 impose indistinctement l'obligation du service militaire pendant deux ans. Il n'y a de différence que pour l'époque à laquelle ils doivent être inscrits, mais leur service actif ne doit pas se prolonger au delà de la 27e année révolue (art. 12), si toutefois ils ont été portés en temps utile sur les tableaux de recensement; sinon, ils sont considérés comme omis (art. 15).

22. — Français à titre définitif inscrits avec leur classe d'âge.

Conformément à l'article 10 de la loi du 21 mars 1905, doivent être inscrits sur les tableaux de recensement, s'ils ont eu 20 ans révolus dans l'année qui précède la formation de cette classe :

1° L'individu né en France d'un Français;

2° L'individu né à l'étranger d'un Français, à moins de dispositions contraires résultant d'une convention internationale;

3° L'individu né en France de parents inconnus ou dont la nationalité est inconnue (art. 8, § 2, du Code civil);

4° L'individu né en France d'un père étranger qui lui-même y est né (art. 8, § 3);

5° L'individu auquel la loi réserve la faculté de répudier la qualité de Français dans l'année qui suit sa majorité, lorsque son représentant légal aura, pendant sa minorité, renoncé en son nom à cette faculté;

6° L'individu né en France ou à l'étranger de parents dont l'un a perdu la qualité de Français, lorsque son représentant légal a réclamé cette qualité pour lui pendant sa minorité en vertu de l'article 10 du Code civil.

Il est à noter : 1° que le fils d'un Français, qu'il soit né en France ou à l'étranger, est indistinctement Français à titre définitif; 2° que l'individu né en France de parents inconnus ou dont la nationalité est inconnue est Français au même titre, par le seul fait de sa naissance sur le sol français.

Il importe, en outre, de remarquer : 1° que la loi du 26 juin 1889 range dans cette catégorie l'enfant naturel dont la filiation française est établie, lors même qu'elle ne le serait qu'à l'égard de l'un seulement des auteurs; 2° que, si la preuve est établie successivement pour le père et la mère, l'enfant suit la nationalité de celui des deux à l'égard duquel elle a d'abord été faite; 3° enfin, que, si la preuve résulte pour les deux auteurs du même acte de reconnaissance ou du même jugement, l'enfant suit la nationalité du père.

23. — Français sous condition résolutoire, inscrits avec la première classe formée après leur majorité.

Sont Français sous condition résolutoire, c'est-à-dire avec faculté de répudier la qualité de Français dans l'année qui suit leur majorité, les individus ci-après énumérés :

1° L'individu né en France de parents étrangers nés à l'étranger et qui, à sa majorité, est domicilié en France. D'après la jurisprudence en vigueur, la simple résidence de l'intéressé en France suffit à constituer ce domicile (art. 8, § 4, du Code civil).

Les jeunes gens dont il s'agit qui ont fait l'objet, pendant leur minorité, d'un arrêté d'expulsion, sont signalés, en temps utile, aux maires par les préfets.

Si l'arrêté n'est pas rapporté lors de l'établissement des tableaux de recensement, les maires doivent refuser d'inscrire les intéressés sur ces tableaux, par le motif que cette inscription aurait pour conséquence, au cas où les jeunes gens dont il s'agit participeraient aux opérations de la revision, de les faire déclarer, *ipso facto*, Français à titre définitif (arrêt de la Cour de cassation du 9 février 1904, affaire Lovera);

2° L'enfant mineur d'un père ou d'une mère survivant qui se fait naturaliser Français (art. 12, § 3, du Code civil);

3° L'enfant mineur d'un père ou d'une mère réintégré dans la qualité de Français (art. 18 du Code civil);

4° L'individu né en France d'un père étranger né à l'étranger et d'une mère née en France (art. 8, § 3, du Code civil, modifié par la loi du 22 juillet 1893).

Leur situation, sous le rapport du recrutement, est régie par l'article 11 de la loi militaire, stipulant qu'ils sont inscrits avec la classe dont la formation suit l'époque de leur majorité.

Il résulte de ce texte que le maire doit, conformément à l'article 10 de la loi du 21 mars 1905, les inscrire sur les tableaux de recensement de la première classe formée après l'époque de leur majorité, sans attendre qu'ils aient atteint l'âge de 22 ans révolus. Cette inscription peut être effectuée d'office, sauf dans le cas d'expulsion visé plus haut.

Si, après leur inscription, ils répudient la qualité de Français, ils pourront être rayés, soit au moment de la revision, soit ultérieurement par décision ministérielle, s'ils produisent une déclaration souscrite par eux à l'effet de décliner la qualité de Français dûment enregistrée au ministère de la justice, conformément à l'article 8, paragraphe 4, du Code civil.

Les commandants des bureaux de recrutement signalent directement et d'urgence, au Ministre, les jeunes gens qui ont répudié la qualité de Français postérieurement à leur comparution devant le conseil de revision et avant qu'ils aient 22 ans accomplis. Ils joignent au dossier une copie certifiée conforme de l'acte de répudiation, portant date de l'enregistrement au ministère de la justice (1).

24. — Individus devenus Français par naturalisation ou réintégration.

Aux termes de l'article 12 de la loi sur le recrutement, les naturalisés et les réintégrés sont inscrits sur les tableaux de recensement de la première classe formée après leur changement de nationalité.

Ils sont astreints au service d'activité à accomplir par les hommes avec lesquels ils sont incorporés, sans toutefois que cette obligation ait pour effet de les maintenir sous les drapeaux au delà de leur 27e année révolue (art. 12).

S'ils ne sont pas inscrits avec la première classe formée après leur changement de nationalité, ils sont omis et traités comme tels (art. 15).

Dès qu'ils ont été informés de leur naturalisation ou de leur réintégration, ces hommes doivent se faire inscrire sur les ta-

(1) Paragraphe ajouté (circ. du 9 février 1910).

bleaux de recensement, à moins qu'ils n'aient 49 ans révolus à l'époque de la clôture de ces tableaux.

25. — Jeunes gens nés en France d'étrangers hors de France et qui n'y sont pas domiciliés à leur majorité (déclaration de l'art. 9 du Code civil).

L'individu qui, étant né en France d'étrangers nés à l'étranger, ne réside point en France à sa majorité, peut, jusqu'à l'âge de 22 ans accomplis, devenir Français par voie de déclaration, moyennant trois formalités : 1° faire sa soumission de fixer en France son domicile devant l'agent diplomatique ou consulaire de France le plus proche; 2° l'y établir effectivement dans l'année à compter de l'acte de soumission; 3° souscrire dans le même délai, devant le juge de paix du canton où il réside, la déclaration prévue par l'article 9 du Code civil modifié (§ 1).

Ces mêmes formalités peuvent être accomplies au profit de l'enfant mineur par ses représentants légaux (art. 9 du Code civil modifié, § 2).

Si la déclaration est souscrite par un majeur, les maires l'inscriront avec la première classe formée après l'enregistrement de la déclaration.

Si elle est souscrite par un mineur, ce dernier sera inscrit d'office dès la formation de la classe à laquelle il appartient par son âge.

Si, en l'absence de déclaration, un jeune homme de cette catégorie s'est fait inscrire ou a été inscrit par erreur sur les tableaux de recensement et qu'il ait volontairement pris part aux opérations du recrutement sans exciper de son extranéité, il devient Français de plein droit et ne doit pas être rayé des listes de recrutement (art. 9 du Code civil modifié, § 3).

26. — Individus nés en France ou à l'étranger de parents dont l'un a perdu la qualité de Français.

Aux termes de l'article 10 du Code civil modifié, les formalités et la déclaration prévues par l'article 9 précité pour l'acquisition de la qualité de Français sont permises à tout âge à l'individu né en France ou à l'étranger de parents dont l'un a perdu la qualité de Français, à moins que, domicilié en France et appelé sous les drapeaux lors de sa majorité, il n'ait revendiqué la qualité d'étranger. En conséquence, les maires doivent inscrire, au besoin d'office, ces individus sur les tableaux de recensement de la première classe formée après l'acceptation de leur déclaration, à moins qu'ils n'aient 49 ans révolus.

27. — Enfants majeurs d'un étranger naturalisé ou réintégré Français.

Les enfants majeurs de l'étranger naturalisé ou réintégré Français peuvent devenir eux-mêmes Français de deux manières : 1° par le décret qui confère la naturalisation à leur père ou à leur mère; 2° à l'aide des formalités et de la déclaration prévues par l'article 9 du Code civil modifié.

Dans l'un et l'autre cas, les maires inscrivent, au besoin d'office, ces individus avec la première classe formée après le changement de nationalité, tant qu'ils n'ont pas l'âge de 49 ans accomplis.

28. — Jeunes gens dont la nationalité soulève une question judiciaire.

Les maires doivent inscrire les jeunes gens sur la nationalité desquels ils auraient des doutes, sauf dans le cas des expulsés visés au n° 23 ci-dessus; mais ils signalent d'urgence les cas douteux aux préfets, qui introduisent, au nom de l'Etat, une instance devant le tribunal du domicile de l'inscrit, pour obtenir un jugement, au plus tard, à l'époque de la réunion du conseil de revision.

Si, lors de cette réunion, une solution judiciaire n'est pas intervenue, le conseil de revision rend une décision conditionnelle, conformément à l'article 28 de la loi.

Chaque fois qu'un jeune homme dont la nationalité paraît douteuse demande son inscription sur les tableaux de recensement, le maire doit lui délivrer une pièce constatant la date à laquelle la demande a été présentée et la réponse qui a été faite à l'intéressé. (Modèle n° 11 annexé à la présente instruction.)

29. — Jeunes gens inscrits en vertu de la convention franco-belge du 30 juillet 1891.

Pour le recensement, les maires auront spécialement à considérer l'article 2 de la convention franco-belge qui est ainsi conçu :

« Ne seront pas inscrits *d'office* avant l'âge de 22 ans accomplis, sur les listes du recrutement français :

« 1° Les individus nés en Belgique d'un Français qui peuvent invoquer l'article 9 du Code civil belge;

« 2° Les individus nés d'un Français naturalisé Belge pendant leur minorité, lesquels peuvent acquérir la nationalité belge conformément à l'article 4, paragraphe 1, de la loi belge du 6 août 1881;

« 3° Les individus qui peuvent décliner la nationalité française, conformément aux articles 8, paragraphe 4; 12, paragraphes 3 et 18 du Code civil français, à moins que, pendant leur minorité, il y ait eu renonciation à leur droit d'option. »

A cette troisième catégorie se rattachent les individus qui, étant nés en France d'un père belge né en Belgique et d'une mère née en France, peuvent, aux termes de la loi du 22 juillet 1893, décliner la qualité de Français dans les conditions prévues par l'article 8 du Code civil.

Aucun homme justifiant se trouver dans l'une de ces trois catégories ne sera inscrit d'office sur les tableaux de la classe en formation, tant qu'il n'aura pas atteint l'âge de 22 ans accomplis dans l'année qui précède le recensement de cette classe.

Les pièces à produire pour chaque cas sont les suivantes :

1° Individus visés par le paragraphe numéroté 1° de l'article 2 (nés en Belgique d'un Français et pouvant invoquer l'article 9 du Code civil belge).

Pièces à produire :

a) Acte de naissance de l'intéressé;

b) Acte de naissance du père;

2° Individus visés par le paragraphe numéroté 2° dudit article 2 (nés d'un Français naturalisé Belge pendant leur minorité et pouvant devenir Belges en vertu de la loi belge du 6 août 1881).

Pièces à produire :

a) Acte de naissance de l'intéressé;

b) Copie certifiée de l'acte de naturalisation belge du père ou de la mère survivant;

3° Individus visés par le paragraphe numéro 3° de l'article 2 précité (Français sous condition résolutoire pouvant décliner la nationalité française en vertu des articles 8, 12 et 18 du Code civil français et de la loi du 22 juillet 1893, à moins que, pendant leur minorité, ils n'aient renoncé à leur droit d'option).

Pièces à produire :

a) Acte de naissance de l'intéressé;

b) Actes de naissance du père et de la mère;

c) Outre ces pièces, les intéressés devront produire : s'ils sont dans le cas de l'article 8, paragraphe 4, du Code civil, un certificat établissant que leur père est Belge (ce certificat pourra émaner soit de nos agents diplomatiques en Belgique, soit des autorités compétentes de ce pays); et, s'ils sont dans le cas des articles 12, paragraphe 3, et 18 du Code civil, une copie certifiée conforme du décret de naturalisation ou de réintégration du père et de la mère survivants.

La justification du fait que les intéressés rentrent dans l'une des deux catégories ci-dessus énumérées est d'ailleurs la seule qu'on soit en droit d'exiger de ces hommes tant qu'ils sont dans les délais d'option, c'est-à-dire tant qu'ils n'ont pas 22 ans accomplis. S'ils ont été inscrits prématurément, ils devront, sur le vu de cette justification, être rayés des tableaux par le conseil de revision. Bien qu'inscrits deux ans plus tard, ils sont astreints à deux ans de service (art. 12 de la loi).

Il est du reste bien entendu que cette inscription après 22 ans accomplis est spéciale aux hommes de la convention franco-belge. Quant aux Français sous condition résolutoire qui ne se rattachent à la Belgique ni par le lieu de naissance ni par la naturalisation ou la nationalité belges de leurs parents, ils sont inscrits avec la première classe formée après leur majorité, conformément à l'article 11 de la loi du 21 mars 1905.

Bien qu'en matière de recrutement l'obligation de produire toutes les justifications exigées, soit pour l'inscription sur les tableaux de recensement, soit pour la radiation desdits tableaux, incombe aux intéressés eux-mêmes, M. le Ministre des affaires étrangères a consenti à transmettre lui-même aux préfets les pièces que le gouvernement belge lui ferait parvenir à l'appui des demandes de radiation de ses ressortissants. Les préfets adresseront les documents qui leur parviendront de la sorte au maire du domicile de recrutement de l'intéressé, en demandant, après vérification, la radiation au conseil de revision seul compétent pour statuer. Les pièces produites seront ensuite rendues aux intéressés après annotation sur les tableaux de recensement. Les maires signaleront au Ministre de la guerre, par un état nominatif établi à la clôture des opérations, tous les jeunes gens auxquels il aura été fait application de la convention précitée.

Mais les individus visés par le paragraphe numéroté 3° de l'article 2 de la convention franco-belge pourront, sans attendre le recensement de la première classe formée après leurs 22 ans accomplis, se faire inscrire sur les tableaux de recensement de leur classe d'âge. A cet effet, ils déposeront à la mairie une demande écrite par eux, accompagnée d'une déclaration faite devant le juge de paix de leur domicile, en leur nom, par leurs représentants légaux, déclaration portant qu'ils renoncent à la faculté à eux concédée par le Code civil de se prévaloir, dans l'année de leur majorité, de la qualité de Belge. Cette déclaration devra être enregistrée au ministère de la justice.

30. — Jeunes gens visés par la convention franco-espagnole du 7 janvier 1862 (1).

L'application de la convention franco-espagnole du 7 janvier 1862 étant suspendue jusqu'à nouvel avis, les fils d'Espagnols visés par ladite convention rentrent dans le droit commun de tous les fils d'étrangers.

Ils doivent, par conséquent, être inscrits sur les tableaux de recensement conformément aux règles tracées par l'article 11 de la loi du 21 mars 1905 et les articles 21 et suivants de la présente instruction.

31. — Jeunes gens visés par la convention franco-suisse du 23 juillet 1879.

Les maires, devant inscrire sur les tableaux de recensement tous les jeunes gens, n'ont pas (sauf le cas prévu ci-après) à se préoccuper de ceux qui seraient en mesure de bénéficier de la convention franco-suisse du 23 juillet 1879.

Ils les portent sur la minute des tableaux de recensement, et s'ils ont reçu des réclamations après la dernière date de publication de ces tableaux, ils communiquent ces réclamations au préfet qui les soumet au conseil de revision.

Aux termes de ladite convention, les intéressés ont droit de choisir, dans le cours de leur vingt-deuxième année, entre les deux nationalités; et l'article 4 stipule qu'ils ne seront pas astreints au service militaire en France avant l'époque où expire ce droit d'option.

Les préfets doivent, en conséquence, lorsque les jeunes gens que concerne ladite convention en réclament le bénéfice par la voie diplomatique, dans l'année où ils atteignent l'âge de 20 ans, prescrire les mesures nécessaires pour qu'ils ne soient pas, avant l'expiration du délai susvisé, inscrits sur les tableaux de recensement de la commune où leur famille a eu son dernier domicile en France. Si cette inscription a été opérée, les préfets doivent soumettre au conseil de revision, à fin de radiation, le certificat d'option pour la nationalité suisse. Il doit être bien entendu que cette mesure ne peut être prise qu'à l'égard des jeunes gens dont les parents, Français d'origine, se sont fait naturaliser Suisses pendant la minorité de leurs enfants (2).

32. — Dispositions communes aux diverses conventions internationales.

Tous les jeunes gens pouvant se prévaloir d'une convention internationale quelconque, mais qui sont Français à titre définitif

---

(1) Texte nouveau (circ. du 9 février 1910).
(2) Alinéa complété (circ du 9 février 1910).

en vertu de notre Code civil, ou qui déclareront renoncer à leur droit d'option dans la forme indiquée au dernier alinéa de l'article 29 qui précède, pourront sur leur demande être inscrits sur les tableaux de recensement dans les conditions normales, c'est-à-dire lorsqu'ils auront atteint l'âge de 20 ans, ou même être admis à contracter des engagements volontaires à partir de l'âge de 18 ans.

D'une manière générale, tout individu, excipant d'une convention internationale, doit adresser sa réclamation au préfet du département de son domicile de recrutement, par la voie diplomatique.

33. — Jeunes gens expatriés ou résidant à l'étranger.

Les jeunes gens établis avec leur famille à l'étranger doivent être portés sur les tableaux de la classe à laquelle ils appartiennent par leur âge dans la commune où ils sont nés (art. 13 de la loi), quelque éloignée que soit la date de leur départ, toutes les fois que leur existence est certaine. Elle doit être considérée comme certaine s'ils ont donné de leurs nouvelles pendant l'année qui précède leur inscription sur lesdites listes, ce dont les maires prendront soin de s'assurer dès les derniers mois de la même année.

Si, au contraire, les nouvelles reçues de ces jeunes gens remontent à une date plus ancienne, tout en procédant à l'inscription, les maires les signalent immédiatement au préfet du département, en lui indiquant, aussi exactement que possible, le lieu de leur résidence à l'étranger. De son côté, le préfet doit s'adresser sans délai au Département des affaires étrangères ou au Département des colonies, suivant le cas, afin d'obtenir par son intermédiaire les renseignements nécessaires pour éclairer le conseil de revision sur la décision à rendre à leur égard.

Les jeunes gens dont la famille est domiciliée en France, et qui se trouvent en pays étranger, doivent être inscrits au tableau de recensement de la commune où leur père, leur mère ou leur tuteur a son domicile.

Pour les jeunes gens nés de parents français à l'étranger, les consuls provoquent leur inscription au lieu du dernier domicile de la famille en France.

34. — Jeunes gens en Algérie et aux colonies ou pays de protectorat.

1° Les jeunes gens domiciliés avec leur famille en Algérie sont inscrits au lieu de leur domicile;

2° Les jeunes gens qui résident en Algérie au 1er janvier de l'année où ils doivent régulièrement concourir aux opérations de l'appel et dont la famille est domiciliée en France sont inscrits au lieu de leur résidence;

3° Les jeunes gens qui résident aux colonies ou pays de protectorat sont soumis à des règles qui font l'objet d'instructions spéciales (1).

35. — Jeunes gens visités en France au lieu de leur résidence.

Les maires ont soin de prévenir leurs administrés que les jeunes gens de la classe, ou ajournés des classes précédentes, qui sollicitent l'autorisation de se faire visiter par le conseil de revision du lieu de leur résidence, doivent en faire la demande au préfet du département où ils ont été inscrits sur les tableaux de recensement.

Cette demande ne sera autorisée qu'avec la plus grande réserve.

Elle sera toujours refusée :

1° Quand elle aura été faite moins de vingt jours avant l'ouverture des opérations de la revision;

2° Quand le réclamant invoquera son état de santé, en s'appuyant sur des infirmités mal définies, ou prêtant à la simulation;

3° Lorsque l'intéressé résidera dans le département où il a été inscrit sur les tableaux de recensement.

Tout homme qui, avant l'ouverture des opérations des conseils de revision, n'aurait pas été avisé que sa demande a été accueillie, doit se présenter dans le canton où il a été inscrit sur les tableaux de recensement.

Quand la demande d'autorisation de visite est accordée, le préfet en avise le maire du domicile et le préfet du département de la résidence qui fait notifier l'autorisation à l'intéressé.

Le préfet du domicile transmet en même temps l'extrait particulier des tableaux de recensement (modèle n° 7) annexé à la présente instruction.

36. — Visite des jeunes gens qui résident à l'étranger.

A. — *Dispositions générales.*

1° Les jeunes gens fixés à l'étranger, qui désirent être visités au lieu de leur résidence, doivent faire, à cet effet, soit directe-

(1) Voir l'arrêté du 9 février 1910, page 80.

ment au maire de la commune du domicile de recrutement, soit par l'intermédiaire de l'agent diplomatique ou consulaire de France de leur résidence, au préfet du département dans lequel ils sont inscrits, une demande qui doit parvenir à ces fonctionnaires le 15 janvier au plus tard. Cette demande doit contenir une attestation de l'agent diplomatique ou consulaire, constatant que les intéressés sont réellement fixés à l'étranger avant le 1er janvier de l'année et où ils doivent comparaître devant le conseil de revision, soit comme appelés, soit comme ajournés.

Les autorisations ne devront être accordées que si ces deux conditions sont strictement remplies.

2° Le 20 janvier, les maires adressent aux préfets, par l'intermédiaire des sous-préfets, un extrait particulier des tableaux de recensement (modèle n° 7 de la présente instruction) concernant chacun de ces jeunes gens. Ils y joignent une feuille individuelle (modèle n° 1) contenant tous les renseignements qui sont de nature à éclairer sur la position de famille de ces jeunes gens et à mettre à même d'en reconnaître l'identité.

3° Les préfets, sans avoir besoin de réclamer l'autorisation du Ministre de la guerre, ni l'intermédiaire du Ministre des affaires étrangères, les signalent, avant le 1er février, terme de rigueur, à nos agents à l'étranger (en leur transmettant tous les renseignements qu'ils ont recueillis) et au maire du domicile.

4° Nos agents, après la réception de ces pièces, font procéder, en leur présence, par le médecin qu'ils ont désigné à cet effet, à la visite des jeunes gens qui leur ont été ainsi signalés, après avoir, au préalable, constaté leur identité. Ils transmettent, sans retard et *directement*, aux préfets, le résultat de cette visite.

5° Les frais de visite sont à la charge des intéressés. Toutefois, les jeunes gens du contingent fixés à l'étranger pourront être autorisés par les agents diplomatiques ou consulaires à se faire visiter au lieu de leur résidence aux frais de l'Etat lorsque leur santé ne leur permettra pas de se présenter au poste diplomatique ou consulaire, et qu'ils seront, d'ailleurs, en état d'indigence notoire.

La gratuité sera étendue, dans le cas d'indigence, aux visites médicales faites dans les postes diplomatiques ou consulaires.

6° Nos agents devront rappeler aux jeunes gens que le conseil de revision du domicile a, seul, compétence, d'après la loi, pour statuer à leur égard et que le résultat de la visite médicale au lieu de la résidence ne peut, par suite, être considéré que comme un simple avis.

7° Le certificat constatant le résultat de la visite devra toujours relater avec détail et précision la nature de la maladie ou de l'infirmité qui rendrait un jeune homme impropre au service armé ou au service auxiliaire.

B. — *Jeunes gens à l'étranger hors d'Europe.*

Les jeunes gens fixés à l'étranger hors d'Europe dans les conditions prévues plus haut devront toujours être autorisés par les préfets à subir la visite médicale au lieu de leur résidence à l'étranger, en présence de notre agent diplomatique ou consulaire, et dans les formes concertées entre les Départements des affaires étrangères et de la guerre.

C. — *Jeunes gens à l'étranger en Europe* (1).

Les jeunes gens qui sont fixés en Suisse, en Belgique, en Espagne, en Italie et dans le grand-duché de Luxembourg ne seront autorisés à se faire visiter au lieu de leur résidence que si le prix du voyage de la localité où ils habitent au chef-lieu de canton français le plus rapproché de la frontière excède 10 francs, aller et retour, en dernière classe.

A cet effet, la demande d'autorisation de visite, adressée par ces jeunes gens au préfet du département où ils sont inscrits, devra être accompagnée d'un certificat de notre représentant indiquant le prix du voyage (aller et retour) de la résidence de l'intéressé au chef-lieu de canton le plus rapproché de la frontière.

Les jeunes gens qui sont fixés dans les autres pays d'Europe seront autorisés à se faire visiter au lieu de leur résidence dans les conditions prévues au premier alinéa des dispositions générales ci-dessus énoncées.

D. — *Jeunes gens en Suisse, en Belgique, en Espagne, en Italie et au Luxembourg* (1).

Les jeunes gens fixés en Suisse, en Belgique, en Espagne, en Italie et au Luxembourg, dans une localité d'où le prix du voyage au chef-lieu de canton français le plus proche de la frontière n'excède pas 10 francs, aller et retour, pourront être visités au chef-lieu de canton français le plus rapproché de leur résidence par le conseil de revision, mais seulement :

1° S'ils sont réellement fixés en Suisse, en Belgique, en Espagne, en Italie et au Luxembourg avant le 1er janvier de l'année où ils doivent comparaître devant le conseil de revision, soit comme appelés, soit comme ajournés;

(1) Circulaire du 15 septembre 1910 (*B. O.*, p. 1768).

2° S'ils en font la demande au préfet du département où ils sont inscrits avant le 15 janvier de l'année de formation de la classe en indiquant la date à laquelle ils se sont établis dans les pays susvisés, le département frontière dans lequel ils désirent être visités, et les cas d'exemption qu'ils se proposent de faire valoir.

Cette demande doit, à peine de nullité, contenir une attestation de nos agents constatant la date à laquelle les intéressés se sont fixés en Suisse, en Belgique, en Italie, en Espagne et au Luxembourg.

Au reçu de la demande, le préfet transmet à son collègue une feuille conforme au modèle n° 7 annexé à la présente instruction. Cette feuille sera renvoyée sans délai, après la visite, au préfet d'origine qui la soumettra au conseil de revision seul compétent pour statuer.

Le maire du domicile sera prévenu par les soins du préfet.

E. — Les jeunes gens résidant dans n'importe quelle localité de Suisse, Belgique, Espagne, Italie et Luxembourg, pourront également être autorisés à se faire visiter dans le département frontière le plus rapproché de leur résidence dans les conditions générales ci-dessus (1).

37. — Mention sur les tableaux de la profession des jeunes gens.

Les maires ne doivent pas manquer d'obéir à la prescription de la loi qui exige (art. 10) que la profession de chacun des jeunes gens soit mentionnée dans les tableaux de recensement.

Il importe que les professions des jeunes gens soient vérifiées avec tout le soin possible; car des indications fournies à ce sujet par les tableaux de recensement dépend, en grande partie, l'affectation que donnent aux hommes les commandants des bureaux de recrutement. Les mécaniciens, cordonniers, tailleurs d'habits, selliers, bourreliers, maréchaux ferrants, et les jeunes gens ayant l'habitude de monter à cheval ou de conduire les voitures et les automobiles doivent tout particulièrement être signalés.

38. — Instruction des jeunes gens.

Les maires prennent sur l'instruction des jeunes gens des renseignements précis, qui sont indiqués de la manière suivante, en regard de chaque nom, dans la colonne ouverte à cet effet sur le tableau de recensement :

---

(1) Circulaire du 15 septembre 1910.

Par les chiffres :

0, pour le jeune homme qui ne sait ni lire ni écrire;

1, pour le jeune homme qui sait lire;

2, pour le jeune homme qui sait lire et écrire;

3, pour le jeune homme qui sait lire, écrire et compter;

4, pour celui qui a obtenu le brevet de l'enseignement primaire;

5, pour les bacheliers, licenciés, etc.

Par la lettre X, pour le jeune homme sur le degré d'instruction duquel aucun renseignement n'aura pu être obtenu.

Les maires réclament le concours des instituteurs publics pour être plus complètement fixés sur le degré d'instruction des jeunes gens qu'ils ont à inscrire, surtout en ce qui concerne les absents.

39. — Jeunes gens mariés.

Les maires indiquent sur les tableaux de recensement si les jeunes gens sont mariés, ou veufs ou divorcés avec enfants.

Afin d'éviter des omissions, ils doivent toujours consigner, en marge des copies d'actes de naissance délivrées pour le service du recrutement, les mariages contractés avant l'inscription des jeunes gens sur les tableaux de recensement ou avant leur incorporation.

Les maires et les préfets veillent à ce que les renseignements relatifs aux hommes mariés soient successivement reproduits sur le tableau de recensement et la liste de recrutement.

40. — Pièces non assujetties au timbre.

Les certificats, les extraits d'actes de l'état civil, et généralement toutes les pièces que les jeunes gens ont à produire, soit pour leur inscription sur les tableaux de recensement, soit ultérieurement pour la justification devant les conseils de revision de leur situation de soutien indispensable de famille, sont affranchis du droit de timbre, et doivent, en outre, être délivrés sans frais.

Afin de prévenir toute difficulté en ce qui concerne la légalisation des extraits d'actes de l'état civil, il a été arrêté, de concert entre les Départements de la justice et de la guerre, que les préfets et les sous-préfets légaliseraient ces extraits.

41. — Indication de l'emploi qui doit en être fait.

Les fonctionnaires qui délivrent, visent et légalisent lesdites pièces veillent à ce que l'emploi spécial qui doit en être fait y soit expressément mentionné.

42. — Tableaux modifiés tant qu'ils ne sont pas définitifs.

Les tableaux de recensement ne sont définitifs que lorsqu'ils ont été examinés et arrêtés par le conseil de revision, opération qui a lieu le jour même de la séance dans le canton; jusqu'à ce moment, ils ne sont que provisoires et peuvent subir toutes les modifications qu'exige la position des jeunes gens et être complétés, le cas échéant, par des inscriptions nouvelles (1).

43. — Mutations survenues parmi les inscrits.

Les maires tiennent exactement note des mutations concernant les jeunes gens de la classe dans l'intervalle qui peut s'écouler entre le moment de l'ouverture des tableaux de recensement (1er janvier) et celui de la publication; ils vérifient, dans cet intervalle, l'exactitude des renseignements qui leur ont été fournis et ils dressent l'expédition qui doit être affichée.

44. — Jeunes gens qui changent de domicile.

Au cas où des jeunes gens établissent, au cours des opérations préliminaires de formation de la classe, qu'ils ont leur domicile dans une autre commune, le maire, après s'être assuré que les réclamants sont inscrits à leur nouveau domicile, les raye des tableaux de recensement, et notifie cette radiation à son collègue dans le plus bref délai. Il est bien entendu que cette radiation doit être sanctionnée par le conseil de revision.

45. — Affiches à apposer dans les mairies.

Dans chaque mairie doit être apposée en permanence une affiche conforme au modèle n° 8 annexé à la présente instruction. Quand les jeunes gens viennent se faire inscrire, ils doivent être invités à consulter cette affiche.

46. — Remise d'un bulletin de renseignements.

Tout jeune homme qui est porté sur les tableaux de recensement reçoit du maire un bulletin conforme au modèle n° 9 annexé à la présente instruction.

---

(1) Alinéa complété (circ. du 9 février 1910).

CHAPITRE III.

PUBLICATION DES TABLEAUX DE RECENSEMENT.

47. — Date et mode de publication des tableaux de recensement.

Les tableaux de recensement sont publiés et affichés dans chaque commune les premier et deuxième dimanches du mois de janvier, même les années où le 1er janvier tombe un dimanche.

Les préfets ont soin de rappeler chaque année ces prescriptions par un avis inséré, dans les premiers jours de décembre, au Recueil des actes administratifs.

Cette publication a lieu suivant les formes prescrites par les articles 63 et 64 du Code civil (1).

48. — Indications qui doivent être portées sur les tableaux publiés.

Les tableaux affichés ne doivent contenir que les colonnes 1 à 10 inclusivement du modèle n° 4 annexé à la présente instruction.

Les indications données dans les autres colonnes sont, en effet, simplement destinées soit à renseigner le conseil de revision sur la situation des jeunes gens, soit à enregistrer les décisions de ce conseil.

49. — Fixation des époques auxquelles doivent s'effectuer les opérations de la revision.

Un décret fixe, chaque année, les époques auxquelles doivent s'effectuer les opérations de la revision. Aussitôt après la réception de ce décret, les préfets font publier et afficher dans toutes les communes un arrêté indiquant ces époques.

---

(1) Articles 63 et 64 du Code civil (modifiés par la loi du 21 juin 1907).

« *Art. 63.* Avant la célébration du mariage, l'officier de l'état civil fera une publication par voie d'affiche apposée à la porte de la maison commune. Cette publication énoncera les prénoms, noms, professions, domiciles et résidences des futurs époux, leur qualité de majeur ou de mineur, et les prénoms, noms et professions et domiciles de leurs pères et mères. Elle énoncera, en outre, les jour, lieu et heure où elle a été faite; elle sera inscrite sur un seul registre coté et paraphé comme il est dit en l'article 41, et déposé, à la fin de chaque année, au greffe du tribunal de l'arrondissement.

« *Art. 64.* L'affiche prévue à l'article précédent restera apposée à la porte de la maison commune pendant dix jours, lesquels devront comprendre deux dimanches. Le mariage ne pourra être célébré avant le dixième jour depuis et non compris celui de la publication. »

50. — Avis à publier.

Les maires publient, dans les formes indiquées ci-dessus, d'après les arrêtés des préfets, un avis qui doit indiquer les lieu, jour et heure où il sera procédé aux opérations de la revision.

Cet avis emporte convocation pour les jeunes gens de la classe appelée, leurs parents ou tuteur, et l'obligation de se présenter doit y être expressément mentionnée.

51. — Remise par les maires d'une expédition des tableaux et des notices individuelles.

Le 20 janvier au plus tard, les maires établissent une expédition des tableaux de recensement de leur commune, et l'envoient aux sous-préfets avec les notices individuelles.

52. — Pièces à établir par les sous-préfets.

Les sous-préfets munis des tableaux de recensement communaux les fusionnent, toujours dans l'ordre des naissances, en tableaux de recensement cantonaux.

Le tableau ainsi dressé par canton, conformément au modèle n° 12 ci-annexé, est envoyé en simple expédition au préfet, appuyé des notices individuelles et des tableaux de recensement de toutes les communes du canton.

DEPARTEMENT
d

ARRONDISSEMENT
d

CANTON
d

MODÈLE N° 1.

Article 5
de l'instruction du 20 octobre 1905.

NOTA. — Cette feuille doit être produite, lors même que le maire n'a pu recueillir que des renseignements incomplets.

COMMUNE d

Classe de 19 ou ajournés de la classe de 19 .

FEUILLE de renseignements sur la famille d'un jeune homme domicilié hors de la commune.

NOMS, PRÉNOMS et date du mariage des parents.	NOMS et PRÉNOMS des enfants (1).	DATE de leur NAISSANCE et, le cas échéant, date de leur légitimation ou de leur reconnaissance légale.	DATE du DÉCÈS.	POSITION actuelle de chaque enfant (2).	OBSERVATIONS.

(1) Les enfants des deux sexes, tant vivants que morts, seront portés les uns à la suite des autres, et suivant la date de leur naissance.

(2) On indiquera, dans cette colonne, si les enfants mâles sont présents dans la commune ou à l'armée, mariés ou veufs, etc.
Pour les filles, on indiquera si elles sont mariées et le lieu où elles résident.

Je soussigné, Maire de la commune d ,
certifie véritables les renseignements portés au présent tableau.

A , le 1

Transmis à M.
le 19 .

Vu :

Le Préfet du département d

(1).

RÉPUBLIQUE FRANÇAISE.

Art. 7 de l'instruction du 20 octobre 1905.

DÉPARTEMENT d..............

COMMUNE d..............

Nº .... d'inscription sur le tableau de recensement communal.

NOM : ....

PRÉNOMS : ....

SURNOMS : ....

CLASSE de ....

CANTON d ....

Nº .... d'inscription sur le tableau de recensement cantonal.

Né le .... (heure) ....
à ....
canton d ....
arrondissement d ....
département d ....
résidant à (2) ....
canton d ....
département d ....
Profession (3) ....
Fils .... de ....
et de ....
domiciliés à (2) ....
canton d ....
département d ....
ou le tuteur M. ....
domicilié à (2) ....
département d ....

SIGNALEMENT : (7)

Cheveux ....
Yeux ....
Front : ....
....
Visage ....
Renseignem[ts] physionomiques complémentaires ....
....
Taille 1 mètre ...... centimètres.
Taille rectifiée 1 mètre ...... cent.
Marques particulières :
....

OBSERVATIONS (6) :

....

RENSEIGNEMENTS DIVERS.

Degré d'instruction (4) :
....
L'inscrit est-il musicien ?
....
De quel instrument joue-t-il ?
....
Sait-il monter à cheval ?
Conduire et soigner les chevaux ?
Conduire les voitures ?
....
Est-il vélocipédiste ?
....
Colombophile ?
....
Aérostier ?
....
Sait-il nager ?
....
A-t-il obtenu des prix de tir ?
....
De gymnastique ?
....
Possède-t-il le brevet de conducteur d'automobiles ?
....
Est-il marié ou veuf avec enfant ?
(5) ....

A ...., le .... 19 ......

(Signature de l'intéressé ou de son représentant légal.)

Vu :
Le Sous-Préfet,

Cachet

CERTIFIÉ exact.
Le Maire,

RENSEIGNEMENTS RECOMMANDÉS.

---

(1) **Notice individuell** ...... La présente notice est établie au moment où l'homm présente pour se faire inscrire ; elle est adressée par maires aux sous-préfets avec une expédition du tab de recensement.

Ces fonctionnaires la transmettent ensuite au préfet le tableau de recensement communal et une expédi du tableau de recensement cantonal.

(2) **Résidence et domicile**..... Dans les villes et localités importantes, ne pas om d'indiquer la rue et le numéro.

(3) **Profession**................ A déterminer aussi exactement que possible.

(4) **Instruction**................ Indiquer le degré d'instruction par les chiffres 0, 1, 2, 3, et la lettre X ; ce qui signifie :

0, ne sait ni lire ni écrire ;
1, sait lire seulement ;
2, sait lire et écrire ;
3, possède une instruction primaire plus dévelop
4, a obtenu le brevet de l'enseignement primaire ;
5, bachelier, licencié, etc. (Indiquer le diplôme) ;
X, dont on n'a pu vérifier l'instruction.

(5) **Jeunes gens mariés**........ Inviter les jeunes gens mariés à produire un bulleti mariage et à le remettre au commandant de recruten en séance de revision.

(6) **Observations**................ Indiquer dans cette case, suivant le cas :

Si l'inscrit est soutien de famille ;
S'il demande un sursis d'incorporation et à quel ti
S'il est omis, fils d'étranger, naturalisé, réintégré, (pour les naturalisés et les réintégrés, indique date du décret) ;
S'il est engagé, indiquer pour quel régiment ; la du la date et le lieu de l'engagement ;
S'il demande à être visité dans un autre départem indiquer ce département ;
S'il indique des maladies ou infirmités, en indique nature.

(7) **Signalement**.............. Pour les réponses à faire aux rubriques du signalement conformer dans la mesure du possible aux prescripti de la circulaire du 10 mai 1912, vol. 59*. Modifié. (Circul du 5 février 1913, *B. O.*, p. 122).

DÉPARTEMENT

d

—

CANTON

d

RÉPUBLIQUE FRANÇAISE.

Modèle n° 3.

—

Art. 8 de l'instruction du 20 octobre 1905.

RÉCÉPISSÉ

(à conserver par les jeunes gens auxquels il a été délivré).

Le Maire de la commune d (1)

reconnait avoir reçu de M. (2)

inscrit sur les tableaux de recensement de la classe de (3) 192 , une demande appuyée de (4)

pour (5)

A , le. 191 .

Le Maire,

Cachet.

(1) Indiquer le nom de la commune.

(2) Nom et prénoms du déposant.

(3) Indiquer la classe.

(4) Indiquer le nombre et la nature des pièces produites.

(5) Indiquer, suivant le cas :

1° Pour la constitution d'un dossier sanitaire (art. 10 de la loi);
2° Pour excuser son omission (art. 16 de la loi);
3° Pour obtenir un sursis d'incorporation comme frère de militaire (art. 20 de la loi);
4° Pour obtenir un sursis d'incorporation pour affaires d'intérêt (art. 21 de la loi);
5° Pour justifier de la situation de soutien indispensable de famille (art. 22 de la loi).

Modèle n° 4.

Art. 9 et 48
de l'instruction du
20 octobre 1905.

RÉPUBLIQUE FRANÇAISE.

DÉPARTEMENT D

CANTON D

COMMUNE D

TABLEAU DE RECENSEMENT

DES

JEUNES GENS DE LA CLASSE DE

OBSERVATIONS IMPORTANTES.

MM. les maires sont instamment priés de faire remplir avec soin toutes les indications que comporte le présent tableau.

Prière d'indiquer très exactement la profession.

Le degré d'instruction doit être porté, après vérification, dans la colonne 5, de la manière suivante :

Ne sait ni lire ni écrire......	0
Sait lire seulement..........	1
Sait lire et écrire............	2
Possède une instruction primaire plus développée.....	3
A obtenu le brevet de l'enseignement primaire.........	4
Bachelier, licencié, etc. (indiquer le diplôme)...........	5
Dont on n'a pu vérifier l'instruction....................	X

Prière aussi d'interroger les jeunes gens sur les motifs qu'ils auraient à faire valoir, ainsi que les demandes qu'ils se proposent de faire et consigner très exactement leur réponse *dans la colonne* 11.

Indiquer suivant le cas :

1° Si l'inscrit est soutien de famille ;

2° S'il demande un sursis d'incorporation, et à quel titre ;

3° S'il est omis, fils d'étranger, naturalisé, réintégré, etc., etc. (pour les naturalisés et les réintégrés, indiquer la date du décret) ;

4° S'il est engagé, indiquer pour quel régiment : la durée, la date et le lieu de l'engagement ;

5° S'il demande à être visité dans un autre département, indiquer ce département ;

6° S'il invoque des maladies ou infirmités, en indiquer la nature.

NUMÉRO D'INSCRIPTION au présent tableau de recensement.	1° NOM ; 2° PRÉNOMS ; 3° SURNOMS.	RENSEIGNEMENTS D'ÉTAT CIVIL. — 1° Date, lieu de naissance et résidence personnelle des jeunes gens ; 2° Noms, prénoms et domicile des père et mère ou tuteur ; 3° Renseignements relatifs au mariage.	SIGNALEMENT. (A)	DEGRÉ D'INSTRUCTION DES JEUNES GENS.	RENSEIGNEMENTS DIVERS. — Répondre aux questions posées par « oui » ou par « non », sauf pour la deuxième ; ou, si l'inscrit connaît la musique instrumentale, il y a lieu d'indiquer l'instrument duquel il joue.	INDIQUER dans cette colonne si les jeunes gens ou leurs représentants ont signé la notice qui a servi à établir le tableau de recensement et la minute du tableau.	NUMÉRO D'INSCRIPTION à la liste de recrutement cantonal.	RENSEIGNEMENTS SUR LES JEUNES GENS inscrits au présent tableau. Indiquer s'ils ont été inscrits : 1° D'office ; 2° Sur leur demande ou sur celle de leurs parents ou tuteur.	Indiquer, pour les omis des classes antérieures : 1° La classe à laquelle ils appartiennent par leur âge ; 2° La date du jugement, s'ils ont été condamnés pour fait d'omission.	MOTIFS D'EXEMPTION ou demandes que les jeunes gens ou ceux qui les représentent se proposent de faire valoir ou de présenter au conseil de revision. Indication des motifs.	Observations du maire.	EXAMEN ET RECTIFICATION du tableau par le conseil de revision. Indication : 1° Des réclamations élevées ; 2° Des rectifications opérées ; 3° De la position des omis.	Motifs de la décision du conseil de revision.	RÉSULTAT DES OPÉRATIONS du conseil de revision. Jusqu'à la clôture de la liste du contingent. — 1° Décision ; 2° Motifs ; 3° Indication des jeunes gens exemptés comme impropres au service.	Postérieurement à la clôture de la liste du contingent. — Décisions sur les jeunes gens qui avaient été inscrits conditionnellement.	AVIS du MÉDECIN assistant le conseil de revision.	OBSERVATIONS. — DATE de l'envoi des avis d'inscription aux lieux de : 1° La naissance ; 2° La résidence.
1	2	3	4	5	6	7	8	9	10	11	12	13	14	15	16	17	18
	1° 2° 3°	Né le (heure) à canton d département d résidant à canton d département d profession d fils de et de domiciliés à département d ou le tuteur M. domicilié à Célibataire. Marié. Veuf. Divorcé. Nombre d'enfants:	Cheveux ...... Yeux .... Front .... Nez .... Visage........ Renseignements physionomiques complémentaires. .... Taille 1 mètre .... cent. Taille rectifiée 1 m......cent. Marques particulières		L'inscrit est-il musicien ? Duquel instrument joue-t-il ? Sait-il monter à cheval ? Conduire et soigner les chevaux ? Conduire les voitures ? Est-il vélocipédiste ? Est-il colombophile ? Est-il aérostier ? Sait-il nager ? A-t-il obtenu des prix de tir ? A-t-il obtenu des prix de gymnastique ? Possède-t-il le brevet de conducteur d'automobiles ?			1° 2°	1° 2°			1° 2° 3°		1° 2° 3°			1° 2°

(Circulaire du 5 février 1913). Pour les réponses à faire aux rubriques du signalement se conformer, dans la mesure du possible, aux prescriptions de la circulaire du 10 mai 1912. (Vol 59[1]).

CERTIFIÉ par nous, Maire de la commune d

A , le 19

VÉRIFIÉ et ARRÊTÉ par nous, Membres du conseil de revision, en présence du Maire qui a signé avec nous.

A , le 19 .

Le Maire, *Les Membres du conseil de revision.*

MODÈLE N° 5.

Art. 18 et 20 de l'instruction du 20 octobre 1905.

ARMÉE DE TERRE ET ARMÉE COLONIALE.

(1)

SIGNALEMENT

D'UN ENGAGÉ VOLONTAIRE DEVANT CONCOURIR A LA FORMATION DE LA CLASSE DE

Le Conseil d'administration certifie que le soldat (2)
fils d et d ,
né le , à ,
canton d , département d ,
engagé pour (3) ans, le , à la mairie d , et désigné dans son acte d'engagement comme (4)
canton d , département d ,
est présent au corps et que la durée de son engagement doit expirer le .

Avis de la position de ce militaire est donné à M. le Préfet du département d , afin que ce jeune homme, que son âge appelle à participer à la formation de la classe d , soit porté sur les tableaux de recensement de la commune d (5) , où il a son domicile légal.

A , le 19 .

(Signature de l'engagé.) *Le Président du Conseil d'administration,*

Vu :

Inscrit sur les tableaux de recensement de la commune de et transmis au commandant du bureau de recrutement.

A , le 19 .

Le Préfet du département d

Le dénommé d'autre part est inscrit sur la 3e partie de la liste de recrutement de la classe de 19 , de la subdivision d , n° au registre matricule de recrutement.

A , le 19 .

Le Commandant du bureau de recrutement,

(1) Corps de troupe *ou* service.

(2) Nom et prénoms.

(3) Durée de l'engagement en toutes lettres.

(4) Ayant ses parents domiciliés à *ou* comme élève des hospices civils résidant à .

(5) Cette commune doit être la mme que celle qui est indiquée dans l'acte d'engagement comme domicile des parents de l'engagé, à moins qu'il ne fasse connaitre que sa famille a, depuis l'engagement, transporté ailleurs son domicile

Pour les élèves des hospices civils, cette commune est celle qui est indiquée dans l'acte d'engagement comme résidence de l'engagé.

Modèle n° 6.

Art. 19 de l'instruction du 20 octobre 1905.

ARMÉE DE MER.

(1)

SIGNALEMENT

D'UN ENGAGÉ VOLONTAIRE DEVANT CONCOURIR A LA FORMATION DE LA CLASSE DE .

Le (2) certifie que (3)
fils d et d
né le , à
canton d , département d ,
engagé pour (4) ans dans le corps des ,
à la mairie d , et désigné dans son acte
d'engagement comme (5) ,
canton d , département d ,
est présent au corps et que la durée de son engagement doit expirer le

Avis de la position de ce marin est donné à M. le Préfet du département d , afin que ce jeune homme, que son âge appelle à participer à la formation de la classe d , soit porté sur les tableaux de recensement de la commune d (6) , où il a son domicile légal.

A , le 19 .

(Signature de l'engagé.) *Les Membres du Conseil d'administration,*

Vu :

Inscrit sur les tableaux de recensement de la commune d et transmis au commandant du bureau de recrutement.

A , le 19 .

Le Préfet du département d

Le dénommé d'autre part est inscrit sur la 3e partie de la liste de recrutement de la classe de 19 , de la subdivision d , dans le canton d ,
nº au registre matricule de recrutement.

A , le 19 .

Le Commandant du bureau de recrutement,

(1) Indication du *dépôt* ou du *corps* auquel l'homme appartient.

(2) Conseil d'administration du dépôt des équipages de la flotte ou Directeur d'artillerie.

(3) Grade, nom et prénoms.

(4) Durée de l'engagement en toutes lettres.

(5) Ayant ses parents domiciliés à *ou* comme élève des hospices civils résidant à .

(6) Cette commune doit être la même que celle qui est indiquée dans l'acte d'engagement comme domicile des parents de l'engagé, à moins qu'il ne fasse connaître que sa famille a, depuis l'engagement, transporté ailleurs son domicile.

Pour les élèves des hospices civils, cette commune est celle qui est indiquée dans l'acte d'engagement comme résidence de l'engagé.

CLASSE d

d ARRONDISSEMENT

Canton d

Articles 35 et 36 de l'instruction du 20 octobre 1905.

EXTRAIT du tableau de recensement rectifié de la commune d   en ce qui concerne un jeune homme à examiner { par le Conseil de revision du départem^t d
{ en présence du Consul de France à

1° Nom de famille; 2° Prénoms; 3° Surnoms; 4° Classe. 1	Date et lieu de naissance. 2	1° Résidence personnelle du jeune homme; 2° Noms, prénoms et domicile de ses père et mère; Sa taille. 3	Profession 1° du jeune homme; 2° de ses père et mère. 4	Numéro d'inscription sur le tableau de recensement rectifié. 5	Motifs d'exemptions ou réclamations qu'il s'est proposé de faire valoir au moment de l'établissement des tableaux de recensement 6	Observations. 7
1° 2° 3° 4°	Né le à	1° Résidant à , canton d , département d 2° Fils d et d domiciliés à 3° Un mètre millim.	1° 2°			

Pour extrait conforme :

Vu : A , le 19 .

Le Préfet, *Le Maire,*

Résultat de la visite faite le 19 { par le Conseil de revision du département d
{ en présence du Consul de France à

Signalement.	Avis du médecin.	Avis au sujet du classement comme : bon pour le service armé.	bon pour le service auxiliaire.	ajourné.	exempté.	Avis sur les aptitudes spéciales que peut avoir le jeune homme.	Arme d'affectation demandée par le jeune homme.	Observations.
Agé de ans, taille mèt. mil. Poids , acuité visuelle , Cheveux , front , sourcils , yeux , nez , bouche , barbe , menton , visage , teint . Signes particuliers :								Indiquer si l'inscrit demande un sursis et pour quel motif.

Certifié véritable par nous { Préfet du département d
{ Consul de France
, le 19 .

(Signatures

Cette affiche doit rester placardée en permanence dans chaque mairie et poste diplomatique ou consulaire.

RÉPUBLIQUE FRANÇAISE.

LIBERTÉ. ÉGALITÉ. FRATERNITÉ.

MODÈLE N° 8

Art. 45 de l'instruction du 20 octobre 1905.

RECRUTEMENT

Avis aux jeunes gens qui doivent être inscrits sur les tableaux de recensement.

1° Tout Français doit *réclamer* ou faire réclamer par ses représentants légaux son inscription sur les tableaux de recensement au lieu de son domicile légal ou au lieu du dernier domicile de sa famille (art. 10 de la loi du 21 mars 1905) sous peine d'être déclaré omis. Il reçoit de sa demande un récépissé qu'il devra joindre aux réclamations ultérieures qu'il pourrait avoir à faire;

2° Les tableaux de recensement étant affichés dans les mairies les deux premiers dimanches de janvier, il appartient à l'intéressé ou à son mandataire de les consulter et, s'il a des observations à présenter, de les adresser, par écrit, au préfet, afin que le conseil de revision en soit saisi;

3° Les pupilles de l'Assistance publique sont inscrits au lieu de leur résidence;

4° Les engagés volontaires même présents au corps doivent être inscrits au lieu de leur domicile légal;

5° Les jeunes gens qui soulèvent des questions de nationalité en font la déclaration à la mairie où ils réclament leur inscription; ils en demandent un récépissé;

6° Les jeunes gens qui peuvent bénéficier de la convention franco-belge du 30 juillet 1891 ne doivent pas être inscrits d'office avant l'âge de 22 ans accomplis; mais ils ont le droit de se faire porter à 20 ans sur les tableaux de recensement, s'ils sont Français à titre définitif en vertu de notre Code civil; dans les deux cas, ils font deux ans de service;

7° Les jeunes gens qui ont la faculté de répudier la qualité de Français dans l'année de leur majorité ne peuvent, en aucun cas, être portés sur les tableaux de recensement de leur classe d'âge (même s'ils sont visés par la convention franco-belge), à moins qu'ils ne produisent une déclaration souscrite devant le juge de paix par leur père, à l'effet de renoncer à la faculté de répudiation;

8° Les jeunes gens qui n'ont pas été inscrits en temps utile sur les tableaux de recensement sont omis : quelle que soit la cause de leur omission, ils sont (à moins qu'ils n'aient 49 ans révolus) soumis à toutes les obligations de service qu'ils auraient eu à accomplir s'ils avaient été inscrits en temps utile (art. 15 de la loi);

9° Dans le mois qui suivra la publication des tableaux de recensement et jusqu'au 15 février au plus tard, tout inscrit qui aurait à faire valoir, devant le conseil de revision de son domicile, des infirmités ou maladies pouvant le rendre impropre au service, devra en faire la déclaration, soit lui-même, soit par un mandataire, à la mairie en y joignant tous les certificats qu'il jugera utiles. Il lui en sera délivré récépissé (art. 10 de la loi);

10° Les jeunes gens qui veulent être visités en France doivent en faire la demande au préfet du département dans lequel ils ont été inscrits sur les tableaux de recensement. Cette demande sera toujours refusée quand elle aura été faite *moins de vingt jours avant l'ouverture des opérations de la revision*, quand le réclamant invoquera son état de santé en s'appuyant sur des infirmités mal définies ou prêtant à la simulation ou quand l'intéressé résidera dans le département où il a été porté sur les tableaux.

Quand les jeunes gens ont reçu l'autorisation, ils doivent produire, avant le 15 février, au préfet du département de leur résidence, avec un duplicata de leur demande, leur dossier sanitaire, c'est-à-dire les pièces relatives aux maladies et infirmités qu'ils pourraient avoir à invoquer (1).

Tout jeune homme qui, avant l'ouverture des opérations de la revision, n'aura pas été avisé que sa demande a été accueillie doit se présenter devant le conseil de revision siégeant dans son canton d'inscription. Il convient de remarquer que, quel que soit l'avis émis par le conseil de revision de la résidence, c'est le conseil du domicile qui seul, aux termes de la loi, est compétent pour statuer définitivement. Rien ne s'oppose donc à ce que les jeunes gens visités au lieu de leur résidence se présentent en personne devant le conseil de revision siégeant dans le canton où ils ont été portés sur les tableaux de recensement;

11° Les jeunes gens qui sont à l'étranger doivent faire leur demande de visite au lieu de la résidence, de manière que cette pièce parvienne au préfet du département où ils ont été portés sur les tableaux de recensement le 15 janvier au plus tard. Ils y joignent une attestation de nos agents diplomatiques ou consulaires constatant qu'ils se sont fixés réellement à l'étranger avant le 1er janvier de l'année où ils doivent comparaître devant le conseil de revision, soit comme appelés, soit comme ajournés. Pour tous renseignements ultérieurs, ils doivent s'adresser à l'agent diplomatique du poste dont ils relèvent;

12° Les jeunes gens fixés, avant le 1er janvier de la formation de la classe, en Suisse ou en Belgique, recevront également, sur leur demande, communication, par nos agents dans ces pays, des conditions dans lesquelles ils pourront être visités.

(1) Alinéa ajouté (circ. du 9 février 1910).

DÉPARTEMENT
d

RÉPUBLIQUE FRANÇAISE.

MODÈLE N° 9
Modifié par circulaire du 24 juin 1912.

Article 46 de l'Instruction du 20 octobre 1905.

BULLETIN DE RENSEIGNEMENTS

(à remettre par le maire aux jeunes gens lors de leur inscription sur le tableau de recensement).

PREMIÈRE PARTIE.

A remplir par les Maires.

Nom :
Prénoms :
Surnoms :
Profession :
Classe :
Canton :
Date et lieu de naissance :

NOTA IMPORTANT. — Il ne sera tenu compte que des demandes présentées et signées par les intéressés eux-mêmes.

Celles qui seront remises après la séance de revision ne seront examinées qu'autant que les intéressés auront des motifs valables ayant empêché de les remettre en temps utile ; ou lorsqu'elles seront motivées par des situations nouvelles (mariés, soutiens de famille, frère au service, etc.).

A remplir par les jeunes gens.

AVIS ESSENTIEL.

Le présent bulletin, complété et signé par l'intéressé, devra être remis, le jour du Conseil de revision au sous-officier de recrutement.

Êtes-vous marié ou veuf avec enfants ?

A) Si oui, remettez avec le présent, en séance du Conseil de revision, un bulletin de mariage au sous-officier de recrutement.

B) Si vous vous mariez avant le 16 août, adressez un bulletin de mariage au commandant du bureau de recrutement de votre domicile.

C) Dans l'un de ces deux cas ou si vous êtes classé soutien de famille, envoyez au Commandant de recrutement, du 25 août au 1er septembre, un certificat de bonne vie et mœurs pour obtenir une affectation spéciale.

Dans quelle arme désirez-vous être incorporé ?

A) Si vous avez un frère au service comme appelé ou engagé et que vous désiriez servir dans le même corps, adressez votre demande au Commandant de recrutement de votre domicile, au plus tard quinze jours après votre comparution devant le Conseil de revision, ou après l'incorporation de votre frère si son incorporation n'a lieu qu'après la décision du Conseil de revision.

B) Si vous désirez être incorporé comme secrétaire ou commis dans une section de secrétaires, de commis ou d'infirmiers, envoyez votre demande au Commandant du recrutement de votre domicile, au plus tard huit jours avant votre comparution devant le Conseil de revision.

Joignez-y une page d'écriture après avoir fait certifier par le maire, le commissaire de police ou un instituteur que c'est bien vous qui l'avez faite.

Désirez-vous être affecté à un corps d'Afrique :

Lequel ?

Signature :

Indication des cas prévus par la loi, nécessitant la constitution d'un dossier.	*Indication des pièces à produire pour la constitution du dossier.*
Article 10 de la loi.	
Jeunes gens se proposant de faire valoir des maladies ou infirmités devant le conseil de revision..................	Remettre, avant le 15 février, au maire de la commune, une demande écrite appuyée de tous les certificats utiles. (Réclamer un récépissé.)
Article 16 de la loi.	
Jeunes gens omis sur les tableaux de recensement des années précédentes..................................	Remettre, au moins huit jours avant la réunion du conseil de revision, une lettre d'excuses au maire de sa commune.
Article 19 de la loi.	
Jeunes gens classés dans le service auxiliaire pouvant demander à être ajournés jusqu'à l'âge de 25 ans..........	Remettre, dans les huit jours qui suivent la réunion du conseil de revision de son canton, une demande écrite au maire de sa commune.
Article 20 de la loi.	
Jeunes gens désirant obtenir un sursis d'incorporation comme l'un de deux frères inscrits la même année sur les tableaux de recensement ou comme ayant un frère sous les drapeaux servant comme appelé...............	Remettre, au moins huit jours avant la réunion du conseil de revision dans son canton, au maire de sa commune, une demande écrite appuyée de l'état signalétique du frère si ce dernier est sous les drapeaux. Après le conseil de revision, la demande doit être remise, par l'intermédiaire de la gendarmerie, au commandant de recrutement.
Article 21 de la loi.	
Jeunes gens qui désireraient obtenir des sursis d'incorporation pour affaires d'intérêt ou pour continuation d'études..	Remettre au maire de sa commune, du 15 janvier au 15 février, une demande écrite appuyée de tous les certificats ou justifications utiles. Pour les demandes qui n'auraient pu être formulées dans la session ordinaire des conseils de revision, faire parvenir à la préfecture, avant le 24 août, une demande indiquant les motifs de la production tardive.
Article 22 de la loi.	
Jeunes gens qui désirent réclamer, au profit de leurs familles, l'allocation de 1 fr. 25 prévue par la loi, à titre de soutiens indispensables de famille..........................	Remettre au maire de sa commune, du 15 janvier au 15 février une demande écrite appuyée d'un relevé des contributions payées par la famille et certifié par le percepteur. (Réclamer un récépissé.)
Jeunes gens qui désirent être visités en dehors de leur département..	Visite en dehors du département du domicile : 1° Faire une demande d'autorisation de visite au préfet du département d'inscription sur les tableaux de recensement, avec indication précise de l'adresse ; 2° Si l'autorisation est accordée, remettre avant le 15 février, au préfet du département de la résidence, le dossier sanitaire contenant les pièces médicales relatives aux maladies ou infirmités à faire valoir.

DÉPARTEMENT
d
—
CANTON
d
—
COMMUNE
d

MODÈLE N° 10.
—
Art. 10 de l'instruction du 20 octobre 1905.

AVIS D'INSCRIPTION
SUR LES TABLEAUX DE RECENSEMENT
DE LA CLASSE DE .

(1) Nom, prénoms.

Le Maire de la commune d
certifie que M. (1) , né le
à , canton d , département
d , fils de et de ,
est inscrit sur les tableaux de recensement de ladite commune.

A , le 19 .

Le Maire,

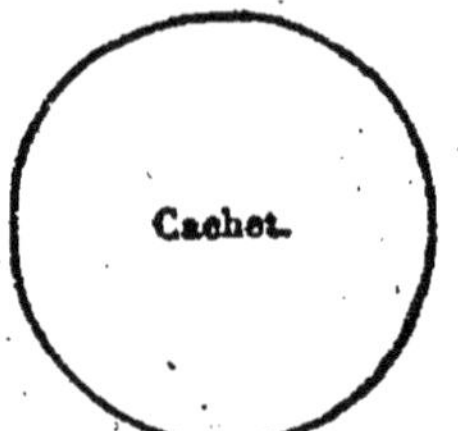

A Monsieur le Maire de la commune d
sous le couvert de Monsieur le Préfet du département d

. . . .

DÉPARTEMENT
d
—
CANTON
d
—
COMMUNE
d

MODÈLE N° 10.
Annexé à l'instruction du 20 octobre 1905.

RÉCÉPISSÉ D'AVIS D'INSCRIPTION
SUR LES TABLEAUX DE RECENSEMENT
DE LA CLASSE DE .

(1) Nom et prénoms.

Le Maire de la commune d
certifie avoir reçu un avis constatant l'inscription sur les tableaux de recensement de la commune
d , canton d , département d
de M. (1) , né le à
département d , fils de et de

A , le 19

Le Maire,

NOTA. — Ce récépissé devra être annexé à la minute du tableau de recensement de la commune où l'inscription a été effectuée.

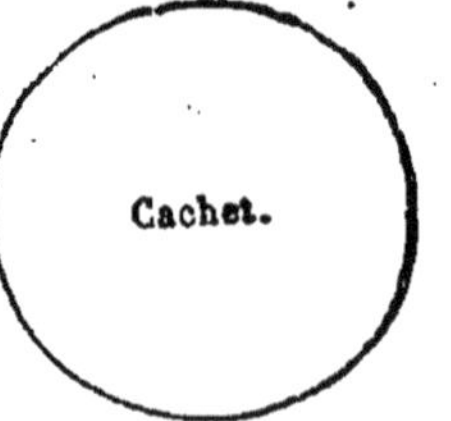

A Monsieur le Maire de la commune d
sous le couvert de Monsieur le Préfet du département d

CERTIFICAT
A DÉLIVRER D'OFFICE
par les maires.

RÉPUBLIQUE FRANÇAISE.
LIBERTÉ — ÉGALITÉ — FRATERNITÉ

MODÈLE N° 11.
Art. 28 de l'instruction du 20 octobre 1905.

DÉPARTEMENT D

MAIRIE D

CAS PARTICULIERS DE NATIONALITÉ.

Le Maire d
certifie que M. (1)

né le
à , département d ;
d'un père (2)
né à (3)
(4)
et d'une mère (2)
née (5)
(4)
a réclamé le (6)
son inscription sur le tableau de recensement de la classe de 19 , et que la réponse qui lui a été faite est la suivante

A , le 19 .

Sceau de la mairie.

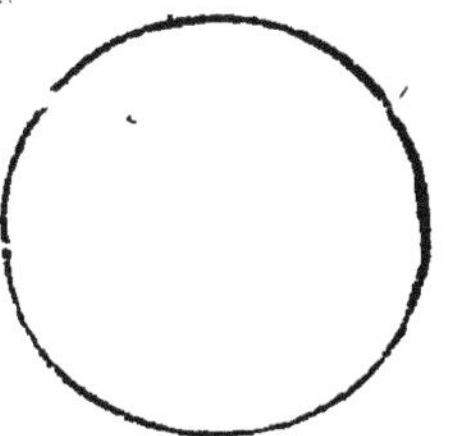

Le Maire d

(1) Nom et prénoms.

(2) Dire la nationalité.

(3) Lieu et contrée.

(4) Indiquer, le cas échéant, la naturalisation ou la réintégration et la date du décret.

(5) Dire si la mère est née « *en France* » ; si elle est née à l'étranger, indiquer le lieu et la contrée.

(6) Date à laquelle la demande d'inscription a été faite.

Modèle n° 12.

Art. 52 de l'instruction du 20 octobre 1905.

RÉPUBLIQUE FRANÇAISE.

DÉPARTEMENT D

Canton d

TABLEAU DE RECENSEMENT CANTONAL

DES

JEUNES GENS DE LA CLASSE DE

N° D'INSCRIPTION AU PRÉSENT TABLEAU DE RECENSEMENT CANTONAL.	COMMUNE.	1° NOM ; 2° PRÉNOMS ; 3° SURNOMS.	RENSEIGNEMENTS D'ÉTAT CIVIL — 1° Date, lieu de naissance et résidence personnelle des jeunes gens ; 2° Noms, prénoms et domicile des père et mère ou tuteur ; 3° Renseignements relatifs au mariage.	SIGNALEMENT. (1)	DEGRÉ D'INSTRUCTION DES JEUNES GENS.	RENSEIGNEMENTS DIVERS. ——— Répondre aux questions posées par « oui » ou par « non », sauf pour la deuxième ; ou, si l'inscrit connaît la musique instrumentale, il y a lieu d'indiquer l'instrument duquel il joue.		INDIQUER dans cette colonne si les jeunes gens ou leurs représentants ont signé la notice qui a servi à établir le tableau de recensement et la minute du tableau.	NUMÉRO D'INSCRIPTION A LA LISTE DE RECRUTEMENT CANTONAL.
1	2	3	4	5	6	7		8	9
		1° 2° 3°	Né le (heure) à canton d département d résidant à canton d département d profession d fils de et de domiciliés à département d *ou* le tuteur M. domicilié à Célibataire. Marié. Veuf. Divorcé. Nombre d'enfants :	Cheveux ...... Yeux .... Front .... Nez .... Visage .... Renseignements physionomiques complémentaires. .... Taille 1 mètre. .... cent. Taille rectifiée 1 m...... cent. Marques particulières......		L'inscrit est-il musicien ? De quel instrument joue-t-il ? Sait-il monter à cheval ? Conduire et soigner les chevaux ? Conduire les voitures ? Est-il vélocipédiste ? Est-il colombophile ?	Est-il aérostier ? Sait-il nager ? A-t-il obtenu des prix de tir ? A-t-il obtenu des prix de gymnastique ? Possède-t-il le brevet de conducteur d'automobiles ?		

(1) Circulaires des 10 mai 1912 (vol. 59[4]) et 5 février 1913 (*B. O.*, p. 122).

RENSEIGNEMENTS SUR LES JEUNES GENS inscrits au présent tableau.		MOTIFS D'EXEMPTION OU DEMANDES que les jeunes gens ou ceux qui les représentent se proposent de faire valoir ou de présenter au conseil de revision.		EXAMEN ET RECTIFICATION du tableau par le conseil de revision.		RÉSULTAT DES OPÉRATIONS du conseil de revision.		du MÉDECIN assistant le conseil de revision.	OBSERVATIONS. — DATE de l'envoi des avis d'inscription aux lieux de :
Indiquer s'ils ont été inscrits : 1° D'office ; 2° Sur leur demande ou sur celle de leurs parents ou tuteur.	Indiquer, pour les omis des classes antérieures ; 1° La classe à laquelle ils appartiennent par leur âge ; 2° La date du jugement, s'ils ont été condamnés pour fait d'omission.	Indication des motifs.	Observations du maire.	Indication : 1° Des réclamations élevées ; 2° Des rectifications opérées ; 3° De la position des omis.	Motifs de la décision du conseil de revision.	Jusqu'à la clôture de la liste du contingent. — 1° Décision ; 2° Motifs ; 3° Indication des jeunes gens exemptés comme impropres au service.	Postérieurement à la clôture de la liste du contingent. — Décisions sur les jeunes gens qui avaient été inscrits conditionnellement.		1° La naissance ; 2° La résidence.
10	11	12	13	14	15	16	17	18	19
1° 2°	1° 2°			1° 2° 3°		1° 2° 3°			1° 2°

CERTIFIÉ par nous, Sous-Préfet de l'arrondissement de

A , le 19 .

VÉRIFIÉ et ARRÊTÉ par nous, Membres du conseil de revision, en présence des Maires, qui ont signé avec nous.

A , le 19 .

Les Maires, *Les Membres du conseil de revision,*

TABLE DES MATIÈRES

DE L'INSTRUCTION RELATIVE A L'ÉTABLISSEMENT DES TABLEAUX DE RECENSEMENT.

CHAPITRE Ier.

RECENSEMENT ANNUEL.

CHAPITRE II.

FORMATION DES TABLEAUX DE RECENSEMENT.

CHAPITRE III.

PUBLICATION DES TABLEAUX DE RECENSEMENT.

MODÈLES ANNEXÉS A L'INSTRUCTION.

§ 2. — Opérations des conseils de revision.

Instruction relative aux opérations du conseil de revision pour la formation des classes.

Paris, le 29 décembre 1905.

CONVOCATION DES JEUNES GENS DEVANT LE CONSEIL DE REVISION.

1. — Tous les jeunes gens doivent être convoqués.

Aux termes de la loi du 21 mars 1905 sur le recrutement de l'armée, tout Français valide est appelé à faire partie de l'armée active et des réserves.

De cette prescription résulte la nécessité de faire comparaître chaque année tous les inscrits et les ajournés devant le conseil de revision.

2. — Ordres de convocation et affiches.

A cet effet, le préfet établit, conformément au modèle ci-joint n° 1, des ordres individuels de convocation indiquant les lieu, jour et heure de la réunion du conseil de revision pour chaque canton.

En outre, il fait apposer dans chaque commune des affiches reproduisant les avis généraux portés sur ces ordres.

Les inscrits et les ajournés ne sont donc pas fondés à déclarer, pour excuser leur absence, qu'ils n'ont pas reçu d'ordre individuel, les affiches donnant à tous les intéressés les indications nécessaires pour leur permettre de répondre aux convocations.

3. — Notification.

Les ordres individuels de convocation sont notifiés par les soins des maires de chaque commune au lieu du domicile légal, huit jours au moins d'avance, à tous les jeunes gens portés sur le tableau de recensement et aux jeunes gens ajournés les années précédentes, sauf bien entendu à ceux qui ont été autorisés à se faire visiter au lieu de leur résidence.

Dans ce dernier cas, en effet, il appartient au préfet du département où ils doivent être visités, et, le cas échéant, à nos agents à l'étranger, de convoquer les jeunes gens.

ITINÉRAIRE ET TOURNÉE DES CONSEILS DE REVISION.

4. — Itinéraire des conseils de revision. (1).

Le préfet règle l'itinéraire, de concert avec le général commandant le corps d'armée, et de manière à réduire les dépenses au minimum.

Tout séjour sans séance dans une localité, même au chef-lieu du département, et toute interruption de la tournée doivent être évités à moins d'absolue nécessité.

5. — Fixation du lieu et du jour des séances.

Les séances doivent être tenues au chef-lieu du canton. Il ne peut être dérogé à cette règle que dans des circonstances graves, telles qu'épidémies, état de siège, etc. Dans ce cas, le conseil se transporte dans une commune où il examine tous les jeunes gens du canton.

Le préfet n'oubliera pas, pour la fixation de l'itinéraire, que, aux termes de l'article 17 de la loi, le conseil de revision ne peut, sauf le cas de mobilisation, opérer le même jour que dans un seul canton.

6. — Fixation de l'heure d'ouverture des séances.

Le préfet fera en sorte que le conseil de revision soit réuni de préférence le matin dans la localité où il doit siéger, afin qu'il soit possible d'examiner sans précipitation les jeunes gens et d'entendre leurs réclamations (1).

Il est essentiel que le conseil ait le temps de recueillir sur les lieux mêmes les renseignements nécessaires pour statuer en connaissance de cause à l'égard des jeunes gens qui ont négligé de répondre à leur ordre de convocation, et plus particulièrement encore au sujet de ceux qui sont atteints d'infirmités faciles à simuler, telles que la surdité, l'épilepsie, l'idiotisme, etc.

En principe, le nombre des conscrits à examiner par le conseil peut être évalué à 30 par heure de séance (1).

Il convient qu'il ne s'écoule pas un laps de temps trop considérable entre la séance du matin et celle du soir, car cette der-

(1) Circulaire du 10 janvier 1913 (*B. O.*, p. 8).

nière séance se trouverait ainsi soit raccourcie, soit prolongée à la lumière, dans des conditions moins favorables à un bon examen médical.

Pour éviter cet inconvénient, les préfets veillent à ce que l'interruption entre les deux séances soit réduite au strict nécessaire. Ils doivent rendre compte de toute interruption qui, dans les cantons populeux, se sera prolongée au delà de deux heures.

7. — Envoi au Ministre de la guerre d'un exemplaire de l'itinéraire.

Aussitôt que l'itinéraire est arrêté, le préfet en adresse au Ministre de la guerre (Direction de l'Infanterie; Recrutement), sans lettre d'envoi, une expédition manuscrite, établie sur format tellière ($0^m,32 \times 0^m,21$).

Cet envoi doit être fait quatre jours au plus tard avant la date fixée par décret pour l'ouverture des opérations de la revision.

7 *bis*. — Session extraordinaire du conseil de revision.

Profitant de la réunion des conseils départementaux institués par l'article 22 de la loi pour statuer sur les demandes d'allocations journalières de soutiens de famille, conseils qui se réunissent du 24 août au 4 septembre de chaque année, les préfets doivent, après entente avec les généraux commandant les corps d'armée pour la désignation des membres militaires, provoquer la réunion, entre ces deux dates, en session extraordinaire, au chef-lieu du département, du conseil de revision tel qu'il est désigné à l'article 16 de la loi.

Ce conseil doit statuer, dans les conditions prévues par la présente instruction, sur les demandes de sursis de l'article 21 de la loi, non présentées en session ordinaire, et sur les demandes d'incorporation avec la classe formulées par des jeunes gens ajournés lors de la session ordinaire.

COMPOSITION DES CONSEILS.

8. — Présidence du préfet (1).

Le préfet préside en personne le conseil de revision.

Il peut, toutefois, en cas d'empêchement ou lorsque les nécessités de ses fonctions l'y obligent, être remplacé, soit par le secrétaire général, soit exceptionnellement par le vice-président du conseil de préfecture ou par un conseiller délégué.

(1) Modifié. (Circulaire du 27 décembre 1911.)

9. — Conseiller de préfecture, membre du conseil.

Le conseiller de préfecture qui fait partie du conseil ne peut remplacer le préfet comme président qu'en raison d'événement imprévu. Si l'absence du préfet se prolonge et s'il ne peut être suppléé ni par le secrétaire général ni par le vice-président du conseil de préfecture, un nouveau conseiller est immédiatement appelé dans le conseil.

10. — Désignation du conseiller général et du conseiller d'arrondissement.

Le conseiller général et le conseiller d'arrondissement appelés à faire partie du conseil de revision doivent, aux termes de l'article 16 de la loi, être désignés par la commission départementale conformément à l'article 82 de la loi du 10 août 1871.

Le préfet veille, en exécution des prescriptions de la même loi, à ce que les membres ainsi désignés soient autres que les représentants élus dans les cantons où la revision a lieu.

Pour le territoire de Belfort et pour l'Algérie, la commission départementale est appelée à désigner un second conseiller général pour chaque canton ou centre de réunion, à défaut de membre du conseil d'arrondissement.

11. — Absence du conseiller général ou du conseiller d'arrondissement.

Lorsque le conseiller général ou le conseiller d'arrondissement se trouve dans l'impossibilité d'assister au conseil de revision, il doit en prévenir le préfet assez à temps, afin qu'avant l'époque fixée pour la séance ce fonctionnaire puisse convoquer la commission départementale pour la désignation d'un suppléant.

Si l'avis lui parvient tardivement, le préfet est autorisé par la loi à désigner un suppléant d'office, appartenant à la même assemblée que l'absent, mais autre que le représentant élu du canton visité.

12. — Membre militaire du conseil de revision. (1).

La loi appelle à siéger au conseil de revision un officier général ou supérieur dont la désignation est faite par le général commandant le corps d'armée.

Il doit user de son influence pour faire prévaloir les décisions les plus conformes à l'intérêt de l'armée.

Le général désigné comme membre du conseil de revision peut se faire suppléer par un officier supérieur, lorsque les nécessités

(1) Modifié. (Circulaire du 27 décembre 1911.)

du service l'y obligent; mais, à moins d'empêchement absolu, il doit assister aux séances de revision présidées par le préfet.

13. — Sous-intendant militaire.

La loi exige la présence au conseil de revision d'un sous-intendant militaire. Les adjoints à l'intendance ne peuvent donc pas être délégués près du conseil de revision.

Afin d'éviter que le sous-intendant reste trop longtemps éloigné de son poste, l'intendant militaire directeur de l'intendance peut, quand il le juge nécessaire, demander au général commandant le corps d'armée la désignation d'un deuxième fonctionnaire dans les départements qui comptent plus de 36 cantons.

14. — Son rôle auprès du conseil de revision.

Le sous-intendant n'a pas voix délibérative, mais il est spécialement chargé de veiller à la stricte application de la loi et des instructions ministérielles.

Il remplit, près du conseil de revision, les fonctions du ministère public, et la loi lui donne toute latitude pour faire insérer au procès-verbal les observations qu'il juge convenables. Il rend compte de ces observations au Ministre, à l'issue de la séance, dans un rapport spécial.

Hors de sa présence, le conseil ne peut ni délibérer ni prendre une décision.

Le préfet doit, comme président du conseil, veiller à ce que ce fonctionnaire puisse efficacement et librement remplir la mission importante que la loi lui confie.

15. — Assistance du commandant du bureau de recrutement.

Le commandant du bureau de recrutement devant, aux termes de la loi, assister aux séances de tous les cantons qui composent la subdivision de région, les itinéraires des départements dont le territoire ne coïncide pas avec la délimitation des subdivisions devront être réglés de manière à faciliter à cet officier supérieur l'accomplissement de sa mission.

Le capitaine adjoint au bureau de recrutement supplée le commandant de recrutement en cas d'empêchement matériel ou de service; il peut le remplacer à quelques-unes des séances de revision. Le commandant de recrutement est tenu, à moins d'empêchement absolu, d'assister aux séances de revision présidées par le préfet (1).

(1) Circulaire du 27 décembre 1911.

16. — Notes qu'il prend pendant la séance.

Dès que l'itinéraire a été arrêté, le préfet adresse au commandant de recrutement une expédition de chaque tableau de recensement cantonal.

A l'aide de ce document qui doit lui servir ultérieurement à établir le registre matricule prescrit par l'article 31 de la loi, le commandant de recrutement dresse un carnet de tournée destiné à lui servir au cours des opérations de la revision. Ce carnet peut être constitué par l'adjonction, à chaque page du tableau de recensement cantonal, d'un feuillet (modèle n° 11) formant corps avec ce tableau. Au cours des séances, le commandant inscrit la décision du conseil, prend note de la constitution physique de chaque homme et indique l'arme à laquelle celui-ci demande à être affecté. Il enregistre, le cas échéant, les particularités signalées par le médecin et qui seraient de nature à influer sur l'affectation.

Il inscrit également sur son carnet de tournée les renseignements concernant les jeunes gens qui appartiennent à une autre subdivision, mais qui ont été autorisés à passer la visite médicale au lieu de leur résidence, exception faite pour les jeunes gens ainsi visités dans le département de la Seine.

Il communique d'urgence ces renseignements au commandant du bureau de recrutement du domicile de chaque homme par un bulletin individuel (modèle n° 2). De son côté, ce commandant vérifie en temps utile si la décision définitive rendue par le conseil de revision permet de tenir compte des renseignements qui lui ont été communiqués.

17. — Un sous-officier de recrutement assiste le commandant.

Un sous-officier de recrutement assiste le commandant pendant toute la tournée. Il est spécialement chargé de prendre note de la taille, du poids et de vérifier la profession et le signalement des jeunes gens examinés.

18. — Assistance et désignation du médecin militaire.

A moins d'impossibilité absolue, des médecins militaires, ayant au moins le grade de médecin-major, doivent être exclusivement employés auprès des conseils de revision.

Ils sont désignés confidentiellement par le général commandant le corps d'armée, sur la proposition du directeur du service de santé, au moment du règlement de l'itinéraire. Ils peuvent être pris au besoin dans la subdivision même où ils doivent opérer; mais ils sont suppléés par un médecin pris dans l'une des subdivisions voisines pour la visite des cantons de la ville où ils tiennent garnison.

Les médecins-majors de 1re classe doivent être désignés tout d'abord; mais, si une trop longue absence était de nature à nuire aux services régimentaires, le général désignerait, à leur défaut, des médecins-majors de 2e classe, dont l'âge, l'expérience et les aptitudes spéciales offrent le plus de garantie pour la délicate mission qui leur sera confiée.

Le même médecin doit, autant que possible, faire toute la tournée. En cas d'empêchement absolu, le préfet rend compte au général commandant le corps d'armée, qui envoie sans délai un autre médecin militaire. Si ce médecin ne peut arriver en temps utile, le préfet a le droit de requérir provisoirement un médecin civil (1).

Pour que les médecins militaires puissent échapper à toute espèce d'obsession, il convient de tenir rigoureusement confidentiels les noms des médecins désignés, jusqu'au jour le plus rapproché possible du commencement des opérations.

Sous les réserves indiquées ci-après pour les examens spéciaux (art. 36), il est expressément interdit aux médecins d'examiner les jeunes gens hors de la présence du conseil de revision (1).

La loi spécifie (art. 81) les peines qu'ils encourraient s'ils recevaient des dons ou s'ils agréaient des promesses pour favoriser les jeunes gens soumis à leur examen.

La loi spécifie également (art. 16) que le conseil ne peut statuer qu'après avoir entendu l'avis du médecin, et que cet avis est consigné dans une colonne spéciale, en face de chaque nom, sur les tableaux de recensement (1).

Cette disposition de la loi doit être observée avec le plus grand soin, et, au besoin, le sous-intendant militaire, commissaire du gouvernement, en requiert l'application (1).

19. — Plusieurs médecins peuvent être désignés au besoin pour un même canton (1).

Dans les cantons présentant moins de 100 conscrits à examiner, un seul médecin militaire est désigné pour la visite.

Lorsque le nombre des conscrits à examiner est supérieur à ce chiffre, il y a lieu, en principe, de désigner un médecin assistant de 101 à 200 conscrits ou deux médecins assistants (201 conscrits et au-dessus).

---

(1) Circulaire du 10 janvier 1913.

Le préfet s'entend, à ce sujet, avec le général commandant le corps d'armée.

Dans le décompte du nombre des conscrits à examiner, il y aura lieu de ne pas perdre de vue que, parmi les jeunes gens inscrits sur le tableau de recensement, un certain nombre (par exemple les engagés volontaires, les jeunes gens ayant quitté leur département d'origine) ne se présenteront pas devant le conseil de revision le jour où il siégera au chef-lieu de canton de leur domicile.

20. — Compte à rendre au Ministre quand plusieurs médecins sont désignés (1).

Le général commandant le corps d'armée fait connaître immédiatement au Ministre (Direction de l'Infanterie; Bureau du Recrutement) les cantons pour lesquels deux ou trois médecins ont été désignés; il indique en même temps le nombre des inscrits à visiter dans ces cantons.

21. — Présence du sous-préfet aux séances du conseil de revision.

Le sous-préfet est appelé par la loi à assister aux séances du conseil de revision, afin que ce conseil soit à même de se renseigner et de statuer, séance tenante, sur toutes les réclamations que peuvent former les jeunes gens au sujet de la vérification des tableaux de recensement.

Il a le droit de présenter des observations.

22. — Présence des maires.

Les maires de toutes les communes du canton sont tenus, pour le même motif, d'être présents au conseil de revision, même si les tableaux de recensement de leur commune sont négatifs.

Ils ont le droit de présenter des observations.

23. — Utilité de la présence des maires.

Le conseil les consultera utilement, soit pour la constatation de l'identité des jeunes gens, soit pour certaines infirmités sur lesquelles la notoriété publique doit venir en aide à l'appréciation du médecin, soit enfin dans le cas où s'élèveraient contre un appelé des présomptions de mutilation volontaire.

Le conseil les invitera, lorsqu'un jeune homme ne se présentera pas, à indiquer autant que possible les motifs de son absence.

Dans le cas de production de dossiers incomplets à l'appui des

---

(1) Circulaire du 10 janvier 1913.

réclamations présentées, c'est aux maires qu'incombe le soin d'expliquer au conseil les causes qui ont empêché les jeunes gens de se procurer les pièces réglementaires. Ils doivent, au besoin, réclamer en faveur de leurs administrés des délais pour se les procurer.

SÉANCES DES CONSEILS DE REVISION.

24. — Tenue, marques distinctives des membres du conseil et des fonctionnaires assistants.

Les membres du conseil de revision, ainsi que les fonctionnaires civils ou militaires que la loi désigne comme devant assister aux séances, doivent s'y rendre revêtus du costume ou des insignes extérieurs auxquels on peut reconnaître leur caractère public.

25. — Leur place et leur rang.

Le général ou l'officier supérieur, quel que soit son grade, prend rang après le président; il s'assied à sa droite.

Le conseiller de préfecture se place à la gauche du président.

Le conseiller général occupe la seconde place à droite, et le conseiller d'arrondissement la seconde à gauche.

Le sous-intendant militaire ne siège point parmi les membres du conseil de revision, mais il doit avoir une place spéciale immédiatement à la droite du conseil.

Le président du conseil de revision donne au commandant du bureau de recrutement toute facilité pour choisir une place qui lui permette de remplir les fonctions spéciales que la loi lui assigne.

26. — Publicité des séances; elles doivent s'ouvrir à l'heure fixée.

Les séances des conseils de revision sont publiques. Il est essentiel qu'elles soient ouvertes à l'heure précise fixée par la convocation. Les procès-verbaux devront donc indiquer, non seulement les heures d'ouverture et de levée des séances, mais aussi celle de la convocation, et signaler les causes des retards qui auraient pu se produire.

27. — Présence et service de la gendarmerie.

Le président du conseil requiert l'officier de gendarmerie commandant l'arrondissement ou le sous-officier remplaçant ou suppléant l'officier commandant absent et le nombre de gendarmes qu'il juge nécessaire pour l'exécution de toutes les mesures qui intéressent la police des séances et l'accomplissement des prescriptions de la loi (1).

L'officier de gendarmerie ne peut se dispenser, sur la réquisition du préfet, d'assister en personne aux séances du conseil de revision.

Les militaires de la gendarmerie sont employés près du conseil pour assurer le bon ordre et prêter main-forte, au besoin, pour l'exécution de la loi. Un gendarme pourra être chargé de faire l'appel des jeunes gens, de prendre leur taille et leur poids et de donner ces indications au sous-officier de recrutement.

EXAMEN, RECTIFICATION ET CLÔTURE DES TABLEAUX DE RECENSEMENT.

28. — Lecture publique des tableaux de recensement.

Aussitôt après que le conseil de revision est constitué, le président fait lire à haute voix les tableaux de recensement de chaque commune du canton, dans l'ordre alphabétique des communes. Il provoque ensuite les observations ou réclamations des jeunes gens, de leurs représentants et des maires, tant au sujet des inscriptions opérées qu'à l'égard des omissions qui auraient pu se produire.

29. — Tableaux modifiés tant qu'ils ne sont pas définitifs.

Les tableaux de recensement n'étant définitifs qu'après avoir été arrêtés et signés par le conseil, assisté des maires, peuvent subir en séance toutes les modifications qu'exige la position des jeunes gens.

30. — Radiations à effectuer.

Sont rayés par le conseil des tableaux de recensement tous les jeunes gens qu'il juge avoir été inscrits contrairement à la loi, notamment :

1° Les individus décédés entre la date de leur inscription et celle de la clôture des tableaux;

2° Les individus signalés comme ayant été régulièrement inscrits au lieu de leur domicile légal dans un autre canton;

3° Les individus qui justifient, par la production de leur acte de naissance, avoir été inscrits avant l'âge légal;

---

(1) Modifié. (Circulaire du 19 octobre 1911.)

4° Les omis qui établissent, par la production de leur acte de naissance, avoir 49 ans révolus à l'époque de la clôture des tableaux;

5° Les jeunes gens résidant en Algérie, aux colonies ou dans les pays de protectorat, qui justifient avoir été inscrits au lieu de leur résidence (art. 13 de la loi);

6° Ceux qui produisent des pièces authentiques prouvant leur qualité d'étranger;

7° Les fils de Belges ou individus nés en Belgique qui, ayant été inscrits d'office avant 22 ans accomplis, justifient se trouver dans l'un des cas prévus à l'article 2 de la convention franco-belge du 30 juillet 1891;

8° Les jeunes gens établissant, par pièces authentiques, avoir droit au bénéfice de la convention franco-suisse du 29 juillet 1879;

9° Les Espagnols nés en France qui fournissent un certificat attestant qu'ils ont satisfait à la loi militaire espagnole et spécifiant la date et le lieu de leur tirage au sort en Espagne.

31. — Additions sur le tableau de recensement.

Le conseil de revision ajoute en séance, sur les tableaux de recensement, tous les jeunes gens qui sont dans le cas d'être inscrits et qui, pour un motif quelconque, ne l'auraient pas été encore.

32. — Clôture et signature des tableaux de recensement.

Ces modifications faites, le président du conseil de revision, après avoir proclamé qu'il y a conformité entre les tableaux de recensement communaux et le tableau de recensement cantonal où ils sont fusionnés, déclare que les tableaux de recensement sont définitivement clos, les signe et les fait signer par les membres du conseil et par les maires.

C'est sur le tableau cantonal ainsi arrêté et certifié que sont portées les décisions du conseil de revision.

VISITE DES JEUNES GENS.

33. — Ordre dans lequel sont visités les jeunes gens.

Le conseil de revision examine successivement les jeunes gens dans l'ordre des cantons fixé par l'itinéraire établi en exécution de l'article 4, et dans chaque canton dans l'ordre où ils figurent sur le tableau de recensement cantonal (modèle n° 12 annexé à l'instruction du 20 octobre 1905).

Il statue :

1° Sur les ajournés des classes précédentes;

2° Sur les jeunes gens de la classe en formation;

3° Sur les demandes de prolongation de sursis d'incorporation (art. 21 de la loi).

34. — Examen des ajournés.

Huit jours au moins avant l'ouverture de la session de revision, le préfet dresse par canton, dans l'ordre des naissances, la liste des ajournés de la classe antérieure inscrits dans la 5e partie de la liste de recrutement cantonal (art. 19 de la loi, 1er alinéa), ainsi que la liste par classe des jeunes gens du service auxiliaire inscrits dans la 6e partie (art. 19, 4e alinéa) [modèles nos 3 et 4 annexés à la présente instruction].

35. — Classement au point de vue des aptitudes physiques.

Avant de procéder à la visite médicale des jeunes gens, le président rappelle aux membres du conseil que, aux termes de l'article 18 de la loi du 21 mars 1905, les jeunes gens doivent être classés, au point de vue des aptitudes physiques, en quatre catégories, savoir :

1° Ceux qui sont reconnus bons pour le service armé;

2° Ceux qui, étant atteints d'une infirmité relative sans que leur constitution générale soit douteuse, sont reconnus bons pour le service auxiliaire;

3° Ceux qui, étant d'une constitution physique trop faible, sont ajournés à un nouvel examen;

4° Ceux chez qui une constitution générale mauvaise ou certaines infirmités déterminent une impotence fonctionnelle, partielle ou totale et qui sont exemptés de tout service militaire, soit armé, soit auxiliaire.

Le président du conseil appelle l'attention sur ce point que, aux termes de l'article 19 de la loi, les jeunes gens ajournés et classés l'année suivante dans le service auxiliaire, peuvent seuls, au bout de leur première année de service et après un nouvel examen, être classés pour leur deuxième année dans le service armé.

Il insiste sur l'intérêt qu'il y a, par suite, à ne classer d'emblée, dans le service auxiliaire d'où ils ne pourraient plus passer ensuite dans le service armé, que les jeunes gens dont l'aptitude physique n'est pas susceptible de s'améliorer avec le temps.

36. — Constatation de l'aptitude physique.

Les règles à suivre pour l'examen des jeunes gens sont tracées dans une instruction spéciale, en date du 22 octobre 1905, qui détermine les affections ou défectuosités physiques compatibles avec le service auxiliaire (1).

Les conseils de revision se montrent attentifs à éliminer les jeunes gens qui, en raison de leur constitution ou de leur prédisposition, ne témoignent pas d'une vigueur suffisante pour le service armé ou auxiliaire; ils veillent toutefois à n'écarter définitivement que les jeunes gens qui sont réellement incapables, sans espoir d'amélioration, de supporter les fatigues du service.

Dans l'intérêt de l'Etat, comme dans celui des particuliers, toute précipitation doit être évitée dans l'examen de l'aptitude physique. Il convient notamment de consacrer tout le temps nécessaire à une visite médicale approfondie des jeunes gens qui invoqueraient des maladies de la vue ou de la poitrine.

Il y aura lieu de soumettre au médecin chargé de la visite les déclarations et certificats à l'appui produits par application des derniers alinéas de l'article 10 de la loi. Les dossiers sanitaires des jeunes gens reconnus néanmoins bons pour le service devront être remis au commandant de recrutement, chargé de les transmettre en temps voulu aux corps d'affectation.

Tous les jeunes gens qui comparaissent doivent être examinés au point de vue du fonctionnement normal du cœur et des organes respiratoires (2).

Lorsqu'à la suite de cette première auscultation, un examen plus approfondi paraît nécessaire ou lorsqu'un examen spécial s'impose pour des affections des yeux, du nez ou des oreilles, ces opérations peuvent être effectuées par le médecin à la fin de la séance et, autant que possible, dans une salle appropriée, en présence d'un membre du conseil. Si un deuxième médecin assiste le conseil, ces examens peuvent avoir lieu, dans les mêmes conditions, au cours même de la séance (2).

Il importe, avant tout, d'éviter des examens précipités ou superficiels, qui peuvent conduire soit à admettre dans l'armée des jeunes gens physiquement insuffisants, soit à éliminer prématu-

---

(1) Voir l'instruction du 20 décembre 1916 (vol. 682).
(2) Circulaire du 10 janvier 1913 (*B. O.*, p. 8).

rément des hommes susceptibles de s'améliorer. Dans les cas de doute, les médecins n'hésiteront pas à proposer l'ajournement.

37. — Instruments destinés à la visite médicale.

Les instruments nécessaires à la visite médicale des jeunes gens sont :

1° La boîte d'instruments spéciaux affectée à chaque bureau de recrutement et qui doit suivre le conseil de revision dans toute sa tournée sous la responsabilité du commandant de recrutement.

Cette boîte contient les instruments ci-après (1) :

Ruban métrique;
Boîtes de verres ou disques optométriques;
Lunettes à verres colorés;
Echelle typographique;
Ophtalmoscope mobile;
Un crayon bleu;
Un crayon rouge;
Vingt pancartes en carton;
Un spéculum de Politzer en argent;
Un miroir frontal;
Une seringue à hydrocèle en ébonite;
Un stylet;
Un paquet de ouate hydrophile;
Un stéthoscope en bois;
Quatre verres à expériences;
Six tubes à essai;
Une lampe à alcool;
Un flacon d'acide acétique;
Un flacon d'acide azotique;
Deux flacons de réactif cupro-potassique;
Deux agitateurs en verre;
Un récipient pour faire chauffer de l'eau;
Une cuvette métallique.

2° Le double mètre étalonné que les maires des chefs-lieux de canton doivent toujours tenir à la disposition du conseil et qui doit le suivre si la visite est passée hors du chef-lieu de canton.

Chaque double mètre étalonné est gradué en centimètres et millimètres depuis la hauteur de 1 mètre. Il est poinçonné par le vérificateur des poids et mesures lors de sa tournée annuelle;

3° La bascule destinée à peser tous les jeunes gens qui se présentent devant le conseil de revision.

---

(1) Circulaire du 27 décembre 1911.

Les bascules sont transportées dans la salle des séances par les soins des maires des communes où siège le conseil de revision.

38. — Locaux où se passe la visite.

Le maire de la commune où siège le conseil de revision désigne les locaux où se fera la visite médicale. Ces locaux doivent être chauffés, une heure au moins avant le commencement de la visite.

Le maire fait installer en outre, s'il est possible, à proximité de la salle des séances, un cabinet noir pour l'examen approfondi des yeux.

39. — La visite médicale a lieu à huis clos.

La constatation de l'aptitude physique des jeunes gens a lieu à huis clos, mais en présence du conseil de revision tout entier.

Cette prescription, qui a pour but de soustraire les jeunes gens à une indiscrète curiosité, ne saurait être considérée comme contraire au principe de la publicité des séances du conseil de revision.

Le président du conseil de revision doit toutefois autoriser à assister à la visite, sur leur demande :

1° Le père ou le tuteur du jeune homme soumis à l'examen;

2° Les membres du Sénat ou de la Chambre des députés représentant la circonscription à laquelle appartient le jeune homme;

3° Le conseiller général et le conseiller d'arrondissement représentant le canton dans lequel la revision a lieu.

40. — Tous les jeunes gens doivent se faire visiter.

Tous les jeunes gens, sauf ceux dont l'exemption est prononcée pour infirmités, devant aujourd'hui le service militaire, ils ont un intérêt majeur à ne pas négliger de se présenter devant le conseil de revision.

En effet, les non-comparants sont déclarés *bons absents* et les bons absents ne peuvent être ultérieurement réformés que s'il est absolument impossible de les utiliser dans un service quelconque.

Les maires rappelleront ces dispositions aux jeunes gens, et notamment aux élèves admis aux écoles énumérées à l'article 23 de la loi, et qui n'ont pu, au moment de leur entrée à l'Ecole, contracter l'engagement spécial prévu par cet article.

41. — Cas où le conseil peut statuer en l'absence des jeunes gens.

Comme la loi laisse aux conseils de revision la faculté de déterminer, suivant les circonstances, le mode de visite des jeunes gens qui sont convoqués, ce conseil, en vertu de son pouvoir discrétionnaire, peut appliquer l'exemption à un individu absent dont l'inaptitude lui paraît suffisamment établie tant par les pièces produites que d'après les renseignements pris par l'administration locale. Cependant, afin d'éviter l'abus et la fraude, le conseil ne doit user de cette faculté que dans les cas qui sont de notoriété publique ou sur lesquels les justifications ne laissent aucune incertitude.

42. — Visite médicale des détenus.

Les détenus sont visités d'office dans le département de leur résidence.

A cet effet, les directeurs des maisons de détention adressent, chaque année, dès le commencement de janvier, au préfet du domicile légal, la liste des détenus appelés à comparaître devant le conseil de revision.

Le préfet du domicile, ainsi avisé, se concerte immédiatement avec le préfet de la résidence pour que ces détenus soient visités au chef-lieu du canton où se trouve le lieu de détention.

Le conseil de revision peut, à son gré et selon les circonstances, faire visiter les détenus à l'intérieur de la prison, par un médecin militaire assisté d'un officier de gendarmerie, ou les faire comparaître devant lui. Dans ce dernier cas, la sortie des détenus de la maison de détention s'effectue sous escorte.

DÉCISIONS DES CONSEILS DE REVISION.

43. — Nombre de voix nécessaire.

Le douzième alinéa de l'article 16 de la loi spécifie que, lorsque le conseil de revision se trouve réduit à quatre membres par une absence inopinée, il peut néanmoins délibérer; mais la loi subordonne expressément cette faculté à la présence du président, de l'officier général ou supérieur et de deux membres civils.

Dans ce cas, d'ailleurs, les décisions ne sont valables que si elles sont rendues à la majorité de trois voix; s'il y a partage, elles sont ajournées.

44. — Comment les voix sont recueillies.

Les voix sont recueillies en commençant par celle du membre qui prend séance le dernier (le conseiller d'arrondissement) et en remontant successivement jusqu'au président.

45. — Conseils seuls juges des documents.

Les droits des parties sont constatés par des certificats ou par des documents authentiques.

46. — Caractère définitif des décisions.

Aux termes de l'article 29 de la loi, les décisions du conseil de revision sont définitives, sauf dans les cas prévus ci-après (recours au Conseil d'Etat, revision par le conseil de revision lui-même).

Dès que le président a proclamé une décision, elle est acquise et ne peut plus être modifiée par le conseil dans la même séance ni dans la même session.

Aussi, afin d'entourer les droits de chacun de toutes les garanties désirables et d'éviter toute réclamation ultérieure, le président du conseil de revision questionnera les jeunes gens sur les demandes qu'ils pourraient avoir à formuler et invitera les maires à présenter, s'il y a lieu, leurs observations.

Mention des réponses faites aux questions posées sera insérée au procès-verbal, dans une colonne spéciale.

47. — Décisions déférées au Conseil d'Etat.

Les décisions du conseil de revision peuvent cependant être déférées au Conseil d'Etat, seulement dans les trois cas suivants déterminés par le législateur : incompétence, excès de pouvoir, ou violation de la loi.

Le préfet et le sous-intendant militaire signaleront dans le plus bref délai les décisions du conseil de revision qui ne leur paraissent pas fondées en droit, afin qu'elles puissent être utilement déférées au Conseil d'Etat, avant l'expiration du délai de deux mois, qui commence à courir du jour où la décision a été prise.

Le recours devant le Conseil d'Etat, n'ayant pas d'effet suspensif (art. 29 de la loi), ne saurait dans aucun cas faire suspendre la mise en route de l'appelé.

48. — Décisions revisées par le conseil de revision lui-même dans la session suivante.

L'article 29 de la loi permet aux conseils de revision de reviser, dans certains cas, les décisions par eux rendues précédemment.

La demande de revision ne peut être introduite que par le Ministre de la guerre, soit d'office, soit à la requête des intéressés, et pour les deux causes suivantes strictement déterminées par la loi précitée :

1° Erreur matérielle dans les pièces sur le vu desquelles la décision a été prise;

2° Défaut de justification imputable aux fonctionnaires ou agents civils et militaires chargés d'établir les pièces ou de les transmettre.

L'énumération précédente étant limitative, aucun inscrit se prétendant lésé par une décision du conseil de revision ne sera fondé à en demander la revision, quand cette décision sera la conséquence d'un défaut de justification de son droit, imputable à sa propre négligence, et non à celle des autorités chargées de l'établissement et de la transmission des pièces. Sera forclos, notamment, tout inscrit n'ayant présenté ni réclamation, ni pièces, au cours des diverses opérations (recensement, revision).

Il est bien entendu que la loi n'admet jamais les conseils de revision à reviser eux-mêmes les décisions dans lesquelles les intéressés relèveraient une erreur de droit quelconque, le Conseil d'Etat restant seul compétent en pareil cas (art. 29 de la loi).

Le Ministre de la guerre ayant seul qualité pour saisir les conseils de revision des demandes en revision, c'est à lui que le préfet ou les intéressés doivent adresser ces demandes, accompagnées de toutes les pièces requises pour en établir le bien fondé.

La demande, une fois déclarée recevable par le Ministre, est transmise au préfet qui la soumet, en principe, au conseil de revision le jour où il siège dans le canton auquel appartient le réclamant; elle peut être examinée dans la séance de clôture des opérations.

La décision, une fois revisée, est consignée sur le procès-verbal de la séance et reproduite sur les listes et contrôles où figure l'intéressé.

Le commandant du bureau de recrutement assistant au conseil de revision l'inscrit sur ses registres et la notifie immédiatement aux autorités militaires intéressées, en vue d'assurer les mesures d'exécution qu'elle comporte.

49. — Ajournement en cas de décision judiciaire à intervenir.

Lorsqu'un jeune homme forme une réclamation qui touche à son état ou à ses droits civils, ainsi que dans le cas prévu par les articles 4 et 5 et par le deuxième alinéa de l'article 6 de la loi, le conseil de revision se borne à constater l'aptitude au service du réclamant et ajourne sa décision à une séance ultérieure.

Le préfet s'assure immédiatement que le tribunal civil a été saisi par le réclamant; au besoin, il introduit l'instance et poursuit le jugement dans les conditions spécifiées par l'article 28 de la loi.

Si les tribunaux n'ont pas statué le 10e jour qui suit la date fixée par décret pour la fin de la tournée, le conseil rend à cette date, sur l'avis du préfet, une décision conditionnelle.

Lorsqu'un jeune homme aura été signalé comme ayant subi une condamnation à l'étranger et que le tribunal correctionnel n'a pas encore statué sur la régularité de cette condamnation, le conseil de revision ajournera également sa décision à une séance ultérieure.

50. — Délais accordés pour production de pièces ou pour se présenter.

Les jeunes gens peuvent obtenir du conseil de revision des délais soit pour se présenter, soit pour réunir, à l'appui des réclamations par eux formulées, les pièces justificatives qu'ils n'auraient pu se procurer au jour de la séance.

51. — Durée de ces délais et décision à prendre pour les absents.

Les conseils de revision convoquent, pour telle séance qu'ils jugent convenable, les jeunes gens auxquels ils accordent des délais soit pour se présenter, soit pour production de pièces. Ces délais devront être accordés dans une large mesure, sans toutefois s'étendre au delà du 10e jour qui suit la date fixée par décret pour la fin de la tournée, jour où les conseils de revision se réunissent au chef-lieu de département pour prononcer la clôture de leurs opérations.

La séance de clôture ne pouvant jamais être placée avant ou après ce 10e jour, les jeunes gens qui auraient obtenu un délai jusqu'à cette extrême limite et qui ne se seraient pas présentés devant le conseil de revision seront considérés comme aptes au service armé (art. 17 de la loi).

52. — Constatation de l'identité du jeune homme qui se présente après avoir obtenu un délai.

Quand le conseil de revision statue sur les jeunes gens auxquels des délais ont été accordés, il s'assure de leur identité, afin d'éviter des substitutions de personnes, d'autant plus faciles que l'appelé se présente alors dans un canton où il n'est souvent pas connu.

OMIS.

53. — Décisions du conseil de revision à l'égard des omis.

L'article 16 (17e alinéa et suivants) de la loi attribue au conseil de revision une compétence spéciale en ce qui concerne les omis.

Il doit notamment statuer sur la recevabilité des excuses présentées par les omis de l'article 15 qui ont déposé à la mairie ou à la préfecture, huit jours avant la réunion du conseil de revision dans le canton, une demande tendant à faire excuser leur omission.

Après avoir examiné les circonstances de l'omission, et selon qu'il aura relevé un fait indépendant de la volonté, une négligence grave ou une intention frauduleuse, le conseil de revision prendra l'une des trois décisions suivantes :

1° Omis excusé;

2° Omis non excusé;

3° Omis déféré aux tribunaux par application de l'article 79 de la loi.

Les omis non excusés par le conseil et les omis condamnés par les tribunaux sont annotés comme devant être incorporés dans les troupes coloniales et pourront être envoyés aux colonies.

L'article 15 de la loi stipule que les omis âgés de moins de 49 ans accomplis à l'époque de la clôture des tableaux de recensement sont soumis à toutes les obligations qu'ils auraient eu à accomplir s'ils avaient été inscrits en temps utile.

En conséquence, le conseil de revision ne doit dans aucun cas annoter un omis comme marchant avec une classe autre que sa classe de recrutement.

JEUNES GENS EXAMINÉS AU LIEU DE LEUR RÉSIDENCE.

54. — Convocation des jeunes gens étrangers au département.

Les jeunes gens qui ont été autorisés à se faire visiter hors de leur département sont convoqués par le préfet du département de la résidence pour la première séance que le conseil de revision tient au chef-lieu, quelle que soit la résidence des jeunes gens dans le département.

Si les jeunes gens à examiner sont en trop grand nombre, le conseil de revision consacre plusieurs séances à leur visite.

Rien ne s'oppose même à ce que ces jeunes gens soient examinés quelques jours avant l'époque fixée pour le commencement des opérations, afin que le conseil de revision du domicile soit mis en mesure de statuer à leur égard sans être obligé de leur accorder un délai.

55. — Constatation de leur identité.

Lorsque les jeunes gens se présentent, ils doivent être munis de toutes les pièces authentiques qui peuvent servir à constater leur identité et à justifier qu'ils sont réellement en résidence dans le département.

56. — Mesures à prendre en cas de doute sur leur identité.

Si leur identité ne paraît pas complètement établie, le conseil de revision s'abstient de donner un avis sur leur aptitude physique.

Dans ce cas, il transmet immédiatement l'extrait du tableau de recensement au préfet du domicile, après y avoir consigné les circonstances qui laissent des doutes sur l'identité; il renvoie en même temps les jeunes gens devant le conseil de revision de leur domicile.

57. — Le conseil de revision du domicile peut seul statuer.

Le conseil de revision de la résidence est appelé à donner simplement *un avis*. C'est au conseil de revision du domicile seul qu'il appartient, d'après la loi, de prendre une décision pour accorder ou refuser l'exemption, l'ajournement, etc. Ce dernier conseil peut donc toujours, dans l'intérêt des jeunes gens comme dans l'intérêt de l'armée, examiner de nouveau le jeune homme qui a été visité au lieu de sa résidence et qui se présente devant lui en temps utile.

Le conseil de revision de la résidence lui demande s'il a l'intention de solliciter l'ajournement prévu à l'article 19 de la loi, ou l'un des sursis prévus par les articles 20 et 21 de la loi, et il lui indique, s'il y a lieu, les pièces à produire, en insistant sur la nécessité de transmettre sans retard ces pièces au conseil de revision du domicile, seul compétent pour statuer.

Mention de la question posée et de la réponse faite par l'intéressé est portée sur l'extrait du tableau de recensement qui a été envoyé par le préfet du domicile légal.

58. — Renvoi des pièces.

Le préfet du département de la résidence doit renvoyer au préfet du département du domicile les pièces qui lui ont été transmises, avec l'*avis* du conseil de revision, dans les deux jours qui suivent la date fixée pour la visite des jeunes gens. Le signalement des individus examinés y sera mentionné. Dans le cas où ces pièces ne seraient pas parvenues au conseil de revision du domicile de l'inscrit le jour où est visité son canton, ce conseil ajournera sa décision à la séance de clôture et provoquera, pendant ce délai, l'envoi des documents nécessaires.

59. — Le conseil de revision de la résidence n'accorde pas de délai.

Le conseil de revision de la résidence n'a point à accorder de délai à ces jeunes gens. S'ils ne se rendent pas à la séance, leur non-comparution est constatée sur l'extrait des tableaux de recensement, qui doit toujours être renvoyé au préfet du département de leur domicile, à l'époque indiquée ci-dessus.

EXEMPTIONS.

60. — Avis du médecin sur les infirmités motivant l'exemption.

Le conseil de revision ne peut accorder l'exemption que pour infirmités incompatibles avec le service militaire et après avoir entendu l'avis du médecin, qui, avant examen, s'informera toujours de la profession du jeune homme.

Le président donne aux médecins tout le temps nécessaire pour qu'ils puissent procéder à un examen très attentif. Il veille à ce que ces médecins exposent au conseil les caractères des infirmités constatées, avec toute la netteté possible, pour l'éclairer sur les causes qui motivent l'exemption de préférence à l'ajournement ou au classement dans le service auxiliaire.

61. — Infirmités qui motivent l'exemption ou l'affectation au service auxiliaire.

L'instruction sur l'aptitude physique fait connaître les infirmités qui rendent absolument impropre au service militaire et doivent motiver l'exemption, ainsi que les infirmités qui permettent aux jeunes gens de faire partie du service auxiliaire de l'armée.

62. — Visite à domicile.

Quand un jeune homme établit par documents authentiques qu'il est atteint d'une maladie ou d'une infirmité le mettant dans l'impossibilité matérielle absolue de se rendre devant le conseil de revision, un délai doit lui être accordé si les motifs allégués permettent d'espérer qu'il pourra comparaître en personne. Dans le cas contraire, le conseil autorise la visite du réclamant à domicile par un médecin militaire assisté d'un officier de gendarmerie.

Le préfet avise de cette autorisation le général commandant la subdivision, qui désigne le médecin et l'officier chargés de cette mission.

Dans le département de la Seine, le général commandant le département peut désigner, à défaut d'officiers de gendarmerie retenus pour le besoin du service, des officiers de la garde républicaine.

63. — Enquêtes à faire pour les infirmités faciles à simuler.

Lorsque l'exemption est demandée pour surdité, bégaiement, épilepsie, etc., et généralement pour les cas où l'infirmité, n'étant pas apparente, peut être facilement simulée, les conseils de revision doivent suspendre leur décision et faire procéder à des investigations scrupuleuses et à des enquêtes sur place, afin d'être complètement éclairés sur la réalité des infirmités alléguées.

64. — Les jeunes gens ne peuvent être envoyés dans les hôpitaux.

Ils ne peuvent, cependant, dans aucun cas, envoyer un jeune homme à l'hôpital pour y être placé en observation.

65. — Certificat à délivrer aux exemptés.

L'homme exempté pour infirmités doit, aux termes de l'article 18 de la loi, recevoir un certificat pour justifier de sa situation, tant vis-à-vis de l'autorité militaire que de l'autorité civile.

Ce certificat, établi par le préfet sur papier libre, est conforme au modèle n° 5 annexé à la présente instruction.

Les commandants des bureaux de recrutement tiennent un contrôle des hommes exemptés (1).

---

(1) Circulaire du 7 juillet 1914 (*B. O.*, p. 1245).

AJOURNEMENTS.

66. — Conditions de l'ajournement.

L'ajournement n'ayant plus pour effet, comme sous le régime de la loi du 15 juillet 1889, de réduire le temps de service actif, le conseil de revision ne devra pas hésiter à ajourner les jeunes gens dont l'état physique, laissant à désirer au moment de leur comparution, paraît susceptible de s'améliorer.

Il ne devra cependant pas perdre de vue l'intérêt que les jeunes gens peuvent avoir à s'acquitter le plus tôt possible de leurs obligations militaires. Il s'abstiendra donc de prononcer l'ajournement des jeunes gens dont la faiblesse relative serait due à des circonstances passagères et qui semblerait de nature à disparaître dans le temps qui sépare les opérations du conseil de revision de la date de l'incorporation. D'autant plus que, si ces prévisions ne s'étaient pas réalisées, les jeunes gens pourront toujours être réformés temporairement à leur arrivée au corps.

Sauf le cas prévu au 4e alinéa de l'article 19 de la loi, c'est-à-dire quand un jeune homme, classé dans le service auxiliaire, demande à être ajourné successivement jusqu'à 25 ans, l'ajournement ne peut être prononcé qu'une fois. Par conséquent, à la deuxième comparution d'un ajourné, le conseil de revision doit prononcer soit son exemption, soit son classement dans le service auxiliaire ou dans le service armé.

67. — Ajournement à motiver.

Le médecin militaire, en proposant l'ajournement, devra faire ressortir les motifs qui le portent à considérer l'homme comme pouvant, pendant la durée de l'ajournement, acquérir l'aptitude au service qui lui manque.

68. — Examen des ajournés.

A. — Ajournés autorisés à se présenter l'année suivante dans d'autres départements.

Le préfet du domicile peut accorder aux ajournés l'autorisation de se présenter devant un conseil de revision autre que celui devant lequel ils ont comparu, dans les conditions prévues pour les jeunes gens du contingent qui demandent à se faire visiter au lieu de leur résidence.

Les autorisations de visite et les visites s'effectuent suivant les règles tracées par la présente instruction et celle du 20 octobre 1905 sur l'établissement des tableaux de recensement.

B. — Ajournés examinés durant la session extraordinaire des conseils de revision.

Dans le but de ne pas retarder au delà du strict nécessaire le service militaire des ajournés, les conseils de revision, réunis en session extraordinaire du 24 août au 4 septembre de chaque année, doivent visiter ceux d'entre eux qui, depuis leur ajournement, se croiraient dans un meilleur état de santé et demanderaient à être visités de nouveau.

Les demandes doivent parvenir à la préfecture du département du domicile des intéressés le 14 août au plus tard.

Les frais de déplacement au chef-lieu du département sont entièrement à la charge des jeunes gens.

Pour ce deuxième examen en session extraordinaire, il ne doit pas être accordé d'autorisation de visite au lieu de la résidence.

En outre, les préfets sont invités à fixer, autant que possible, l'ouverture de cette session extraordinaire à une date plus rapprochée du 4 septembre que du 24 août.

69. — Délivrance d'un certificat aux ajournés.

D'après l'article 18 de la loi, l'ajourné doit recevoir un certificat constatant sa situation (modèle n° 6).

Ce certificat est délivré par le commandant de recrutement.

Dans le cas prévu au 4e alinéa de l'article 19 de la loi, mention est faite sur ce certificat des ajournements successifs.

Lorsque l'ajourné est exempté, il reçoit un certificat d'exemption dans les conditions de l'article 65 qui précède.

Dans le cas, au contraire, où il est reconnu propre au service armé ou au service auxiliaire, le commandant du bureau de recrutement lui retire le certificat.

SERVICE AUXILIAIRE.

70. — Jeunes gens à classer dans le service auxiliaire.

En exécution des articles 18 et 19 de la loi, le conseil de revision classe dans le service auxiliaire, après ou sans ajournement, les jeunes gens qui sont reconnus atteints d'une infirmité relative sans que leur constitution générale soit douteuse.

Il s'inspire, pour décider ou différer l'appel sous les drapeaux, des considérations développées à l'article 35 qui précède.

71. — Utilisation des hommes classés dans le service auxiliaire.

Les hommes du service auxiliaire rempliront les emplois tenus jusqu'ici par des hommes du service armé, qui étaient seuls incorporés en temps de paix :

1° Soit dans les corps de troupe, et lors de la mobilisation dans les dépôts ou sur le territoire;

2° Soit dans les établissements et services spéciaux (écoles, établissements de l'artillerie, du génie, de l'intendance, etc.);

3° Soit dans les sections de secrétaires d'état-major et du recrutement, de commis et ouvriers militaires d'administration ou d'infirmiers.

D'après ces données, le conseil de revision s'inspirera, pour désigner les jeunes gens aptes au service auxiliaire, tant de l'avis du médecin que des prescriptions de l'instruction sur l'aptitude physique.

72. — Ajournements renouvelables des jeunes gens classés dans le service auxiliaire.

Comme il est dit au titre des *ajournements* (art. 66 et 69 qui précèdent), les jeunes gens classés dans le service auxiliaire pourront obtenir des ajournements renouvelables d'année en année jusqu'à 25 ans, s'ils demandent à être, en cas d'aptitude physique, admis ultérieurement dans le service armé. Ils devront présenter leur demande écrite au maire de leur commune dans les huit jours qui suivront la séance du conseil et le président du conseil de revision aura soin d'appeler leur attention sur ce point.

Il est statué sur leur demande dans la séance de clôture.

Ces ajournements ne peuvent, en aucun cas, dispenser les jeunes gens qui en sont l'objet des deux années de service prescrites par la loi, qu'ils les accomplissent, soit dans le service armé, soit dans le service auxiliaire.

Les jeunes gens ainsi ajournés sont inscrits par le conseil de revision sur la 6e partie de la liste de recrutement cantonal (art. 30 de la loi), tandis que ceux qui ne réclament pas le même bénéfice sont portés dans la 2e partie de la liste.

Chaque année, le conseil devra examiner les jeunes gens ainsi ajournés, en leur demandant s'ils veulent que leur ajournement soit renouvelé. Dans la négative, le commandant de recrutement prendra les mesures nécessaires pour les faire incorporer en même temps que les jeunes gens du contingent.

SOUTIENS DE FAMILLE.

73. — Désignation des soutiens de famille.

La désignation des soutiens de famille n'étant pas faite par le conseil de revision, mais par un conseil spécial constitué à cet effet par l'article 22 de la loi du 21 mars 1905, la procédure à suivre en la matière fait l'objet d'une instruction particulière.

SURSIS.

74. — Deux sortes de sursis.

Le conseil de revision peut accorder deux sortes de sursis :

1° Le sursis d'incorporation à l'un des deux frères, en attendant la libération de l'autre (art. 20 de la loi);

2° Le sursis renouvelable jusqu'à 25 ans dans un intérêt de famille ou de carrière (art. 21 de la loi).

Ces sursis peuvent être accordés à tous les jeunes gens indifféremment, classés dans le service armé ou dans le service auxiliaire.

Les jeunes gens qui renoncent au sursis devant les commandants de recrutement sont immédiatement signalés par ces officiers supérieurs aux préfets, au fur et à mesure de la réception des renonciations.

75. — Sursis d'incorporation pour l'un de deux frères (art. 20 de la loi).

Le sursis d'incorporation en attendant la libération d'un frère peut être accordé :

1° A l'un ou à l'autre des deux frères, à leur choix, inscrits la même année sur la liste du recrutement cantonal ou faisant partie du même appel, et, en cas de désaccord entre eux, au plus jeune, sur sa demande;

2° A l'inscrit qui, au moment où le conseil de revision est appelé à statuer sur sa demande, aura un frère servant comme appelé (mais non comme engagé).

Pour la concession de ce sursis, il n'y a pas lieu de distinguer entre les frères germains, consanguins, utérins ou naturels reconnus. Ils forment tous une seule et même famille.

Les omis peuvent également bénéficier du sursis, la loi ne formulant à leur égard aucune exclusion.

76. — Pièces à produire pour le sursis de l'article 20.

Le candidat au sursis de l'article 20 de la loi doit produire son dossier de manière qu'il puisse être examiné par le conseil de revision siégeant au canton.

Quant aux sursis qui n'auront pu être demandés au conseil de revision, en session ordinaire ou extraordinaire, ils seront accordés par le général commandant la subdivision.

Le candidat qui n'a pas produit sa demande de sursis au conseil de revision, en session ordinaire ou extraordinaire, doit adresser sa demande, par l'intermédiaire de la gendarmerie, au commandant du bureau de recrutement dont il relève. Cet officier supérieur, après s'être assuré que la réclamation réunit les conditions exigées, établit un titre spécial conforme au modèle n° 9 annexé à l'instruction du 16 avril 1910 relative à l'affectation des jeunes soldats, à l'appel et à la libération des classes, et le soumet, avec la demande, à la signature du général commandant la subdivision.

Il ne s'agit, en effet, dans ce cas, que d'une constatation de fait, sans appréciation de circonstances quelconques.

Le dossier comprend :

1° La demande écrite et signée de l'intéressé (modèle n° 7);

2° Des extraits des actes de naissance des deux frères, établis strictement dans les conditions prévues par l'article 57 du Code civil complété par la loi du 30 novembre 1906 (1);

3° Les certificats d'inscription des deux frères sur les tableaux de recensement établis par le maire de la commune et, le cas échéant, le certificat d'ajournement de l'un d'eux.

Dans le cas où le sursis est réclamé à titre de frère d'un soldat servant comme appelé au moment des opérations de la revision, la quatrième pièce susvisée est remplacée par un certificat de présence sous les drapeaux du frère déjà incorporé (modèle n° 8).

---

(1) La loi du 30 novembre 1906 (*Bulletin des lois*, 1er sem. 1907, p. 793) prescrit de ne plus délivrer de copies *in extenso* d'actes de naissance qu'au procureur de la République, à l'enfant, à ses ascendants et descendants en ligne directe, au conjoint, au tuteur ou au représentant légal, s'il est mineur ou incapable.

77. — Sursis renouvelable jusqu'à 25 ans (art. 21 de la loi).

Un sursis renouvelable d'année en année jusqu'à l'âge de 25 ans peut être accordé aux jeunes gens classés, soit dans le service armé, soit dans le service auxiliaire, qui le demandent dans un intérêt de famille, d'études, d'apprentissage, d'exploitation agricole, industrielle et commerciale, ou en raison de leur résidence à l'étranger.

L'âge de l'intéressé doit être envisagé au 1er octobre de l'année du départ de la classe avec laquelle il doit être incorporé.

En conséquence, les conseils de revision peuvent accorder des sursis aux jeunes gens âgés de 25 ans, à la condition qu'ils ne doivent pas entrer dans leur vingt-sixième année le 1er octobre de l'année où les conseils de revision statuent.

Les jeunes gens se destinant à l'une des écoles énumérées à l'article 23 de la loi peuvent obtenir un sursis dans l'intérêt de leurs études; mais le sursis ne peut leur être accordé que jusqu'à l'âge de 22 ou de 23 ans, selon que la durée des cours de l'école visée est de trois ou de deux ans, de façon que, défalcation faite de ces années d'école, les jeunes gens puissent être incorporés dans un corps de troupe à 25 ans.

La demande de sursis (modèle n° 7) doit être appuyée d'un certificat (modèle n° 9) établi :

1° Par les maires, dans le cas d'intérêt de famille, d'exploitation agricole, commerciale ou industrielle, tenue par eux ou par leurs parents;

2° Par les patrons en cas d'apprentissage;

3° Par les directeurs d'écoles, doyens de facultés, proviseurs de lycées ou principaux de collèges, dans le cas d'études;

4° Par nos agents diplomatiques ou consulaires dans le cas de résidence à l'étranger.

La demande avec son annexe doit être adressée par le candidat au maire de la commune où il a été inscrit, dès la publication des tableaux de recensement.

La demande, instruite dans les formes déterminées par l'article 21 de la loi, est souverainement jugée par le conseil de revision.

Les demandes de sursis d'incorporation prévues par ledit article 21, qui n'auraient pu être formulées au cours de la session ordinaire du conseil de revision cantonal, sont examinées dans la session extraordinaire tenue du 24 août au 4 septembre de chaque année.

Ces demandes, formées et instruites dans la forme indiquée ci-dessus, doivent indiquer le motif de leur production tardive. Elles doivent parvenir à la préfecture le 24 août au plus tard.

Immédiatement après la réunion du conseil de revision, le préfet adresse directement à chaque commandant de bureau de recrutement la liste des jeunes gens auxquels le conseil de revision a accordé un sursis d'incorporation, pour les cantons compris dans sa subdivision.

En cas de résidence à l'étranger, la demande initiale de sursis est renouvelable par tacite reconduction et reste valable jusqu'à ce que l'intéressé ait atteint l'âge de 25 ans, sauf renonciation expresse de sa part.

Toutefois, le commandant de recrutement doit demander chaque année, en temps utile, au consul intéressé le certificat de position modèle n° 9 et soumettre en séance ce document au conseil de revision, qui statue sur le renouvellement du sursis.

Cet officier supérieur notifie immédiatement à l'intéressé, par la voie diplomatique, la décision du conseil de revision.

Dans le cas où le titulaire d'un sursis d'incorporation désirerait y renoncer, il doit en informer immédiatement le commandant de recrutement qui lui a transmis l'avis du sursis, afin de n'éprouver aucun retard dans l'accomplissement de ses obligations militaires.

78. — Inscription des bénéficiaires de sursis.

Aux termes de l'article 30 de la loi, le conseil de revision inscrit sur la 7e partie de la liste de recrutement les jeunes gens qui ont obtenu un sursis conformément aux articles 20 et 21.

Sont compris dans cette 7e partie tous les jeunes gens ayant obtenu des sursis des articles 20 et 21, mais dans deux colonnes distinctes, selon qu'ils appartiennent au service armé ou au service auxiliaire.

78 *bis*. — Notification des décisions du conseil de revision concernant les jeunes gens du contingent résidant à l'étranger.

Les jeunes gens du contingent en résidence régulière à l'étranger qui ont obtenu l'autorisation de se faire visiter au lieu de leur résidence et ceux qui ont sollicité un sursis d'incorporation (art. 20 et art. 21 de la loi du 21 mars 1905) doivent être informés sans retard par les préfets des décisions prises à leur égard par le conseil de revision.

JEUNES GENS ANNOTÉS COMME LIÉS AU SERVICE.

79. — Inscription sur la 3e partie de la liste de recrutement.

Sont inscrits comme déjà liés au service sur la 3e partie de la liste de recrutement cantonal, sur production d'une pièce justificative émanant de l'autorité militaire locale dont ils dépendent :

1° Les jeunes gens servant comme engagés volontaires, soit dans les écoles désignées aux articles 23 et 26 de la loi, soit dans les corps de troupe, sauf s'ils ont été mis en réforme (auquel cas il est procédé comme il est dit au n° 80 ci-après);

2° Les officiers de l'armée active, les médecins ou vétérinaires qui se trouvent dans les conditions prévues par l'article 25 de la loi;

3° Les jeunes gens qui sont liés au service dans les armées de terre ou de mer en vertu d'un brevet ou d'une commission;

4° Les jeunes marins portés définitivement sur les registres matricules de l'inscription maritime et qui sont à la disposition du Ministre de la marine.

En ce qui concerne ces derniers, il convient de remarquer que, si l'inscription n'est pas définitive le jour de la séance de clôture des opérations de la revision, le conseil doit les classer dans la 1re partie de la liste (art. 14 de la loi du 24 décembre 1896). Par suite, quand le conseil est saisi d'une demande d'un de ces jeunes gens non appuyée de pièces justificatives, il ajourne *de droit* sa décision à la séance de clôture.

80. — Engagé réformé n° 1 ou n° 2, ou rayé par annulation d'engagement.

L'engagé volontaire renvoyé dans ses foyers en congé de réforme n° 2 ou par suite de l'annulation de son acte d'engagement et appelé plus tard à concourir à l'établissement des tableaux de recensement de sa classe, ne saurait être inscrit sur la 3e partie de la liste du recrutement. Le conseil de revision doit agir à son égard comme s'il n'avait pas appartenu à l'armée (art. 27 de la loi). Toutefois, le temps passé par lui sous les drapeaux est déduit du temps de service à accomplir.

L'engagé volontaire réformé n° 2 et reconnu ultérieurement bon pour le service armé ou auxiliaire par le conseil de revision, doit être maintenu dans ses foyers lorsqu'il a moins de trois mois à accomplir pour compléter deux années de service.

Quant à celui qui, pendant la durée de son engagement, a été réformé pour blessures reçues ou pour infirmités contractées dans les armées de terre ou de mer, il doit être porté sur le tableau de recensement avec la mention :

« *Dégagé de toute obligation militaire, a produit un congé de réforme n° 1.* »

81. — **Engagé par devancement d'appel réformé temporairement.**

D'après la jurisprudence, le réformé temporaire n'est pas considéré comme présent sous les drapeaux. Par suite, le jeune homme qui, ayant contracté un engagement de trois ans avec faculté de renvoi après deux ans, aurait été réformé temporairement doit être convoqué devant le conseil de revision, qui statue à son égard comme s'il n'avait pas été incorporé. La décision rendue annule celle qui avait été prise par la commission de réforme et doit être appliquée avec toutes ses conséquences par le commandant de recrutement lors de l'appel de la classe à laquelle appartient le jeune homme.

Comme pour les engagés volontaires visés à l'article précédent, le temps passé sous les drapeaux avant la réforme temporaire est déduit du temps de service actif à accomplir.

Toutefois, l'engagé volontaire par devancement d'appel réformé temporairement pour maladie contractée au service, puis appelé avec sa classe par décision du conseil de revision, peut être renvoyé sur sa demande à l'expiration de sa deuxième année de service (temps passé en réforme temporaire compté dans ce cas comme service accompli) s'il a obtenu le certificat d'aptitude à l'emploi de chef de section et pris l'engagement d'accomplir les périodes d'exercices supplémentaires prévues par l'article 50 de la loi de recrutement (1).

Si la maladie ayant provoqué la réforme temporaire est antérieure à l'incorporation ou contractée hors du service, les règles ci-dessus sont applicables à l'engagé par devancement d'appel, mais en ce cas le temps passé en congé de réforme temporaire n'est pas compté comme service accompli (1).

82. — **Engagé présent au drapeau.**

Aux termes de l'article 27 de la loi, l'engagé volontaire présent au drapeau doit être considéré comme ayant satisfait à l'appel de sa classe.

---

(1) Circulaire du 10 juin 1912 (*B. O.*, p. 1773).

En conséquence, il n'a pas à être convoqué devant le conseil de revision qui se borne à l'inscrire, sur le vu des pièces transmises par le corps, dans la 3e partie de la liste du recrutement.

EXCLUS DE L'ARMÉE.

83. — Individus exclus de l'armée comme ayant subi l'une des condamnations prévues à l'article 4 de la loi.

Les inscrits ayant subi l'une des condamnations énumérées à l'article 4 de la loi comme entraînant l'exclusion de l'armée sont examinés par le conseil de revision, quant à l'aptitude physique, comme les autres inscrits, mais sont tous classés dans la 4e partie de la liste du recrutement.

Le préfet fera toutes diligences pour obtenir en temps utile des autorités compétentes le bulletin de condamnation des hommes signalés comme ayant des antécédents judiciaires.

Les exclus sont mis, soit pour leur temps de service actif, soit en cas de mobilisation, à la disposition des Départements de la guerre et des colonies, qui les utilisent en dehors des cadres de l'armée.

JEUNES GENS PRÉVENUS DE S'ÊTRE RENDUS IMPROPRES AU SERVICE.

84. — Fraudes en matière de recrutement.

Lorsqu'un jeune homme paraît s'être mutilé ou avoir provoqué une infirmité, soit temporaire, soit permanente, dans le but de se soustraire à ses obligations militaires, le conseil de revision déclarera conditionnellement s'il est ou non propre au service et le déférera aux tribunaux.

Mais il ne prendra de décision définitive sur son aptitude qu'après le prononcé du jugement. Le condamné ne sera pas exempté. Il est à remarquer que la loi du 21 mars 1905 ne prévoit pas de peine pour la simple tentative de délit.

85. — Condamnations.

Le préfet notifie immédiatement les condamnations aux généraux commandant les subdivisions, en leur faisant connaître la peine prononcée, le lieu où elle est subie, et la date à laquelle a commencé la détention.

86. — Destination à donner aux jeunes gens condamnés.

Les généraux de brigade prescrivent les mesures nécessaires pour qu'à leur sortie de prison les jeunes gens soient, sans délai, dirigés sur les sections spéciales (mutilés).

87. — Jeunes gens condamnés pour faits postérieurs à la revision.

Cette dernière disposition sera également appliquée aux jeunes gens qui, dans l'intervalle de la clôture de la liste cantonale à leur mise en activité, auront, pour le même délit, été déférés aux tribunaux par l'autorité militaire et auront été condamnés.

ÉTABLISSEMENT DE LA LISTE DE RECRUTEMENT CANTONAL.

88. — Procès-verbal des séances.

Il est tenu, sur un registre coté et parafé à l'avance, procès-verbal des opérations effectuées dans chaque canton par le conseil de revision (modèle n° 10).

Ce procès-verbal indique la date et l'heure de l'ouverture de la séance, l'heure pour laquelle la convocation avait été faite, les circonstances qui auraient pu motiver un retard, les noms et qualités des membres du conseil, ainsi que des fonctionnaires civils ou militaires qui ont assisté à la séance en exécution de l'article 16 de la loi.

Il mentionne, en outre, les décisions rendues à l'égard de chacun des jeunes gens, l'avis du médecin militaire, les observations du sous-intendant, les incidents qui peuvent s'être produits et l'heure à laquelle la séance a été levée.

Il est lu en séance publique.

Le procès-verbal est signé par les membres du conseil de revision, par le sous-intendant et par le médecin militaire.

Une copie, sous format réduit, des procès-verbaux des séances du conseil de revision sera adressée au Ministre (Direction du Service de santé), dès que la tournée des conseils de revision sera terminée, et au plus tard pour le 1er juillet (1).

89. — Liste de recrutement cantonal.

La liste de recrutement cantonal est préparée à l'avance par les soins du préfet. Elle est constituée par l'adjonction, à chaque page du tableau de recensement cantonal, d'un feuillet (modèle

(1) Circulaire du 10 janvier 1913.

n° 11) formant corps avec ce tableau, et divisé en sept parties, en exécution des prescriptions de l'article 30 de la loi.

Comme il est dit à l'article 32 de la présente instruction, mention est faite, dans la colonne 16 (ou 17) du tableau cantonal, des décisions rendues à l'égard de chacun des jeunes gens maintenus sur les tableaux de recensement.

A l'expiration des délais qui peuvent avoir été accordés aux jeunes gens, et qui, dans aucun cas, ne sauraient se prolonger au delà du dixième jour qui suit la date fixée par décret pour la fin de la tournée de revision (n° 51 de la présente instruction), le conseil clôt et arrête les listes de recrutement cantonal.

Cette opération est constatée par une délibération conçue dans les termes suivants, et inscrite tant au procès-verbal des séances du conseil que sur la feuille qui enveloppera chacune des listes cantonales.

CLASSE

DÉPARTEMENT d

CANTON d

LISTE DE RECRUTEMENT CANTONAL.

Après s'être fait représenter les procès-verbaux des séances en date des dans lesquelles il a été statué sur les jeunes gens maintenus définitivement sur les tableaux de recensement de la classe de 19 du canton d , tant sur ceux auxquels des délais ont été accordés que sur ceux qui n'en ont pas obtenu, le conseil de revision a constaté, conformément au vœu de la loi, que la présente liste reproduit avec exactitude les décisions rendues à l'égard des jeunes gens dont il s'agit.

En conséquence, les membres soussignés du conseil de revision déclarent close et arrêtée la liste de recrutement du canton de , dont les sept parties, aux termes de l'article 30 de la loi du 21 mars 1905, se décomposent ainsi .

1re PARTIE.	**Jeunes gens déclarés propres au service armé, y compris les sieurs à l'égard desquels il ne pourra être statué définitivement qu'à l'issue des instances actuellement pendantes devant les tribunaux, et sauf ceux visés au paragraphe 7° ;**
2e PARTIE.	**Jeunes gens classés dans le service auxiliaire, y compris les sieurs à l'égard desquels (*comme pour la 1re partie*), et sauf ceux visés aux paragraphes 6° et 7° ;**
3e PARTIE.	**Jeunes gens liés au service en vertu d'un engagement volontaire, d'un brevet ou d'une commission et les jeunes marins inscrits ;**
4e PARTIE.	**Jeunes gens exclus en vertu des dispositions de l'article 4 de la loi ;**

A reporter :

Report :

5e PARTIE.	Jeunes gens ajournés d'office conformément au 3° de l'article 18 de la loi;	
6e PARTIE.	Jeunes gens qui, classés dans le service auxiliaire, ont obtenu sur leur demande un ajournement, conformément au 4e alinéa de l'article 19 de la loi;	
7e PARTIE.	Jeunes gens du service armé. . . . . Jeunes gens du service auxiliaire.	qui ont obtenu un sursis, conformément aux articles 20 et 21 de la loi.
TOTAL...	égal au chiffre des jeunes gens maintenus sur les tableaux de recensement rectifiés par le conseil de revision, déduction faite de exemptés.	

Après quoi, dépôt de la présente liste a été fait entre les mains de M. le préfet du département d

A , le 19 .

(*Suivent les signatures.*)

COMPTES A RENDRE.

90. — Les préfets adressent chaque année au Ministre de la guerre un rapport sur les opérations de la revision, accompagné d'un compte numérique et sommaire sur les jeunes gens de la classe et sur les ajournés des classes précédentes.

Des imprimés pour l'établissement des documents dont il s'agit sont transmis annuellement à ces fonctionnaires.

DÉPARTEMENT
D

CANTON
d

COMMUNE
d

Numéro d'ordre au tableau de recensement cantonal (1):

RÉPUBLIQUE FRANÇAISE.

MODÈLE Nº 1.

Art. 2 de l'instruction du 29 décembre 1905.

CLASSE DE 192 .

CONVOCATION

devant le conseil de revision, adressée par le Préfet, et notifiée par le Maire.

M. (2) , inscrit sur les tableaux de recensement de la commune d , est invité à se présenter devant le conseil de revision qui se réunira le (3) à heures à (4) pour procéder à la formation de la classe de 192 .

(Voir l'affiche placardée à la porte de la mairie.)

Le Préfet du département d

(1) Ce numéro remplace l'ancien numéro de tirage ; l'intéressé devra toujours se le rappeler.
(2) Nom et prénoms.
(3) Jour et date.
(4) Localité où a lieu la réunion.

Convocation remise au jeune homme dénommé ci-contre ou à M. , son représentant.

Le Maire de la commune d

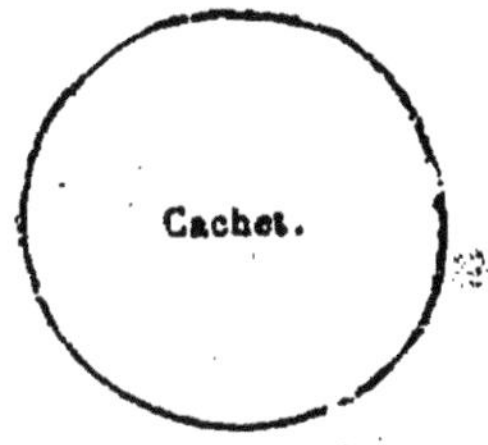

AVIS

Les jeunes gens doivent se présenter devant le conseil de revision au jour et à l'heure fixés par la présente convocation; s'ils ne se présentent pas ou s'ils ne se font pas représenter, ou s'ils n'obtiennent pas de délai, il est procédé comme s'ils étaient présents.

Les jeunes gens qui ont à réclamer le bénéfice des articles 10, 16, 19, 20, 21 et 22 de la loi du 21 mars 1905, doivent présenter leurs réclamations devant le conseil de revision le jour fixé par la présente convocation, ou les lui confirmer s'ils les ont présentées antérieurement à cette date, comme il est prescrit dans la feuille de renseignements qui leur a été remise par le maire au moment de l'inscription sur le tableau de recensement.

Toute réclamation faite ultérieurement serait nulle et non avenue.

Les jeunes gens sont prévenus que le conseil de revision de leur résidence n'émet qu'un simple avis, le conseil du domicile étant seul compétent pour rendre une décision à leur égard.

e CORPS D'ARMÉE
ou
GOUVERNEMENT MILITAIRE DE PARIS.

MODÈLE N° 2.

Art. 16 de l'instruction du 29 décembre 1905.

BUREAU DE RECRUTEMENT D

BULLETIN INDIVIDUEL d'un jeune soldat de la subdivision d examiné par le conseil de revision du département d dans sa séance du 19 .

1re Classe ; 2e Canton ; 3e Numéro d'ordre cantonal.	NOM et PRÉNOMS.	AVIS DU CONSEIL de revision.	ARME		TAILLE.	APTITUDE PHYSIQUE.	Poids.	OBSERVATIONS.
			demandée.	à laquelle il est apte.				
1° 2° 3°								

SIGNALEMENT.

Cheveux..........................
Yeux..........................
Front..........................
Nez..........................
Visage..........................
Renseignements physionomiques complémentaires..............
....
Taille : 1 mètre centimètres.
Taille rectifiée : 1 m. centimètres.
Marques particulières.
....
....

A , le 19 .

Le Commandant de recrutement,

DÉPARTEMENT

D

—

CANTON d

MODÈLE N° 3.

—

Art. 34 de l'instruction du 29 décembre 1905.

RÉPUBLIQUE FRANÇAISE

LIBERTÉ, ÉGALITÉ, FRATERNITÉ.

LISTE des ajournés de la classe de

DATES et HEURES des naissances.	COMMUNES auxquelles appartiennent les jeunes gens.	NOMS, PRÉNOMS ET SURNOMS.	MOTIFS de l'ajournement.	DÉCISION NOUVELLE du conseil de revision.	OBSERVATIONS.

A , le 19 .

Le Préfet,

DÉPARTEMENT
d

—

CANTON d

RÉPUBLIQUE FRANÇAISE.

LIBERTÉ, ÉGALITÉ, FRATERNITÉ.

MODÈLE N° 4.

—

Art. 34 de l'instruction du 29 décembre 1905.

LISTE des jeunes gens du service auxiliaire ayant demandé l'ajournement renouvelable jusqu'à 25 *ans* (art. 19, 4e alinéa, de la loi du 21 mars 1905).

CLASSES (1).	DATES et heures des naissances.	COMMUNES auxquelles appartiennent les jeunes gens	NOMS, PRÉNOMS ET SURNOMS.	DÉCISION du conseil de revision.	OBSERVATIONS.
CLASSE de 19 .					
CLASSE de 19 .					

A , le 19 .

Le Préfet,

(1) Commencer par les classes les plus anciennes.

CLASSE DE 192 .

COMMUNE

d

ARRONDISSEMENT

d

CANTON

d

N° sur le tableau de recensement cantonal.

(1) Nom, prénoms et surnoms.

Voir au verso le signalement.

Modèle n° 5.

Article 65 de l'instruction du 29 décembre 1905.

RÉPUBLIQUE FRANÇAISE.

LIBERTÉ, ÉGALITÉ, FRATERNITÉ.

PRÉFECTURE D .

CERTIFICAT D'EXEMPTION DU SERVICE MILITAIRE

(établi en vertu de l'art. 18 de la loi du 21 mars 1905).

Le Préfet d soussigné, certifie que M.(1)
né à , département d , le 19 ,
fils d et d , et exerçant la profession
de , a été inscrit sur les tableaux de recensement de la classe de 192 , et
qu'il a été exempté, par le conseil de revision, comme impropre au service armé ou auxiliaire.

Fait à , le 19 .

(Signature.)

Signalement (1).

Cheveux :

Yeux :

Front :

Nez :

Visage :

Renseignements physionomiques complémentaires :

....

Taille : 1 mètre centimètres.

Taille rectifiée : 1 mètre centimètres.

Marques particulières :

(1) Circulaire du 5 février 1913. Pour les réponses aux rubriques du signalement, voir la circulaire du 10 mai 1912 (vol. 59[4]).

CLASSE DE 192 .

COMMUNE
d

ARRONDISSEMENT
d

CANTON
d

N° au tableau de recensement cantonal.

Le présent certificat doit être présenté par l'intéressé au commandant de recrutement lorsqu'il comparaît devant le conseil de revision

RÉPUBLIQUE FRANÇAISE.

LIBERTÉ, ÉGALITÉ, FRATERNITÉ.

BUREAU DE RECRUTEMENT D

Modèle n° 6.

Article 69 de l'instruction du 29 décembre 1905.

CERTIFICAT D'AJOURNEMENT

(établi en vertu de l'art. 18 et de l'art. 19, 4e alinéa, de la loi du 21 mars 1905).

Le Commandant du bureau de recrutement soussigné certifie que M.
né à , département d , le , fils d
et d , et exerçant la profession de , a été inscrit sur les tableaux
de recensement de la classe de 19 et qu'il a été ajourné par le conseil de revision en (1)

Fait à , le 19 .

Vu le (2)

(Signature.)

(Signature.)

Voir au verso le signalement :

(1) Indiquer les dates successives des ajournements (art. 19, 4e alinéa, de la loi).

(2) Viser chaque année jusqu'à ce que l'intéressé ait fait l'objet d'une décision définitive (art. 19, 4e alinéa, de la loi).

Signalement (1).

Cheveux :

Yeux :

Front :

Nez :

Visage :

Renseignements physionomiques complémentaires :

....

Taille : 1 mètre centimètres.

Taille rectifiée : 1 mètre centimètres.

Marques particulières :

(1) Circulaire du 5 février 1913. Pour les réponses aux rubriques du signalement, voir la circulaire du 10 mai 1912 (vol. 59[1]).

DÉPARTEMENT
D

—

CANTON
d

—

COMMUNE
d

—

N° sur le tableau de recensement cantonal.

RÉPUBLIQUE FRANÇAISE

LIBERTÉ, ÉGALITÉ, FRATERNITÉ.

MODÈLE N° 7.

Articles 76 et 77 de l'instruction du 29 décembre 1905.

CLASSE DE 192 .

DEMANDE DE SURSIS D'INCORPORATION.

Je soussigné (1)
né le à
département d
déclare demander, en vertu de l'article (2) de la loi du 21 mars 1905, un sursis d'incorporation.

(Signature.)

Vu :
(Visa avec cachet de l'autorité chargée de légaliser la signature de l'intéressé.)

(1) Nom, prénoms et surnoms.
(2) 20 ou 21.

DEMANDE DE SURSIS D'INCORPORATION.

Pièces à produire par les jeunes gens le jour de la revision dans le canton.

I. — ARTICLE 20 DE LA LOI DU 21 MARS 1905.

1° La demande conforme au modèle ci-joint écrite et signée par l'intéressé ;

2° Une copie *in extenso* des actes de naissance des deux frères ;

3° Le cas échéant, soit un certificat délivré par le maire attestant que les deux frères ont été inscrits la même année sur les tableaux de recensement ou font partie du même appel ou au besoin le certificat appuyé, selon le cas, soit du certificat d'ajournement de l'un d'eux, soit du certificat de présence au drapeau du frère servant comme appelé, soit l'acte de renonciation de celui des deux frères qui ne voudrait pas bénéficier du sursis.

Les intéressés devant fournir eux-mêmes leurs pièces, l'administration ne saurait, en aucun cas, être rendue responsable des retards apportés à cette production.

II. — ARTICLE 21 DE LA LOI DU 21 MARS 1905.

1° La demande, conforme au modèle ci-joint, écrite et signée par l'intéressé ;

2° Un certificat, modèle n° 9, établi *sur la demande des jeunes gens :*

a) Par les maires dans le cas d'intérêt de famille, d'exploitation agricole, commerciale ou industrielle tenue par eux ou par leurs parents ;

b) Par les patrons en cas d'apprentissage ;

c) Par les directeurs d'écoles, doyens de faculté, proviseurs de lycées ou principaux de collèges, dans le cas d'études ;

d) Par nos agents diplomatiques ou consulaires dans le cas de résidence à l'étranger.

Les intéressés devant fournir eux-mêmes leurs pièces, l'administration ne saurait être rendue responsable des retards qu'ils apporteront à cette production.

MODÈLE N° 8.

Art. 76 de l'instruction du 29 décembre 1905.

CERTIFICAT de présence sous les drapeaux d'un militaire dont le frère réclame le sursis prévu par le 2e alinéa de l'article 20 de la loi du recrutement.

(1) Indication du corps dans le cadre ci-contre.

(2) Nom et grade du chef de corps.

(3) Grade, nom et prénoms du militaire.

Dans le cas où le militaire sert comme appelé, spécifier s'il a été ajourné et dans tous les cas mentionner les circonstances particulières qui ont pu interrompre, réduire ou prolonger la durée des services de l'intéressé.

(1)

Je soussigné (2)

Président du conseil d'administration d (1)

Certifie que le (3)
né le , à
canton d , département d , fils
d et d domiciliés à

A été reçu sous les drapeaux le
comme jeune soldat *appelé* de la classe du canton
d

Qu'il est, à la date de ce jour, présent au corps;

Et qu'il ne cessera pas d'être lié au service d'activité avant le

A , le 19 .

Le Président du Conseil d'administration,

MODÈLE N° 9.

Art. 77 de l'instruction du 29 décembre 1905.

RÉPUBLIQUE FRANÇAISE.

LIBERTÉ, ÉGALITÉ, FRATERNITÉ.

CERTIFICAT

à joindre à l'appui d'une demande de sursis renouvelable jusqu'à 25 ans formée en vertu de l'article 21 de la loi du 21 mars 1905.

(1) Nom, prénoms, qualité et adresse.

Je soussigné (1),

(2) Nom, prénoms, surnoms.

certifie que M. (2) de la classe de 192 , du canton d , qui demande le sursis d'incorporation prévu à l'article 21 de la loi du 21 mars 1905 pour (3)

(3) Indiquer le motif.

est dans la situation suivante :

(4) Indiquer, avec dates à l'appui, depuis quelle époque l'intéressé ou, le cas échéant, sa famille, se trouve dans la situation qui provoque la demande.

(4)

Fait à , le 19

(Signature.)

(Légalisation de la signature.)

DÉPARTEMENT
d
—
ARRONDISSEMENT
d
—
CANTON
d
—
Classe de

MODÈLE Nº 10.
—
Art. 88 de l'instruction
du 29 décembre 1905.

PROCÈS-VERBAL

des opérations du conseil de revision dans le canton d

L'an mil neuf cent , le

Le conseil de revision convoqué pour ledit jour à heure du et composé des membres soussignés, savoir:

MM. , préfet........................ président,
, général de brigade.......... }
, conseiller de préfecture..... } membres,
, conseiller général........... }
, conseiller d'arrondissement.. }

s'est réuni pour procéder à la formation de la liste du recrutement de la classe de dans le canton d

Après avoir constaté la présence de

MM. , sous-intendant militaire ;
, commandant du bureau de recrutement;
, médecin-major de classe ;
, médecin major de classe ;
, sous-préfet de l'arrondissement ;

et des maires des communes du canton, appelés par l'article 18 de la loi du 21 mars 1905 à assister le conseil de revision, le président dudit conseil déclare la séance ouverte à heure d (1)

(1) Indiquer, s'il y a lieu, les motifs du retard apporté à l'ouverture de la séance.

Le conseil, après lecture et examen des tableaux de recensement, a entendu les jeunes gens ou leurs représentants dans les réclamations relatives à leur inscription.

Il a déclaré alors définitivement clos les tableaux de recensement, puis il a rendu les décisions suivantes à l'égard des jeunes gens appelés à comparaître devant lui dans l'ordre du tableau de recensement cantonal.

NUMÉRO du tableau de recensement cantonal.	COMMUNES.	NOMS, PRÉNOMS et SURNOMS.	AVIS du MÉDECIN.	DÉCISIONS PRISES.	OBSERVATIONS.

(2)
(3)

Lecture faite publiquement du présent procès-verbal, chacun des membres y a apposé sa signature ainsi que le médecin militaire et le sous-intendant, et la séance a été levée à heure du

(*Signatures des Membres du conseil.*

(2) Consigner ici, s'il y a lieu, les observations faites par le sous-intendant militaire.

(3) Relater les incidents qui peuvent s'être produits.

Modèle n° 11.
Art. 16 et 89 de l'instr. du 29 décembre

RAYÉS (DÉCÉDÉS, ETC).	EXEMPTÉS.	CLASSEMENT dans les différentes parties de la LISTE DE RECRUTEMENT CANTONAL. (Art. 30 de la loi.)								1° TAILLE. — 2° ARME demandée. — 3° ARME à laquelle il est apte.	1° APTITUDE physique. — 2° POIDS.	CORPS D'AFFECTATION.	RENSEIGNEMENTS, MUTATIONS.	OBSERVATIONS.
		1re.	2e.	3e.	4e.	5e.	6e.	7e. En sursis.						
		Bons pour le service armé.	Bons pour le service auxiliaire.	Liés au serv. par un engagement, etc.	Exclus de l'armée.	Ajournés d'office.	Ajournés sur leur demande (4e alinéa de l'art. 19.)	Service armé.	Service auxiliaire.					
										1° 2° 3°	1° 2° Poids.			
										1° 2° 3°	1° 2° Poids.			

TABLE DES MATIÈRES

DE L'INSTRUCTION RELATIVE AUX OPÉRATIONS DU CONSEIL DE REVISION POUR LA FORMATION DES CLASSES.

CONVOCATION DES JEUNES GENS DEVANT LE CONSEIL DE REVISION.

ITINÉRAIRE ET TOURNÉE DES CONSEILS DE REVISION.

COMPOSITION DES CONSEILS.

SÉANCE DES CONSEILS DE REVISION.

EXAMEN, RECTIFICATION ET CLÔTURE DES TABLEAUX DE RECENSEMENT.

VISITE DES JEUNES GENS.

DÉCISIONS DES CONSEILS DE REVISION.

OMIS.

JEUNES GENS EXAMINÉS AU LIEU DE LEUR RÉSIDENCE.

EXEMPTIONS.

AJOURNEMENTS.

SERVICE AUXILIAIRE.

SOUTIENS DE FAMILLE.

SURSIS.

JEUNES GENS ANNOTÉS COMME LIÉS AU SERVICE.

EXCLUS DE L'ARMÉE.

JEUNES GENS PRÉVENUS DE S'ÊTRE RENDUS IMPROPRES AU SERVICE.

MODÈLES ANNEXÉS A L'INSTRUCTION.

V. — Affectation et appel des jeunes soldats. Libération des classes.

Décret relatif aux règles d'affectation du contingent des classes.

Paris, le 9 août 1911.

RAPPORT AU PRÉSIDENT DE LA RÉPUBLIQUE FRANÇAISE.

Monsieur le Président,

Le caractère fondamental de la loi du 21 mars 1905 réside dans l'égalité du service imposé à tout jeune homme apte à entrer dans l'armée.

Ce principe d'égalité avait été conservé avec soin jusque dans les détails d'application de la loi ; c'est ainsi que, en vue d'exclure toute disposition arbitraire, mes prédécesseurs avaient adopté, pour l'incorporation des jeunes soldats, la règle de l'ordre chronologique de naissance ; les jeunes gens les plus âgés étant envoyés dans les garnisons les plus éloignées ; il ne devait être fait exception que pour certains jeunes gens présentant une situation d'un intérêt particulier, soit au point de vue social (mariés, veufs avec enfants, soutiens de famille, jeunes gens ayant un frère sous les drapeaux), soit au point de vue militaire (titulaires du brevet d'aptitude militaire, spécialistes de professions nécessaires aux besoins de l'armée).

Ce mode de répartition était basé sur des considérations de vigueur physique, puisqu'il avait pour résultat d'envoyer les hommes les plus âgés, en général plus robustes, dans les garnisons à climat extrême. Malgré l'excellence de son principe, il a pourtant donné lieu dans l'application à certaines objections, et nombre de bons esprits ont trouvé choquant que, par droit de naissance, les plus jeunes de nos conscrits eussent seuls le privilège de rester à proximité de leur famille.

Sans revenir au tirage au sort des conscrits, écarté par le législateur de 1905, il semble néanmoins désirable que le hasard intervienne seul désormais dans la répartition des jeunes soldats entre les garnisons ; c'est dans cet ordre d'idées que j'ai fait étudier un régime donnant sur ce point satisfaction au sentiment égalitaire de la nation.

Mais des critiques plus graves ont été apportées à nos procédés actuels en matière d'affectation des jeunes soldats ; j'estime, pour ma part, qu'elles sont fondées et qu'il importe de couper court à des errements qui, timidement apparus à la naissance du service à court terme, n'ont pas tardé à dégénérer en abus intolérables.

La coutume, en effet, s'est introduite de solliciter des affectations de faveur pour des jeunes gens n'y ayant aucun droit par situation de famille, ne s'en étant rendus dignes par aucun effort personnel, mais qui ont su ou pu faire valoir à propos leurs convenances ou leurs intérêts.

Grandissant chaque année, le nombre des affectations spéciales n'a pas tardé à provoquer le trouble dans les opérations du recrutement ; les bénéficiaires de ces faveurs se concentrent dans certains régiments aux garnisons privilégiées ; par contre, les régiments stationnés aux frontières restent toujours exposés à voir leurs effectifs tomber au-dessous des fixations. Si l'on cherche à établir un nivellement après l'incorporation en opérant des prélèvements sur les garnisons hypertrophiées, cette mesure de fortune, regrettable en soi, pèse toujours sur des jeunes soldats dont l'affectation première avait été effectuée en toute équité et conformément à la règle.

Un autre inconvénient, non moins grave, de cet usage, c'est qu'il a pour effet de mettre sur le même pied les pupilles des S. A. G., pourvus du brevet d'instruction militaire, intéressante catégorie dont on ne saurait trop favoriser le développement, et à qui, en conséquence, on avait cru devoir octroyer le privilège envié du choix du régiment, et des jeunes gens dont le plus grand, sinon le seul mérite, est de pouvoir se targuer de relations influentes.

La conséquence, c'est que nombre de jeunes gens que leur instruction et leur éducation devraient appeler à rechercher une instruction militaire préparatoire et qui trouveraient ainsi dans le choix de leur affectation la récompense de leur léger effort, se dérobent devant cet effort, confiants dans leurs appuis pour obtenir un résultat équivalent.

Non seulement les sociétés de préparation militaire perdent de la sorte des éléments excellents, mais leurs élèves se découragent de voir ce qu'ils considèrent à juste titre comme la récompense de leur travail attribuée à d'autres qui n'y ont aucun droit ; et l'opinion s'accrédite chaque jour que, pour obtenir le régiment de son choix, il n'est pas nécessaire de le mériter par un travail et une préparation préalables, mais qu'il suffit de s'attirer l'intérêt d'une personnalité osant s'adresser directement en haut lieu.

Aussi, dans un récent discours prononcé à Caen, M. Cazalet, président de l'Union des sociétés de gymnastique de France, m'adressait-il les paroles suivantes :

« Vous me pardonnerez si j'exprime avec netteté et sans aucun détour la douloureuse surprise que provoque la fréquence souvent injustifiable des affectations spéciales.

« Nous pensons tous que les affectations spéciales font perdre des milliers d'élèves à nos sociétés. Pourquoi, en effet, faire l'effort d'un travail soutenu pendant plusieurs années pour parvenir au brevet militaire, puisque l'on peut, par une simple faveur, arriver par un détour au même résultat ?

« Le breveté met au dessus de tous les avantages le choix du régiment ; que dirons-nous à nos jeunes gens pour les exciter au travail et provoquer leur émulation, si d'autres, qui ne se sont pas préparés et qui ne se sont pas souciés de suivre nos enseignements, sont affectés, à un titre que l'on qualifie d'exceptionnel et qui n'en est que plus fâcheux dans une démocratie, au même corps qu'eux-mêmes ?

« Une faveur n'est acceptable que lorsqu'elle est méritée et assise sur une base noble comme celle du mérite, comme celle du travail. Si elle a un autre caractère, elle froisse le sentiment de justice. »

De son côté, M. Adolphe Chéron, président des Sociétés de préparation militaire de France, m'a adressé également les doléances des présidents de ces sociétés.

Dans le but de remédier à cette situation, j'ai fait préparer un décret aux termes duquel les règles d'affectation des jeunes soldats, jusqu'ici fixées par de simples instructions ministérielles, prendront un caractère impératif défini par un acte public ; en vertu de cet acte, toute affectation nominative, en dehors de celles résultant de situations spéciales dûment fixées, sera à l'avenir formellement interdite. Le hasard, résultant du tirage au sort annuel d'une lettre initiale, interviendra seul pour régler la répartition des hommes figurant sur les listes subdivisionnaires.

Si vous approuvez les conclusions de ce présent rapport, j'ai l'honneur de vous demander de vouloir bien revêtir de votre signature le décret ci-joint.

Veuillez agréer, Monsieur le Président, l'hommage de mon respectueux dévouement.

Le Ministre de la guerre,
MESSIMY.

DÉCRET.

Le Président de la République française,

Sur le rapport du Ministre de la guerre,

Vu la loi du 24 juillet 1873, article 5, sur l'organisation générale de l'armée ;

Vu la loi du 21 mars 1905, sur le recrutement de l'armée et notamment l'article 35,

Décrète :

Art. 1er. Chaque année, un arrêté ministériel répartit, entre les divers corps de troupe, le contingent à incorporer. Cet arrêté énumère, pour chaque subdivision de région, les corps de troupe auxquels doivent être affectés les jeunes gens domiciliés dans ladite subdivision et détermine le nombre d'hommes que celle-ci doit verser dans chacun de ces corps.

Art. 2. Les commandants de recrutement sont tenus de procéder, pour chaque subdivision, à l'affectation, dans les corps de troupe énumérés comme il est dit ci-dessus, des jeunes gens domiciliés dans ladite subdivision.

L'affectation est faite par eux dans chaque arme ou service, en tenant compte de l'aptitude physique de chacun des jeunes gens, de sa profession et des conditions particulières exigées par les règlements militaires pour l'admission dans les diverses armes ou services.

La répartition des jeunes soldats entre les corps de troupe est faite d'après une liste de répartition établie dans chaque subdivision de région ainsi qu'il suit :

Toutes les listes de recrutement d'une même subdivision de région sont fusionnées dans une liste unique établie dans l'ordre alphabétique et commençant par une lettre, désignée par le tirage au sort et indiquée tous les ans par l'arrêté ministériel visé à l'article 1er du présent décret.

Le tirage au sort a lieu au ministère de la guerre par les soins du chef d'état-major de l'armée, en présence des sous-chefs d'état-major de l'armée.

Les premiers inscrits de chaque arme ou service sur la liste ainsi établie et dénommée liste de répartition, sont envoyés dans les corps de troupe les plus éloignés.

Les commandants de recrutement font les désignations en opérant pour l'ensemble de leur subdivision sans distinction de canton.

Art. 3. Par dérogation aux règles établies dans l'article précédent, peuvent être envoyés dans des corps de troupe autres que ceux désignés pour la subdivision de région dans laquelle ils sont domiciliés ou que ceux auxquels ils seraient affectés en raison de leur classement sur la liste de répartition prévue à l'article 2 du présent décret, les hommes appartenant aux catégories suivantes :

1° Les hommes mariés ou veufs avec enfants ;

2° Les hommes ayant un frère au service ;

3° Les hommes titulaires du brevet d'aptitude militaire institué par la loi du 8 avril 1903 ;

4° Les soutiens indispensables de famille, dans la limite des corps de troupe ou services que le bureau de recrutement dont ils relèvent est appelé à fournir ;

5° Les hommes résidant à l'étranger, aux colonies ou dans les pays de protectorat ;

6° Les hommes exerçant une profession présentant pour les besoins de l'armée une utilité particulière.

Art. 4. La nomenclature des professions visées à l'article 3, paragraphe 6°, est fixée par l'arrêté ministériel prévu à l'article 1er du présent décret, ainsi que le nombre des emplois de chacune de ces professions à pourvoir dans les différentes armes.

Cette nomenclature comprend deux groupes :

Dans le premier groupe sont rangées les professions (tailleurs, cordonniers, maréchaux ferrants et autres professions de même ordre) à raison desquelles ceux qui les exercent peuvent être répartis dans les corps de troupe ou services que le bureau de recrutement dont ils relèvent est appelé à fournir, au moyen d'une affectation spéciale par les commandants de recrutement, en suivant l'ordre d'inscription sur la liste de répartition, ainsi qu'il est dit à l'article 2 ;

Dans le second groupe figurent certaines professions constituant des spécialités d'ordre technique ou industriel (électriciens, mécaniciens, employés des chemins de fer et des lignes télégraphiques et autres professions spécialisées).

Il est pourvu aux emplois du deuxième groupe au moyen de listes d'affectations nominatives qui sont dressées par le Ministre de la guerre et notifiées aux commandants de recrutement en même temps que l'arrêté de répartition.

En dehors du cas visé au précédent paragraphe aucune affectation spéciale ne peut être faite par le Ministre de la guerre.

Art. 5. Des instructions ministérielles fixent :

1° Les conditions dans lesquelles peuvent recevoir une affectation spéciale les jeunes gens appartenant aux catégories énoncées à l'article 3;

2° Les règles d'affectation des jeunes gens omis, de ceux qui sont nés de parents étrangers et de ceux qui ont des antécédents judiciaires.

Art. 6. Le Ministre de la guerre est chargé de l'exécution du présent décret.

Fait à Rambouillet, le 9 août 1911.

A. FALLIÈRES.

Par le Président de la République :

Le Ministre de la guerre,

MESSIMY.

Circulaire relative à l'élimination des hommes du contingent créole physiquement impropres au service militaire.

Paris, le 6 avril 1914.

La visite médicale des jeunes gens qui se présentent devant le conseil de revision doit être aussi détaillée, aussi complète, aussi minutieuse que possible.

La première condition à remplir au point de vue de l'aptitude physique aussi bien pour le service auxiliaire que pour le service armé est de posséder une vigueur corporelle suffisante pour pouvoir résister aux fatigues inhérentes à la vie militaire. Il importe d'éviter avec le plus grand soin de prendre des malingres, des débiles, des sujets chétifs dont l'état général laisse à désirer et peut faire craindre une manifestation tuberculeuse dans un délai plus ou moins rapproché.

Pour la robustesse, les médecins experts tiendront compte des rapports existants entre la taille, le périmètre thoracique et le poids des sujets; ils appelleront d'une façon toute particulière l'attention du conseil sur les hommes dont le poids est inférieur à 50 kilogrammes.

Les organes respiratoires et le cœur devront être, en particulier, l'objet d'un examen des plus sévères permettant d'ajourner et finalement d'éliminer tout sujet ne présentant pas une intégrité anatomique et fonctionnelle absolue de ces organes.

Dans leur examen, les médecins ont le devoir de se conformer scrupuleusement aux prescriptions contenues dans l'instruction du 22 octobre 1905; en outre, en ce qui concerne certaines affections d'origine tropicale qui n'ont pas été prévues dans cette instruction, ils s'en rapporteront aux indications ci-dessous énoncées :

1° Le paludisme chronique, l'anémie paludéenne, l'hypertrophie paludéenne du foie et de la rate, l'entérite paludéenne, quand ils se manifestent sous une forme curable, motivent l'ajournement. La réforme et l'exemption sont prononcées pour les formes graves et invétérées;

2° La dysenterie amibienne aiguë ou chronique motive l'ajournement; la réforme et l'exemption sont prononcées si les manifestations dysentériques sont invétérées, si elles sont accompagnées d'abcès du foie ou si elles ont produit une hypertrophie de cet organe;

3° La splénomégalie tropicale ou kala-azar motive l'exemption ou la réforme;

4° La fièvre récurrente motive l'ajournement;

5° Le pian ou framboesia motive l'ajournement;

6° L'ankylostomiase est une cause d'ajournement (1);

7° La bilharziose et ses différentes manifestations motivent l'exemption ou la réforme;

8° La filariose du sang et ses différentes manifestations éléphantiasiques ou autres motivent l'exemption;

9° La filariose des tissus motive l'ajournement et l'exemption ou la réforme quand elle s'accompagne d'accidents locaux graves ou d'un mauvais état général;

10° La lèpre et ses manifestations locales entraînent l'exemption;

11° Le mycétome ou pied de Madura et l'aïnhum sont une cause d'exemption ou de réforme;

12° L'ulcère phagédénique des pays chauds motive l'ajournement; il entraîne la réforme ou l'exemption quand ses lésions sont graves, étendues et paraissent invétérées.

NOTA. — (1) Dans une note communiquée à la Société de pathologie exotique (14 janvier 1914), MM. Léger et Souvet ont fait connaître que sur 158 soldats des contingents créoles examinés à Marseille au point de vue parasitisme intestinal, 108 ont été trouvés porteurs d'œufs d'ankylostome. Les hommes du contingent créole peuvent ainsi devenir des agents de diffusion de l'ankylostomiase en Algérie-Tunisie, où cette affection trouvera des conditions climatériques et hygiéniques très favorables à sa propagation dans les différents milieux civils et militaires. Par suite, dans un but de prophylaxie, il est absolument nécessaire de maintenir dans leur pays d'origine tous les militaires créoles trouvés porteurs d'œufs d'ankylostome, jusqu'à la disparition du parasite par l'application du traitement approprié. Il est donc indispensable, avant d'embarquer ces contingents pour l'Afrique du Nord, de soumettre tous ceux qui en font partie à un examen des matières fécales.

Instruction relative à l'affectation des jeunes soldats, à l'appel et à la libération des classes.

Paris, le 16 avril 1910 (1).

DISPOSITIONS PRÉPARATOIRES.

Pendant la durée des opérations des conseils de revision, les commandants des bureaux de recrutement recueillent tous les renseignements utiles sur la situation et l'adresse exacte des jeunes gens en résidence à l'étranger ; ils doivent, au besoin, consulter eux-mêmes les dossiers de ces jeunes gens, dont l'affectation est prononcée avant celle des autres hommes du contingent.

En vue du recrutement des secrétaires ou commis aux écritures des diverses sections, les hommes qui demandent à être affectés aux troupes d'administration doivent adresser aux commandants de recrutement, dans les huit jours qui suivent leur comparution devant le conseil de revision, un spécimen de leur écriture.

Dans les huit jours qui suivent la séance du conseil, les hommes exerçant des professions spéciales utilisables dans les divers corps et services spéciaux (boulangers, bouchers, chauffeurs, mécaniciens, tailleurs d'habits, cordonniers ou bottiers, selliers ou bourreliers, colombophiles, aérostiers, automobilistes, etc., etc.) doivent également adresser au commandant de recrutement dont ils relèvent un certificat d'aptitude professionnelle délivré par leur patron et dûment légalisé ; pour les professions utilisées dans les troupes d'administration, le certificat d'aptitude peut être délivré, après enquête, s'il y a lieu, par un officier d'administration du service des subsistances, après visa du sous-intendant militaire.

Pour faciliter la répartition entre les diverses armes des jeunes gens exerçant les professions dont il s'agit, ainsi que celles des musiciens et ouvriers en fer ou en bois, un relevé de ces jeunes

---

(1) Mise à jour par l'incorporation dans le texte des modifications qui y ont été apportées par les circulaires parues jusqu'au 20 septembre 1918.

gens établi au moyen des certificats visés au paragraphe précédent ou de tous autres renseignements, par profession, du modèle n° 1 ci-joint, est établi par le recrutement et adressé directement, sans lettre d'envoi, au Ministre de la guerre (Direction de l'Infanterie, Bureau du Recrutement) huit jours au plus tard après la clôture des opérations de la revision.

Dès la réception de l'arrêté ministériel annuel de répartition du contingent, les commandants des bureaux de recrutement procèdent à l'affectation des jeunes soldats d'après les instructions particulières contenues dans ces circulaires, et en se conformant aux règles générales et de principe de la présente instruction.

CHAPITRE Ier.

RÈGLES D'AFFECTATION.

Art. 1er. — *Corps d'affectation.*

Pour la répartition entre les divers corps de troupe des ressources du contingent de leur subdivision, les commandants de recrutement se conforment strictement aux indications de l'arrêté ministériel annuel de répartition (1).

Ces indications procèdent de l'application des principes généraux ci-après :

Sauf dans quelques subdivisions indiquées annuellement et en dehors de certaines catégories d'appelés visées d'autre part, les jeunes gens ne sont pas affectés à un corps stationné dans la subdivision dont ils sont originaires (2).

Dans l'infanterie, les corps reçoivent en principe comme recrues, pour majeure partie, des contingents qui leur reviendront plus tard comme réservistes. Les subdivisions de provenance de ces contingents sont choisies, en considération des facilités du réseau ferré, de manière que les hommes puissent rejoindre aisément le corps d'affectation en cas de mobilisation.

---

(1) Circulaire du 5 septembre 1911 (*B. O.*, p. 1107).
(2) Circulaire du 6 mai 1912 (*B. O.*, p. 675).

Les corps autres que ceux d'infanterie se voient attribuer, en général, les jeunes soldats domiciliés dans la région de corps d'armée.

Mais cette règle souffre de nombreuses exceptions résultant en particulier, d'une part de l'obligation de faire alimenter par plusieurs régions certains corps (génie, chasseurs à pied, artillerie à pied) n'existant que dans quelques corps d'armée seulement, et d'autre part de la nécessité de pousser de proche en proche, de l'Ouest vers l'Est, une partie des ressources des contingents, pour tenir compte de la densité très inégale des troupes sur le territoire national (1).

Art. 2. — *Répartition des jeunes soldats dans chaque subdivision de région.*

Dans chaque subdivision, les jeunes soldats sont désignés pour les différents corps à desservir d'après les règles indiquées à l'article 3 ci-après.

Si, par exception, une subdivision est appelée à fournir un contingent à un corps stationné dans la subdivision, il y aura lieu d'éviter, dans l'intérêt de la discipline, l'affectation à ce corps d'hommes domiciliés dans la localité même où il est stationné.

Art. 3. — *Ordre à suivre pour les affectations* (2).

Les commandants des bureaux de recrutement se conforment, pour l'ordre à suivre pour les affectations, aux règles posées par le décret du 9 août 1911.

La liste alphabétique de répartition prévue à l'article 2 dudit décret est établie en tenant compte des dispositions suivantes :

Les hommes portant le même nom et relevant d'une même subdivision sont classés d'après l'ordre alphabétique du premier prénom et, en cas des premiers prénoms identiques, d'après l'âge, les plus âgés étant inscrits les premiers.

(1) Les règles d'affectation ci-après ne visent pas certaines catégories de jeunes soldats qui, en tout état de cause, sont, en principe, attribués aux corps les plus voisins du domicile.

(2) Article modifié par la circulaire du 5 septembre 1911.

Pour l'ordre d'inscription des hommes à nom composé ou à particule, c'est la lettre initiale du premier nom inscrit à l'acte de naissance qui devra être considérée, abstraction faite, le cas échéant, de la particule nobiliaire.

Ajournés (1).

Les ajournés de l'année précédente sont affectés dans les mêmes conditions que les jeunes gens de la classe appelée.

Ils prennent rang, pour leur affectation, d'après l'ordre alphabétique déterminé par le sort dans l'année de leur appel.

Naturalisés, omis ou hommes précédemment en sursis d'incorporation (1).

Les jeunes gens précédemment en sursis d'incorporation les naturalisés et les omis excusés ou amnistiés prennent rang, pour leur affectation, d'après l'ordre dans lequel doit être établie la liste générale d'affectation l'année de leur appel, sous les drapeaux. Quant aux omis non excusés ou condamnés, ils sont affectés aux troupes coloniales en exécution des dispositions de l'article 16, *in fine*, de la loi du 21 mars 1905.

Les hommes en sursis d'incorporation en vertu de l'article 21 qui demandent à rejoindre les drapeaux avant l'expiration de leur sursis sont affectés à l'un des corps alimentés par le recrutement dont ils relèvent et qui sont indiqués dans l'arrêté de répartition de la dernière classe appelée, sauf, toutefois, les étudiants en médecine et les étudiants vétérinaires, dont l'affectation a lieu comme il est dit plus loin.

Affectation à des corps plus éloignés (1).

Sur leur demande, les jeunes gens visés à l'article 3 du décret du 9 août 1911 peuvent obtenir d'être envoyés dans des corps plus éloignés que ceux que leur assigne leur situation spéciale (mariés, soutiens de famille, frères au service, etc.), dans les limites tracées par l'arrêté annuel de répartition. En ce qui concerne les jeunes gens visés à l'article 2 du décret précité, la faculté d'obtenir un corps plus éloigné que celui que leur assigne leur rang sur la liste de répartition ne s'applique qu'à ceux qui demandent à être envoyés en Algérie ou en Tunisie.

(1) Circulaire du 24 mai 1913 (*B. O.*, p. 637).

Jeunes soldats en résidence à Paris (1).

Les jeunes soldats originaires des départements et qui ont leur résidence à Paris sont affectés, suivant le cas, conformément aux prescriptions de l'article 2 ou de l'article 3 du décret du 9 août 1911.

Ceux d'entre eux régis par l'article 2 dudit décret que leur rang sur la liste de répartition conduirait à être affectés à un régiment d'infanterie en garnison à Paris sont désignés pour le bataillon stationné en province.

Etudiants en médecine et en pharmacie et étudiants vétérinaires (2).

Les étudiants en médecine et les étudiants vétérinaires sont répartis par les soins du général commandant le corps d'armée : les étudiants en médecine entre les régiments d'infanterie subdivisionnaires ou régionaux, les bataillons de chasseurs et les corps d'artillerie et du génie de la région; les étudiants vétérinaires entre les corps de cavalerie et d'artillerie de campagne stationnés dans la région de leur domicile à l'exclusion de la subdivision dudit domicile. Ceux de ces étudiants qui sont domiciliés dans les gouvernements militaires de Paris et de Lyon sont répartis avec les étudiants des régions auxquelles sont rattachés, au point de vue du recrutement, les divers cantons des départements de la Seine, de Seine-et-Oise et du Rhône. Toutefois, ces jeunes gens ne doivent pas être affectés à des corps stationnés sur le territoire de ces gouvernements militaires. Les étudiants en pharmacie sont répartis par les commandants des bureaux de recrutement et d'après les règles générales, dans les mêmes conditions que les autres jeunes soldats appelés.

Aux termes de l'article 15 de la loi du 7 août 1913, des sursis renouvelables d'année en année, jusqu'à l'âge de 27 ans révolus peuvent être accordés, après une première année de service, aux étudiants en médecine et en pharmacie ainsi qu'aux élèves vétérinaires.

Les demandes des intéressés sont transmises aux généraux commandant les corps d'armée qui statuent et doivent d'ailleurs

---

(1) Circulaire du 24 mai 1913 (*B. O.*, p. 637).
(2) Circulaire du 12 juin 1914 (*B. O.*, p. 1026).

se montrer très larges dans l'attribution de ces sursis qui ne peuvent être refusés que pour des raisons majeures et sous réserve d'un compte rendu au Ministre (1re Direction, 2e Bureau).

Il demeure entendu que les jeunes gens qui auront subi avec succès l'examen de médecin ou pharmacien auxiliaire, ne seront nommés à ces emplois que dans la limite des besoins pour accomplir leurs deuxième et troisième années de service.

Les dispositions qui précèdent sont applicables non seulement aux appelés, mais encore aux engagés par devancement d'appel.

Titulaires du brevet d'aptitude militaire (1).

a) Les jeunes gens de 18 à 19 ans, candidats à l'engagement spécial, dit de devancement d'appel et pourvus du brevet d'aptitude militaire peuvent choisir leur corps jusqu'à concurrence de 10 p. 100 de l'effectif légal minimum, sous réserve du consentement du chef de corps. Ils ne sont admis à s'engager que du 1er au 10 octobre.

b) Les appelés pourvus du même brevet sont affectés par ordre de mérite et d'après le désir exprimé, conformément aux prescriptions contenues dans l'instruction sur la préparation militaire, soit au corps stationné dans la région du domicile, soit au corps alimenté par le bureau de recrutement dont ils relèvent.

En principe, chaque corps peut recevoir, dans ces conditions, quinze jeunes soldats du contingent au maximum par subdivision, sauf les sections de commis et ouvriers militaires d'administration et d'infirmiers militaires et les escadrons du train des équipages militaires, lesquels ne peuvent recevoir chacun qu'un appelé par subdivision (2).

Toutefois, aucun appelé titulaire du brevet d'aptitude militaire n'est affecté aux corps de troupes coloniales.

Les appelés sont, le cas échéant, affectés en sus des chiffres attribués aux corps de troupe par l'arrêté annuel de répartition.

---

(1) Circulaire du 15 avril 1914 (*B. O.*, p. 586).

(2) Dans les subdivisions où le nombre des appelés pourvus du brevet d'aptitude militaire est très élevé (Lille, Le Havre, Bordeaux, Compiègne, etc.), le chiffre ci-dessus pourra exceptionnellement être porté à 20 ou 25 par corps d'infanterie.

Ils peuvent demander à être affectés à un corps éloigné de leur domicile, s'il est à effectif renforcé.

Ils peuvent renoncer à se prevaloir de l'avantage de choisir leur corps et reçoivent, dans ce cas, leur affectation normale.

Dans les corps fractionnés, le chef de corps a la faculté de les répartir entre les différents détachements au mieux des intérêts du service, des nécessités de l'instruction, et en tenant compte, autant que possible, des demandes des intéressés.

En ce qui concerne le département de la Seine, les appelés titulaires du brevet d'aptitude militaire sont affectés, dans les mêmes conditions, par le commandant du bureau central (le département de la Seine pouvant être considéré, à ce point de vue seulement, comme ne formant qu'une seule subdivision) :

1° A raison de quinze pour chacun des corps stationnés sur le territoire du gouvernement militaire de Paris, y compris le groupe des bataillons de zouaves et le 8e régiment du génie, et de cinq pour chacune des 22e et 24e sections de commis et ouvriers militaires et d'infirmiers militaires, au titre de l'ensemble du département de la Seine;

2° A raison de quinze pour chacun des autres corps alimentés par l'un quelconque des bureaux de recrutement de la Seine; et d'un pour chacun des bataillons de chasseurs à pied des 14e et 15e régions, au titre de chacun des bureaux annexes du recrutement de la Seine.

Les appelés brevetés qui habitent en pays étranger seront admis à choisir leur corps dans une des régions limitrophes de la frontière de ce pays.

Les appelés brevetés du contingent algérien ou en résidence en Tunisie, devant servir dans l'infanterie ou dans la cavalerie, peuvent être incorporés dans les régiments de zouaves ou de chasseurs d'Afrique, à raison de quinze par régiment, ainsi que dans les régiments d'infanterie ou de cavalerie des 15e et 16e régions, à raison de quinze par régiment d'infanterie et de cinq par régiment de cavalerie, pour chacune des divisions d'Alger, d'Oran, de Constantine et d'occupation de Tunisie.

Ceux destinés à l'artillerie montée peuvent être affectés à raison de cinq appelés par division à chaque groupe d'artillerie de campagne d'Afrique.

Ceux de ces appelés de chaque division qui doivent servir dans le génie, le train des équipages militaires et les sections d'administration, peuvent être incorporés ainsi qu'il est indiqué ci-après :

26e bataillon du génie.	2
6e groupe d'artillerie à pied.	5
Chaque groupe du train des équipages militaires d'Algérie et de Tunisie.	5
Chaque section formant corps d'Algérie et de Tunisie....	1

Fils d'étrangers.

Les commandants des bureaux de recrutement des régions de l'intérieur appelés à fournir un contingent à des corps stationnés à proximité de la frontière évitent de comprendre dans ce contingent des fils d'étrangers.

Les fils d'étrangers compris dans le contingent des régions frontières (1re, 6e, 20e, 7e, 14e et 15e) sont répartis entre les corps les moins rapprochés de la frontière.

Il ne doit pas être affecté de fils d'étrangers aux sections de secrétaires d'état-major, aux bataillons d'aérostiers et au bataillon de télégraphistes (1).

Condamnés.

En principe et sauf les exceptions ci-après, les hommes ayant des antécédents judiciaires et non susceptibles d'être envoyés aux bataillons d'infanterie légère d'Afrique sont répartis entre les corps de toutes armes au prorata du contingent à fournir.

Les bataillons d'aérostiers et de télégraphistes et les sections de secrétaires d'état-major ne doivent pas recevoir de jeunes gens ayant un casier judiciaire.

Les hommes ayant subi des condamnations ne sont affectés aux sections d'administration qu'à défaut d'autres jeunes gens exerçant les professions demandées.

Les jeunes gens tombant sous l'application de l'article 5 de la loi du 21 mars 1905, modifiée par les lois des 11 avril 1910 et 30 mars 1912, sont affectés aux bataillons d'infanterie légère d'Afrique, à moins de décision contraire du Ministre (2).

---

(1) Circulaire du 8 mai 1911 (*B. O.*, p. 571).
(2) Circulaires des 5 septembre 1911 et 6 mai 1912.

Les condamnés non affectés à un bataillon d'infanterie légère d'Afrique qui ont été l'objet d'une interdiction de séjour ne devront pas être incorporés dans une des localités spécifiées dans l'arrêté d'interdiction de séjour qui les concerne (1).

La liste des localités interdites est portée à la connaissance des commandants de recrutement intéressés par les soins des préfets (2).

Les commandants de recrutement ne doivent pas diriger sur un corps stationné dans une ville où se trouve une prison civile les jeunes gens qui auraient eu une peine à subir dans cette prison.

Les jeunes gens pourvus d'un casier judiciaire qui sont affectés aux régiments de zouaves sont tous dirigés sur la portion principale, en Algérie ou en Tunisie.

Les hommes du service auxiliaire qui ont encouru des condamnations ne doivent pas, en conséquence, être affectés aux bataillons de zouaves stationnés en France.

Hommes mariés ou veufs avec enfants (3).

Les dispositions particulières concernant les étudiants en médecine, les vétérinaires, les jeunes gens pourvus du brevet d'aptitude, les appelés ayant un frère au service et les fils d'étrangers ne sont pas applicables aux jeunes gens de ces catégories qui sont mariés ou veufs avec enfant et se trouvent dans les conditions voulues pour bénéficier d'une affectation de faveur.

Elèves des cours musulmans de l'Ecole des langues orientales.

Les élèves des cours musulmans de l'Ecole des langues orientales vivantes qui en font la demande, sont dirigés sur un des corps stationnés en Algérie ou en Tunisie, auxquels le bureau de recrutement dont ils dépendent fournit un contingent.

Les élèves de cette école qui demandent à être envoyés à Madagascar, en Chine ou en Indo-Chine pour y accomplir leur

---

(1) Circulaire du 8 mai 1911 (*B. O.*, p. 571).
(2) Circulaire du 24 mai 1913 (*B. O.*, p. 637).
(3) Circulaire du 5 septembre 1911.

temps d'activité sont affectés aux troupes coloniales et à l'un des corps alimentés par la subdivision dont ils relèvent (1).

Toutefois, l'affectation de ces jeunes gens aux troupes coloniales n'est prononcée que si leur demande a été présentée dans les conditions indiquées à l'article 37 (paragraphe 3) de la loi du 21 mars 1905 (1).

Ajournés pris bons à la session extraordinaire du conseil de revision.

Les ajournés déclarés aptes au service dans la session extraordinaire des conseils de revision tenue du 24 août au 4 septembre, ainsi que les hommes en sursis des années précédentes qui doivent être incorporés avec la classe, sont affectés, en sus des chiffres indiqués dans les arrêtés de répartition, aux corps desservis par leurs bureaux de recrutement proportionnellement au contingent attribué à chaque corps et prennent rang d'après l'ordre alphabétique déterminé par le sort dans l'année de leur appel (2).

Taille et poids.

La taille à exiger pour chacun des corps de l'armée est indiquée dans le tableau ci-après (annexe n° 1), ainsi que le poids maximum fixé pour l'affectation aux diverses subdivisions d'arme de la cavalerie.

Musiciens, tailleurs d'habits, cordonniers ou bottiers, selliers ou bourreliers.

Les jeunes gens signalés comme faisant partie des musiques municipales ou qui connaissent soit la musique vocale, soit la musique instrumentale ; les jeunes gens exerçant les professions de tailleur d'habits, cordonnier ou bottier, sellier ou bourrelier, sont affectés aux corps des différentes armes d'après les indications contenues dans les tableaux annexés aux circulaires annuelles de répartition du contingent.

Les jeunes gens susceptibles de faire des musiciens sont dirigés sur la portion principale des corps.

---

(1) Circulaire du 6 mai 1912.
(2) Circulaire du 5 septembre 1911.

Maréchaux ferrants.

Les jeunes gens exerçant la profession de maréchal ferrant et ayant au moins la taille de $1^{m},54$ sont affectés aux troupes montées, conformément aux prescriptions de la circulaire du 25 février 1908 (*M. O.*, P. R., p. 295).

Ainsi que l'indique cette circulaire, ils sont répartis ultérieurement entre les corps de toutes armes, suivant les besoins.

Agents secondaires des ponts et chaussées.

Les agents secondaires des ponts et chaussées (conducteurs, aspirants conducteurs) sont affectés aux régiments d'artillerie et du génie s'ils réunissent les conditions de taille et d'aptitude physique exigées pour ces armes.

Télégraphistes.

Des désignations individuelles font connaître aux commandants de recrutement les corps de troupe sur lesquels doivent être dirigés un certain nombre d'agents et de sous-agents de l'administration des postes et télégraphes.

Les télégraphistes ainsi désignés qui ne rejoignent pas les corps de troupe auxquels ils sont affectés sont signalés au Ministre (Direction de l'Infanterie ; 2e Bureau), avec indication des motifs les ayant empêchés de rejoindre.

Les employés de l'administration des P. T. T. affectés comme télégraphistes, qui ont obtenu le brevet d'aptitude militaire, pourront opter entre cette affectation et celle à laquelle ils peuvent prétendre en qualité de breveté (1).

Non-valeurs (2).

Les non-valeurs (jeunes soldats ayant obtenu un sursis postérieurement à la session ordinaire des conseils de revision, engagés, malades, décédés, etc...), sont réparties entre les corps de toutes armes, au prorata du contingent à fournir.

---

(1) Circulaire du 24 mai 1913 (*B. O.*, p. 637).

(2) Circulaire du 6 mai 1912.

Art. 4. — *Soutiens indispensables de famille.*

Les jeunes gens admis avant l'incorporation, par le conseil départemental, à faire bénéficier leur famille de l'allocation journalière de 0 fr. 75 prévue par l'article 22 de la loi du 21 mars 1905, comme soutiens indispensables de famille, sont affectés les premiers, abstraction faite de leur rang d'inscription sur la liste de recrutement, aux corps de troupe de toutes armes les plus rapprochés à desservir par leur recrutement, compte tenu de leur aptitude physique.

A cet effet, les commandants des bureaux de recrutement doivent réclamer d'urgence aux préfets les extraits des procès-verbaux modèle B annexés à l'instruction du 16 janvier 1911, concernant les hommes de leur subdivision classés soutiens de famille, lorsque ces documents ne leur parviennent pas en temps utile, à l'expiration de la séance extraordinaire du conseil de revision. Ils doivent, au besoin, faire prendre les noms de ces hommes à la préfecture, soit directement, soit par l'intermédiaire du commandant du bureau de recrutement du chef-lieu de département.

Les soutiens de famille aptes à l'infanterie sont affectés au régiment subdivisionnaire.

Dans les subdivisions où le nombre des soutiens de famille est supérieur au nombre d'hommes à fournir au régiment subdivisionnaire. l'excédent est envoyé au régiment de l'arme le plus à proximité alimenté par la subdivision, et cet excédent comprend les premiers inscrits sur la liste alphabétique de répartition (1).

Dans le cas, au contraire, où le nombre des soutiens de famille n'atteint pas le chiffre à fournir au corps d'infanterie stationné dans la subdivision, ce corps ne reçoit pas le chiffre fixé par la répartition, et la différence est répartie entre les corps d'infanterie des autres subdivisions, au prorata du contingent à fournir à chaque corps par le bureau de recrutement.

Les soutiens de famille originaires des départements de la Seine et du Rhône sont envoyés dans les corps les plus à proxi-

(1) Circulaire du 5 septembre 1911 (*B. O.* p. 1107).

mité, stationnés en dehors de ces départements, alimentés par les divers bureaux de recrutement des gouvernements militaires de Paris et de Lyon, en affectant aux corps les plus rapprochés les derniers inscrits sur la liste alphabétique de répartition (1).

Lorsque des soutiens de famille exerçant une profession spéciale doivent être affectés comme tels afin de parfaire les chiffres indiqués dans les tableaux annexés de l'arrêté annuel de répartition du contingent, ces jeunes gens sont naturellement envoyés dans les corps les plus rapprochés parmi ceux désignés dans lesdits tableaux (2).

Les jeunes gens admis comme soutiens de famille après leur incorporation doivent être maintenus à leur corps d'affectation.

Les dispositions ci-dessus prévues pour l'affectation des soutiens de famille sont applicables, sur leur demande, aux appelés dont un frère est mort en activité de service et qui servait comme appelé ou engagé (2).

Les demandes doivent être adressées aux commandants des bureaux de recrutement dont relèvent les intéressés, le 1er septembre au plus tard de l'année de l'incorporation; elles sont accompagnées d'un extrait de l'acte mortuaire du frère décédé ou de toute autre pièce en tenant lieu (2).

Art. 5. — *Affectations spéciales des hommes mariés ou veufs avec enfant.*

Les hommes mariés ou veufs avec enfant sont affectés, s'ils possèdent l'aptitude physique voulue, au régiment stationné au lieu même de leur résidence ou, à défaut, à celui qui se trouve le plus à proximité, quand bien même la subdivision à laquelle ils appartiennent n'est pas désignée pour fournir de jeunes soldats au régiment dont il s'agit.

Dans le cas où un homme marié ou veuf avec enfant ne possède pas l'aptitude physique voulue pour être incorporé dans le régiment de son domicile, il est affecté au corps le plus rapproché de l'arme à laquelle il est apte.

Si le nombre des hommes mariés ou veufs avec enfant

---

(1) Circulaire du 5 septembre 1911 (*B. O.*, p. 1107).
(2) Circulaire du 24 mai 1913 (*B. O.*, p. 637).

appartenant aux bureaux de recrutement des gouvernements militaires de Paris et de Lyon est supérieur au nombre de jeunes soldats que ces bureaux doivent fournir aux corps ou fractions de corps stationnés à Paris ou à Lyon; il y a lieu, néanmoins, d'affecter les hommes dont il s'agit à ces corps ou fractions de corps.

Les hommes mariés ou veufs avec enfant appartenant aux bureaux de recrutement des départements et qui sont en résidence dans les départements de la Seine ou de Seine-et-Oise sont affectés par les soins du gouverneur militaire de Paris.

A cet effet, les commandants des bureaux de recrutement adressent à cet officier général un état (modèle n° 2) indiquant le nombre d'hommes de leur subdivision en résidence dans les départements de la Seine ou de Seine-et-Oise, qui se trouvent dans les conditions voulues pour recevoir une affectation spéciale. Cet état fait connaître le nom des jeunes gens, le service (armé ou auxiliaire) dans lequel ils ont été classés, leur degré d'instruction, leur taille, leur profession, ainsi que l'arme (pour ceux du service armé) à laquelle ils sont plus particulièrement aptes.

Le gouverneur militaire de Paris, après avoir arrêté la répartition de ces hommes, notifie l'affectation donnée à chacun d'eux au bureau de recrutement intéressé qui établit l'ordre d'appel.

Les hommes autorisés à se marier après leur incorporation doivent être maintenus à leur corps d'affectation.

Les mesures spéciales édictées ci-dessus en faveur des soutiens de famille et des hommes mariés ou veufs avec enfant ne sont pas applicables aux hommes ayant encouru une condamnation correctionnelle avec ou sans sursis, ou non pourvus d'un certificat de bonne vie et mœurs. Toutefois, en ce qui concerne les condamnations à l'amende, il ne sera tenu compte que de celles prononcées pour délits visés à l'article 5 de la loi de recrutement (1).

Sont également exclus de ces mesures les hommes ayant con-

(1) Circulaire du 12 janvier 1912 (*B. O.*, p. 272).

tracté mariage postérieurement au 15 août de l'année de l'incorporation (1).

Le certificat de bonne vie et mœurs visé ci-dessus est établi à partir du 25 août, au plus tôt, de l'année de l'incorporation et adressé par les intéressés au commandant du bureau de recrutement dont ils relèvent, le 1er septembre au plus tard.

Les commandants de recrutement réclament cette pièce aux hommes qui ne l'ont pas produite à cette date et donnent une affectation normale à ceux qui n'ont pas fourni le certificat le 12 septembre (2).

Art. 6. — *Affectation des appelés ayant un frère sous les drapeaux.*

Les frères faisant partie du même appel et tous les frères de militaires déjà liés au service comme appelés ou engagés, à l'exception des frères de rengagés, de commissionnés ou d'officiers doivent, s'ils le demandent et s'ils ont l'aptitude physique requise, être placés dans le même régiment ou dans le régiment où leur frère se trouve déjà incorporé au moment de leur appel sous les drapeaux, quelle que soit la raison qui ait fait affecter le premier frère à un corps déterminé. Il est bien entendu, toutefois, que ces dispositions ne sont pas applicables aux frères des hommes servant dans les corps d'épreuve, ni aux jeunes soldats ayant encouru des condamnations ou n'ayant pas produit en temps utile le certificat de bonne vie et mœurs dans les conditions indiquées à l'article 5 pour les hommes mariés et les soutiens de famille (2).

Au cas où le plus jeune des deux frères (ou le dernier appelé) n'a pas l'aptitude physique requise pour servir dans le même corps que l'aîné (ou le premier incorporé), ce jeune soldat est affecté à un autre corps stationné dans la même garnison, si cette garnison comporte des troupes d'autres armes (y compris les sections).

Les intéressés doivent adresser leur demande au commandant

---

(1) Circulaire du 12 janvier 1912.
(2) Circulaires des 6 mai 1912 et 24 mai 1913.

du bureau de recrutement dont ils relèvent, dans les quinze jours qui suivent leur comparution devant le conseil de revision (1).

De même que pour les jeunes soldats classés soutiens indispensables de famille, les jeunes soldats dont un frère est présent sous les drapeaux en même temps qu'eux et qui n'ont pas fait valoir leur droit avant leur incorporation, ne sont pas autorisés à se prévaloir de la présence de ce frère dans un corps pour demander à y passer eux-mêmes.

Art. 6 *bis* (2). *Bénéficiaires d'une affectation spéciale.* — Lorsque des jeunes gens bénéficiaires d'une affectation spéciale prévue aux articles ci-dessus (mariés, frères d'appelés, titulaires du B. A. M., musiciens, ouvriers spéciaux, etc.) peuvent régulièrement être affectés à des corps alimentés par la subdivision dont ils dépendent, ces jeunes gens ne doivent pas être affectés en surnombre; ils sont, au contraire, en tenant compte de leur aptitude physique ou professionnelle, désignés tout d'abord pour ces corps, dont le contingent fixé par l'arrêté est ensuite complété au moyen de jeunes gens à désigner d'après la règle générale.

Art. 6 *ter* (3). Les hommes du contingent qui ont bénéficié d'une affectation de faveur en qualité de mariés, soutiens de famille, frères au service, possesseurs du brevet d'aptitude militaire, etc., peuvent, ultérieurement, être envoyés dans une garnison autre que celle qui leur a été primitivement attribuée :

1° Lorsque, au cours de leur temps d'activité, ces militaires sont l'objet d'une promotion et que les nécessités du service ne permettent pas de les maintenir sur place;

2° Lorsque le corps ou le détachement auquel ils appartiennent est appelé à changer de garnison;

3° Par mesure de discipline, ainsi qu'il est prévu à l'article 240 de l'instruction du 20 février 1908 sur le service courant.

(1) Circulaire du 8 mai 1911.
(2) Circulaire du 24 mai 1913.
(3) Circulaire du 9 septembre 1913 (*B. O.*, p. 1079).

Art. 7. — *Jeunes gens en résidence à l'étranger, aux colonies ou dans les pays de protectorat.*

Les jeunes gens qui sont signalés aux commandants des bureaux de recrutement comme étant en résidence régulière à l'étranger sont affectés, dès le 1er juin, à l'un des corps de troupe alimentés par la subdivision de leur domicile, d'après les circulaires de répartition du contingent de l'année précédente (service armé ou service auxiliaire).

Toutefois, en ce qui concerne spécialement les jeunes gens en résidence régulière en Angleterre, Belgique, Suisse ou Espagne, on se conformera aux dispositions suivantes (1) :

Après les opérations de la revision et avant le 30 juillet de chaque année, les commandants des bureaux de recrutement adressent au Ministre de la guerre, sous le timbre « Direction de l'Infanterie ; Recrutement », un état nominatif (modèle n° 3) indiquant les noms, prénoms, cantons, numéros d'inscription sur la liste cantonale, taille, profession, aptitude aux différentes armes, lieux de résidence des jeunes gens en question reconnus aptes au service armé ou auxiliaire.

Ces jeunes gens sont affectés par décisions ministérielles spéciales, savoir :

Ceux résidant en Angleterre, à des corps ou services des 1er, 2e, 3e et 10e corps occupant des garnisons voisines de la Manche ;

Ceux habitant la Belgique, la Suisse ou l'Espagne, à des corps ou services stationnés sur le territoire des corps d'armée voisins de leur résidence (1).

Ils ne sont donc pas affectés selon les règles prescrites au premier paragraphe du présent article.

Les jeunes gens qui ont été inscrits sur les tableaux de recensement de la métropole et qui, après y avoir été examinés par le conseil de revision, sont allés résider en Algérie, en Tunisie, aux colonies ou pays de protectorat, sont affectés aux corps stationnés dans la colonie ou le pays de protectorat de leur résidence, savoir (1) :

---

(1) Circulaire du 8 mai 1911.

Ceux qui sont en résidence en Algérie, par les soins du général commandant le 19e corps d'armée;

Ceux qui résident en Tunisie, par le général commandant la division d'occupation;

Et ceux des autres colonies ou pays de protectorat, par le commandant des troupes stationnées dans la colonie ou le pays de protectorat.

Afin de permettre aux autorités militaires compétentes de procéder, en toute connaissance de cause, à l'affectation des jeunes gens portés sur les listes de recrutement de la métropole, les commandants des bureaux de recrutement du domicile en France adressent à ces autorités, aussitôt après les opérations de la revision, tous les renseignements qu'ils ont recueillis sur les aptitudes physique ou professionnelle des jeunes gens.

Les ordres d'appel sont transmis en blanc en même temps que ces renseignements.

Lorsque les affectations sont prononcées, elles sont portées à la connaissance des commandants de recrutement dont dépendent les jeunes gens.

Ces derniers sont tenus d'accomplir les deux années de service actif prévues par l'article 32 de la loi du 21 mars 1905 (1).

D'autre part, les jeunes gens portés sur les tableaux de recensement de l'Algérie, de la Tunisie, des colonies ou pays de protectorat qui résident en France au moment de l'appel de leur classe sont affectés, *s'ils le demandent*, par les soins du commandant du bureau de recrutement de leur résidence à des corps alimentés par ledit bureau, d'après les règles générales d'affectation, et accomplissent deux années de service actif (1).

Les jeunes gens recensés en Algérie et en Tunisie, qui y résident au moment de l'appel de leur classe, sont affectés, les uns, par le général commandant le 19e corps d'armée, les autres, par le général commandant la division d'occupation de Tunisie (1).

Quant à ceux qui, résidant aux colonies ou pays de protectorat autres que l'Algérie et la Tunisie, y ont été recensés conformément à l'article 13 de la loi du 21 mars 1905 et qui continuent à y résider au moment de l'appel, ils sont affectés par le

(1) Circulaire du 8 mai 1911.

commandant des troupes aux corps stationnés dans la colonie ou le pays de protectorat et y accomplissent le temps de service prévu par l'article 90 de la loi, dans les conditions déterminées par l'arrêté du 9 février 1910 (1).

Enfin, conformément à l'article 3 de l'arrêté ci-dessus visé, les jeunes gens originaires d'une colonie, qui résident dans la métropole *à l'époque de la formation de leur classe*, sont affectés d'office par les soins du commandant du bureau de recrutement de leur résidence à des corps alimentés par ce bureau et y accomplissent deux années de service actif (1).

Ceux de ces jeunes gens qui ne pourraient supporter le climat de la région où ils sont incorporés seront, sur l'avis du médecin du corps, envoyés dans des régions dont le climat se rapproche le plus de celui du pays d'origine de ces appelés (2).

De même, les hommes originaires de la métropole qui sont en résidence à l'étranger, dans des pays chauds, pourront, après l'incorporation, pour raison de santé, être envoyés dans des régiments stationnés dans le midi de la France (2).

Art. 8. — *Affectation des bons absents.*

Les règles d'affectation qui précèdent sont entièrement applicables aux hommes pris « *bons absents* ».

L'appel à l'activité de ces hommes a lieu dans les conditions spéciales visées à l'article 17 ci-après.

Art. 9. — *Etablissement du registre matricule et des livrets. — Inscriptions à faire sur ces derniers. — Envoi des livrets et de divers documents aux corps de troupe.*

Le registre matricule, le répertoire alphabétique annexe à ce registre, les livrets, les ordres d'appel et les listes de gendarmerie doivent être commencés dès que les jeunes gens ont été examinés par le conseil de revision. Ils doivent être continués sans interruption, de manière à être achevés et collationnés (sauf en ce qui concerne l'indication des corps d'affectation, du point

---

(1) Circulaire du 8 mai 1911.
(2) Circulaire du 24 mai 1913.

à rejoindre et de la date à laquelle l'homme doit se présenter à son corps) pour le 1er septembre de chaque année.

Les livrets des jeunes gens ayant obtenu le certificat d'aptitude à la conduite des voitures automobiles doivent mentionner l'obtention de ce certificat dans la case à ce destinée.

D'autre part, les commandants des bureaux de recrutement doivent avoir soin de faire figurer à la première page des livrets individuels, conformément aux prescriptions du décret du 20 mars 1906, l'inscription relative au mariage contracté par les jeunes soldats avant leur incorporation.

Les livrets doivent faire mention, aussi exactement que possible, du signalement et de la taille des titulaires (1).

En même temps que l'état modèle n° 30 annexé à l'instruction du 13 janvier 1908 relative aux frais de déplacement (vol. n° 100⁵, p. 269), les commandants de recrutement envoient aux corps et services :

1° A l'aide d'un bordereau d'envoi (modèle n° 4), les livrets des jeunes soldats qui leur sont affectés (2);

2° La liste nominative de ceux de ces jeunes soldats signalés comme illettrés (modèle n° 5) ;

3° Une liste nominative confidentielle de ceux ayant des antécédents judiciaires, renfermant pour chacun d'eux un bulletin confidentiel (modèle n° 6) des condamnations encourues.

Les corps doivent accuser réception de ces documents et renvoyer, quarante-huit heures après la date fixée pour l'arrivée au corps ou service, le bordereau d'envoi des livrets, après l'avoir complété par l'indication du numéro matricule et de la date d'arrivée au corps ou, le cas échéant, par la mention « non arrivé » portée dans la colonne « Observations » (2).

Les commandants des bureaux de recrutement font parvenir aux autorités maritimes chargées de l'incorporation un état signalétique de tous les hommes affectés à l'armée de mer, pour servir à l'établissement des livrets (modèle de la marine).

Ces états signalétiques sont adressés à l'aide d'une liste nomi-

(1) Les commandants de recrutement indiquent avec soin sur le livret matricule si le jeune homme exerce la profession de musicien ou s'il connaît la musique vocale seulement ou la musique instrumentale, ou enfin s'il fait partie d'une musique ou d'une fanfare municipale.
(2) Circulaire du 8 mai 1911.

native (analogue au bordereau d'envoi des livrets de l'armée de terre) qui est renvoyée au commandant de recrutement intéressé, après avoir été complétée (par le commandant du dépôt) par la date d'incorporation et le numéro matricule de chacun des intéressés (1).

Art. 10. — *Jeunes soldats reconnus bons pour le service auxiliaire.*

Aucune condition d'aptitude physique n'est exigée pour l'affectation aux différentes armes des hommes du service auxiliaire. Toutefois, en ce qui concerne la taille, il y a lieu de se conformer, autant que possible, aux indications du tableau de l'annexe n° 1 de la présente instruction.

Toutes les fois que la nécessité de fournir les spécialités indiquées dans les tableaux annexés à la circulaire annuelle de répartition des hommes du service auxiliaire ne s'y oppose pas, les affectations sont prononcées conformément aux prescriptions de la présente instruction.

Les hommes mariés, les résidants à l'étranger ou aux colonies, les appelés ayant un frère sous les drapeaux, les soutiens de famille sont affectés d'après les règles fixées pour les hommes de ces catégories appartenant au service armé.

Toutefois, quand le nombre des mariés et des soutiens de famille est inférieur au nombre d'hommes à envoyer dans les corps de la subdivision, le chiffre fixé doit être atteint par la désignation d'autres hommes non mariés, ni soutiens de famille, mais toujours du service auxiliaire, et d'après leur rang d'inscription sur les listes alphabétiques de répartition, les premiers inscrits étant envoyés dans les corps les plus éloignés.

Les hommes du service auxiliaire attribués aux corps d'infanterie et d'artillerie sont dirigés sur la portion principale, sauf les exceptions indiquées dans les tableaux annexés aux circulaires de répartition.

La répartition entre la portion principale et les détachements est faite, quand il y a lieu, par le chef de corps, après l'incorporation, au mieux des intérêts du service.

(1) Circulaire du 8 mai 1911.

Les soutiens de famille sont, de préférence, désignés pour les détachements, si ces détachements se trouvent stationnés plus à proximité que la portion principale du domicile des intéressés (1).

Les jeunes soldats à affecter aux compagnies ou annexes de remonte, et particulièrement à la 5e compagnie chargée d'alimenter diverses écoles, doivent être d'une taille élevée ($1^{m},64$ au minimum) et choisis, autant que possible, parmi ceux habitués à soigner les chevaux.

Les commandants des bureaux de recrutement doivent affecter de préférence aux régiments d'artillerie, dans la composition desquels entrent les sections et compagnies d'ouvriers d'artillerie, ainsi qu'aux régiments du génie, les ouvriers qui sont pourvus d'un certificat d'aptitude professionnelle.

Les jeunes gens appartenant à l'administration des postes et télégraphes doivent tous, sans aucune exception, être affectés au 5e régiment du génie (24e bataillon). Les autres hommes formant le complément du contingent à fournir à ce bataillon ne peuvent être désignés qu'après que le commandant de recrutement s'est assuré qu'ils possèdent une bonne instruction générale les mettant à même de rendre rapidement de bons services.

Si le nombre de jeunes gens signalés comme aptes à l'emploi de secrétaires dans les sections de secrétaires d'état-major et de recrutement est inférieur au contingent à fournir, les commandants des bureaux de recrutement affectent à ces sections :

1° Tous les jeunes gens pourvus du certificat d'aptitude à l'emploi de secrétaires dans lesdites sections ;

2° Les hommes ayant obtenu le certificat d'aptitude à l'emploi de secrétaire dans les sections d'infirmiers militaires qui restent disponibles ;

3° Des hommes de professions diverses pouvant être employés comme plantons ou ordonnances.

Des états annexés aux circulaires de répartition indiquent les professions que doivent exercer les jeunes soldats destinés aux écoles militaires, aux compagnies d'ouvriers d'artillerie, aux sections d'administration et aux sections d'infirmiers militaires.

---

(1) Circulaire du 24 mai 1913.

Les ouvriers de diverses professions qui n'ont pas été répartis dans ces états sont affectés aux régiments d'artillerie et du génie pour le service des établissements.

Autant que possible, les régiments d'artillerie doivent recevoir deux fois plus de secrétaires et d'ouvriers en fer que les régiments du génie, et trois fois plus d'ouvriers en bois.

L'appel à l'activité des hommes du service auxiliaire a lieu aux mêmes dates et d'après les mêmes règles que celles fixées pour l'appel des hommes du service armé.

CHAPITRE II.

APPEL DU CONTINGENT.

SECTION I. — Envoi des ordres d'appel.

Art. 11. — *Dispositions générales.*

L'appel sous les drapeaux des jeunes gens du contingent a lieu au moyen de bulletins format carte postale conformes au modèle n° 7 annexé à la présente instruction.

Ces bulletins, repliés en deux, peuvent se partager suivant la ligne de séparation formée par le pointillé.

La première partie (couleur jaune clair) constitue l'ordre d'appel proprement dit et doit être conservée par le titulaire; la deuxième partie (couleur bleu clair) forme le récépissé qui doit être renvoyé au commandant du bureau de recrutement expéditeur.

La première partie du bulletin (ordre d'appel) est remplie par les soins du commandant du bureau de recrutement, qui inscrit également sur la deuxième partie (récépissé) son adresse ainsi que les indications concernant la classe, le numéro matricule et le canton auquel appartient le jeune soldat.

Un décret, en date du 12 juillet 1903, a rendu applicables aux ordres d'appel des jeunes soldats du contingent les dipositions du décret du 4 octobre 1898 concédant la franchise postale aux ordres de convocation des réservistes et des territoriaux.

Les ordres d'appel des hommes du contingent sont transmis par la poste, dès qu'ils sont établis et au plus tard le 20 septembre de chaque année, comme correspondance privée ordinaire et n'exigent ni émargement, ni tenue d'aucun registre spécial de la part de l'administration des postes.

Comme pour la convocation des réservistes et des territoriaux, les bulletins portant ordre d'appel doivent être remis dans les bureaux de poste par paquets comprenant tous les ordres destinés aux communes desservies par un même bureau de poste. Afin d'éviter toute omission de timbrage, les paquets sont revêtus d'une étiquette portant, outre l'indication du bureau de poste destinataire, la mention « Ordres d'appel des jeunes soldats ».

Dans les grandes agglomérations, le dépôt des ordres d'appel dans les bureaux de poste peut être fait, à vingt-quatre heures d'intervalle, en deux ou trois fois, ou plus, suivant que le permet le temps restant à courir entre la date de dépôt et l'époque fixée pour la mise en route.

A la réception du bulletin, le destinataire détache le récépissé (partie bleue), le signe, le date et le remet *immédiatement* à la poste, sans affranchir.

En cas d'absence de l'intéressé, le bulletin peut être laissé à domicile, comme le serait une lettre ordinaire, si le facteur y trouve un correspondant qualifié. Si le bulletin n'a pu être remis à l'intéressé ni à un répondant quelconque, il est simplement retourné au bureau de recrutement envoyeur.

En aucun cas, l'administration des postes ne doit faire suivre les bulletins.

Si l'agent possède quelques indications relatives au lieu de séjour du jeune soldat, il les inscrit dans la case réservée à cet effet sur le récépissé (quatrième page).

Lorsqu'un ordre d'appel transmis par la poste n'a pas atteint le destinataire, ou lorsqu'un récépissé n'est pas de retour au bureau de recrutement dix jours après le dépôt au bureau de poste dudit ordre, il y a lieu de recourir, sans délai, à la gendarmerie pour faire parvenir un nouvel ordre d'appel.

Le gendarme chargé de la remise d'un bulletin qui rencontre le destinataire ou un répondant fait signer le récépissé et le renvoie lui-même, sans délai, au commandant du bureau de recrutement expéditeur.

Les commandants des bureaux de recrutement prennent toutes

les dispositions nécessaires pour que les jeunes soldats soient mis en possession de leur ordre d'appel, aussitôt que possible.

Art. 12. — *Dispositions spéciales.*

a) Jeunes gens résidant aux colonies ou dans les pays de protectorat, mais inscrits sur les listes de recrutement de la métropole.

Les ordres d'appel destinés aux jeunes gens en résidence aux colonies ou dans les pays de protectorat (Algérie, Tunisie, etc.), lorsque ces jeunes gens figurent sur les listes de recrutement de la métropole, sont transmis en blanc aux autorités militaires de la résidence chargées de prononcer les affectations. Ces autorités établissent les ordres d'appel et les font parvenir aux intéressés, conformément aux indications ci-dessus.

b) Jeunes gens en résidence à l'étranger.

Les jeunes gens signalés comme résidant à l'étranger reçoivent, à titre purement officieux, par l'intermédiaire du Ministre des affaires étrangères, un duplicata de l'ordre d'appel. Les commandants de recrutement portent sur cette copie en caractères apparents, à l'encre rouge, la mention suivante : « Communication officieuse faite à M..., de la copie de l'ordre d'appel adressé à son domicile en France »; ils indiquent également le lieu de résidence à l'étranger, ainsi que l'adresse.

La copie de l'ordre d'appel doit contenir en outre les renseignements suivants, inscrits sur un papillon adhérent à cette copie :

Le titulaire du présent ordre d'appel doit rejoindre à ses frais son corps d'affectation et, en aucun cas, il ne pourra obtenir, après son arrivée à destination, le remboursement intégral de la somme qu'il aura dépensée pour son voyage (1).

Il n'aura droit qu'aux frais de déplacement qui lui auraient été dus pour se rendre de la commune de son domicile en France au lieu de destination (1).

Toutefois, dans le cas où l'intéressé ne posséderait pas les ressources suffisantes pour se rendre en France, il devrait

(1) Circulaire du 8 mai 1911.

s'adresser à l'agent diplomatique ou consulaire de France le plus rapproché de sa résidence, lequel lui procurerait les moyens de transport et de subsistance nécessaires pour son voyage jusqu'à la frontière ou jusqu'au port de débarquement. Les frais de déplacement, pour le trajet à parcourir en France, lui seraient payés soit à la sous-intendance la plus rapprochée du point où il a franchi la frontière ou à celle du port de débarquement, soit à son arrivée au corps (1).

Par suite du caractère officieux de cette communication, un jeune homme résidant à l'étranger ne peut exciper de ce qu'il n'a pas reçu copie de son ordre au lieu de sa résidence hors de France, et est légalement déclaré insoumis s'il n'a pas rejoint après l'accomplissement des formalités légales et dans les délais légaux.

Tous les jeunes gens résidant à l'étranger doivent, en conséquence, recevoir au lieu de leur résidence, toutes les fois que ce lieu est suffisamment connu, non pas un duplicata de l'ordre de route, mais un duplicata de l'ordre d'appel adressé à leur domicile en France.

Les commandants des bureaux adressent à ces jeunes gens, entre le 1er et le 15 juin (2), le duplicata d'ordre d'appel susvisé portant convocation pour le 10 octobre.

Les intéressés doivent, en outre, être avertis que si, usant des délais de grâce prévus par l'article 83 de la loi du 21 mars 1905, ils ne rejoignent pas leur corps d'affectation à la date du 10 octobre, leurs deux années de service légal ne commenceront à courir que du jour de leur incorporation. Ils devront donc être retenus sous les drapeaux après le départ des hommes de leur classe pour y accomplir, jour pour jour, un temps de service égal au temps accompli par ceux qui auront été incorporés à la date normale (3).

Afin d'être renseignés d'une façon exacte, tant sur le lieu de résidence que sur le poste consulaire dont relèvent ces jeunes

---

(1) Circulaire du 8 mai 1911.

(2) Les duplicata destinés aux jeunes gens en résidence régulière en Angleterre, en Belgique, en Suisse ou en Espagne, ne leur sont envoyés que lorsque les recrutements intéressés ont reçu notification des décisions ministérielles spéciales prononçant leur affectation.

(3) Circulaire du 6 mai 1912.

gens, les commandants des bureaux de recrutement ont soin de recueillir en temps opportun, auprès des préfets, toutes les indications utiles.

Bien que l'article 4 de l'instruction du 20 mars 1906 prescrive *d'effectuer l'envoi du duplicata d'ordres d'appel destinés aux jeunes soldats en résidence à l'étranger* par l'intermédiaire du Ministre des affaires étrangères (Direction des Affaires administratives et techniques; Sous-Direction des Chancelleries; Bureau du Service militaire), il convient de ne recourir à ce mode de transmission qu'à titre exceptionnel et seulement si les renseignements sur le poste diplomatique ou consulaire dont dépendent les jeunes gens sont incertains ou font complètement défaut.

Dans tous les autres cas, les duplicata d'ordre d'appel doivent être adressés directement à l'agent diplomatique ou consulaire de France dans la circonscription duquel le destinataire réside.

A cet effet, les commandants des bureaux de recrutement consultent la liste alphabétique des postes diplomatiques et consulaires qui leur a été adressée en 1909. Il est, dès lors, nécessaire de rechercher, pour chaque localité de destination, la province du pays auquel elle appartient et de vérifier quel est le poste dans le ressort duquel cette province est comprise. Les commandants des bureaux de recrutement ne sont autorisés à adresser directement les duplicata d'ordre qu'aux agents diplomatiques ou consulaires indiqués dans la liste en question (1), en s'abstenant de recourir, pour quelque motif que ce soit, à l'intervention des autorités des pays étrangers.

Il est, d'ailleurs, rappelé qu'un décret en date du 29 juillet 1889 permet aux commandants des bureaux de recrutement de requérir du receveur des postes de leur résidence, dans les conditions déterminées par le paragraphe 2 de la lettre collective n° 106 du 7 août 1883 (vol. 38), l'affranchissement sans frais de la correspondance relative au service militaire adressée par eux, sous plis fermés, aux agents diplomatiques ou consulaires de France à l'étranger.

---

(1) Les « agents consulaires », agents non rétribués, relèvent exclusivement du chef de la circonscription consulaire dans laquelle se trouve leur résidence (ambassadeur, ministre, consul général, consul ou vice-consul).

La lettre de transmission des duplicata d'ordres d'appel est accompagnée d'un bordereau récapitulatif, conforme au modèle n° 8 joint à la présente instruction (1). En principe, il doit être établi un bordereau unique pour un seul et même destinataire (Ministre des affaires étrangères, agent diplomatique ou consulaire). Toutefois, il peut être fait, s'il y a lieu, un envoi supplémentaire, comprenant les duplicata destinés aux hommes dont le séjour hors de France, jusqu'alors ignoré du commandant du bureau de recrutement, ne lui a été révélé qu'à la suite de la remise, au lieu de son domicile légal, de l'original de l'ordre d'appel.

SECTION II. — JEUNES GENS AUTORISÉS A NE PAS RÉPONDRE A L'ORDRE D'APPEL.

Art. 13. — *Jeunes gens atteints d'infirmités et susceptibles d'être réformés.*

Les opérations concernant la réforme sont réglées par l'instruction spéciale relative au fonctionnement des commissions de réforme.

Les jeunes gens qui se croient susceptibles d'être réformés doivent en faire la déclaration, dès la réception de leur ordre d'appel sous les drapeaux, au commandant de la brigade de gendarmerie de leur résidence. Celui-ci transmet, sans retard, les demandes au commandant du bureau de recrutement dont dépend le siège de sa brigade, en les appuyant d'un bulletin d'appréciation et, si possible, d'un certificat délivré par un médecin.

Le commandant de recrutement convoque, devant la commission spéciale, les jeunes gens qui lui paraissent susceptibles d'être réformés.

L'ordre de convocation indique que le titulaire a droit au voyage à prix réduit en chemin de fer.

La commission ne doit pas réformer temporairement les jeunes gens qui, après avoir été ajournés, ont été reconnus bons lors de leur seconde comparution devant le conseil de revision,

---

(1) Il est recommandé aux commandants des bureaux de recrutement de ne pas omettre de reproduire sur les bordereaux récapitulatifs le nota qui figure dans l'angle supérieur droit du modèle.

mesure qui équivaudrait à un second ajournement, contrairement à l'article 19 de la loi du 21 mars 1905. La commission doit prendre à leur égard une décision de classement dans le service armé ou dans le service auxiliaire, ou de réforme définitive.

Les commandants des bureaux de recrutement dont relèvent les jeunes gens sont prévenus sans retard, par leur collègue, de la réforme de ceux qui ne sont qu'en résidence dans la subdivision où ils se sont présentés devant la commission spéciale.

Art. 14. — *Sursis d'incorporation* (1).

Les jeunes gens, aussi bien ceux classés dans le service auxiliaire que ceux reconnus aptes au service armé, qui se trouvent dans la situation indiquée à l'article 20 de la loi du 21 mars 1905 et n'ont pas obtenu du conseil de revision le sursis d'incorporation prévu audit article, adressent, par l'intermédiaire de la gendarmerie, une demande de sursis d'incorporation au commandant de recrutement dont ils relèvent. Le commandant de recrutement, après s'être assuré que le réclamant réunit les conditions exigées, établit un titre spécial conforme au modèle n° 9 annexé à la présente instruction et le soumet, avec la demande, à la signature du général commandant la subdivision.

L'intéressé a la faculté de renoncer ultérieurement à son sursis ; s'il y renonce avant la date fixée pour le départ de sa classe, il est incorporé avec cette classe ; mais si sa renonciation est postérieure à cette date ou si elle a lieu dans l'intervalle compris entre le départ de deux classes, il ne peut être mis en route qu'avec la première classe appelée après sa renonciation.

La même renonciation peut être acceptée, dans les mêmes conditions, de la part des jeunes gens ayant obtenu un sursis en vertu de l'article 21 de la loi. Toutefois, ils peuvent rejoindre les drapeaux à toute époque de l'année. Ils accomplissent deux années de service et suivent ensuite le sort de la classe appelée dans l'année de leur incorporation.

(1) Les généraux commandant les subdivisions sont délégués pour accorder les sursis d'incorporation pour raison de santé. (Instruction du 18 janvier 1916, *B. O.*, p. 188.)

Art. 15. — *Sursis d'arrivée.*

Les jeunes gens qui, pour cause de maladie ou pour de sérieux intérêts de famille, désirent obtenir un sursis d'arrivée, remettent, dès la réception de leur ordre d'appel, une demande appuyée de certificats constatant leur situation, au commandant de la brigade de gendarmerie de leur résidence. Celui-ci transmet ces demandes, en y joignant un bulletin de renseignements, au commandant du bureau de recrutement dont dépend sa brigade. Cet officier supérieur soumet les dossiers, accompagnés de son avis personnel, au général commandant la subdivision, qui statue et lui notifie sa décision.

Les sursis d'arrivée que les généraux décident d'accorder pour cause de maladie sont d'une durée maximum de trente jours; ils peuvent être renouvelés.

Les sursis délivrés pour toute autre cause que la maladie ne doivent pas dépasser quinze jours; ils peuvent être renouvelés une fois seulement.

Les dimanches et jours fériés n'entrent pas en compte dans la durée de ces sursis.

Ces derniers sursis ne sont autre chose, en effet, que des permissions d'absence, lesquelles, aux termes de l'article 38 de la loi du 21 mars 1905, ne peuvent être accordées que jusqu'à concurrence d'un total de trente jours, au maximum, pendant toute la durée du service actif.

En conséquence, les jeunes gens qui ont obtenu, pour toute autre cause que la maladie, des sursis d'arrivée d'une durée totale de trente jours, sont prévenus qu'en dehors des dimanches et des jours fériés et sauf les cas de force majeure, ils ne pourront plus s'absenter pendant leur présence sous les drapeaux.

Les jeunes gens qui demandent un sursis d'arrivée, renouvelé ou non, sont informés de la suite donnée à leur demande par le commandant de recrutement qui l'a transmise. Cet officier supérieur avise également, le cas échéant, son collègue de la subdivision dont relève l'intéressé.

Art. 16. — *Jeunes gens devenus Français par voie de naturalisation ou de réintégration.*

Aux termes de l'article 12 de la loi du 21 mars 1905, les individus devenus Français par voie de naturalisation, réintégration ou déclaration faite conformément aux lois, sont incorporés en même temps que la classe avec laquelle ils ont pris part aux opérations du recrutement; mais ils ne peuvent être maintenus sous les drapeaux au delà de leur vingt-septième année révolue.

En présence de ces dispositions, les jeunes gens dont il s'agit qui atteindront leur vingt-septième année moins de trois mois après la date fixée pour l'appel à l'activité de la classe avec laquelle ils ont été recensés, ne sont pas incorporés ; ceux qui auraient moins de deux ans de service à faire avant d'avoir cet âge ne sont pas affectés aux corps de cavalerie ni aux batteries d'artillerie à cheval des divisions de cavalerie.

SECTION III. — Mise en route.

Art. 17. — *Mesures à prendre pour la mise en route.*

Les jeunes gens rejoignent directement et individuellement, au jour fixé par leur ordre d'appel, les corps ou fractions de corps auxquels ils sont affectés (1).

Toutefois, ceux qui sont destinés aux corps ou fractions de corps stationnés en Corse, en Algérie ou en Tunisie, se rendent, au jour fixé par leur ordre d'appel, au bureau de recrutement de leur résidence, où ils sont formés en détachements et d'où ils sont mis en route sur le port d'embarquement. Ils doivent être rendus au port d'embarqucment aux dates et heures fixées par les circulaires annuelles de répartition du contingent. Les cadres de conduite sont composés suivant la force des détachements, conformément aux indications ci-après :

---

(1) Les bons absents, y compris les soutiens de famille de cette catégorie, sont appelés à l'activité à la date du 1er octobre. L'ordre d'appel porte à l'encre rouge la mention « Bon absent ». (Toutefois, les bons absents dirigés sur les bataillons d'infanterie légère d'Afrique ne sont pas nécessairement appelés dès le 1er octobre.) (Circulaire du 5 septembre 1911.)

Pour un détachement de 150 hommes et au-dessus, 1 sous-officier et 3 caporaux ou brigadiers ;

Pour un détachement de 100 à 150 hommes, 1 sous-officier et 2 caporaux ou brigadiers ;

Pour un détachement de 60 à 100 hommes, 1 sous-officier et 1 caporal ou brigadier ;

Pour un détachement de 20 à 60 hommes, 1 caporal ou brigadier ;

Pour un détachement au-dessous de 20 hommes, soit de 6 à 19, la conduite est confiée à un jeune soldat choisi avec soin.

Les détachements supérieurs à 150 hommes, provenant des grands centres (Paris, Marseille, Lyon, Lille, Bordeaux, Toulouse, Montpellier, etc.), sont encadrés par un lieutenant, deux sous-officiers et quatre caporaux ou brigadiers.

Les cadres de conduite doivent renseigner les jeunes soldats sur les obligations auxquelles ces derniers sont tenus dès qu'ils sont réunis en détachement ; à cet effet, avant le départ, chaque chef de groupe donne à ses hommes lecture des recommandations suivantes contenues dans une instruction qui est remise à tous les gradés désignés pour faire partie de ces cadres de conduite :

1° A partir du moment où les jeunes soldats sont réunis en détachement, ils sont soumis aux lois et règlements militaires :

2° Les recrues doivent l'obéissance la plus absolue aux officiers, sous-officiers, caporaux ou brigadiers chargés de les conduire à destination ;

3° Les jeunes soldats doivent avoir, pendant le parcours, une tenue régulière et une attitude correcte ; ils doivent éviter tout écart de conduite et s'abstenir, notamment dans les grandes villes, dans les gares et les voitures de chemins de fer, de crier, de chanter et de commettre tout acte qui pourrait donner lieu à des scènes de désordre ;

4° Toute faute grave rend son auteur passible d'une punition disciplinaire qui peut entraîner le maintien au corps après la libération de la classe à laquelle appartient le délinquant.

Tout refus d'obéissance, toute injure ou voie de fait envers un militaire gradé ou un militaire de la gendarmerie conduit le coupable devant un conseil de guerre.

Les corps de l'Algérie et de la Tunisie auxquels est destinée la plus forte partie du contingent à embarquer sur chaque paquebot envoient, pour recevoir les hommes au port d'embarquement, des officiers à raison de :

Un lieutenant ou sous-lieutenant pour toute fraction supérieure à 100 hommes et inférieure ou égale à 250;

Un capitaine et un lieutenant ou sous-lieutenant pour toute fraction supérieure à 250 hommes et inférieure à 400;

Un capitaine et plusieurs lieutenants ou sous-lieutenants pour les détachements comptant 400 hommes et plus.

Les hommes des cantons du département des Bouches-du-Rhône dépendant des subdivisions de Digne et de Toulon, au lieu d'être convoqués à leur bureau de recrutement respectif, sont dirigés sur le bureau de Marseille qui est chargé d'assurer l'embarquement de ces hommes.

Les commandants des bureaux de recrutement de Digne et de Toulon fournissent à leur collègue de Marseille tous les renseignements nécessaires à cet effet.

Les jeunes gens originaires de la Corse rejoignent directement et individuellement les corps ou fractions de corps auxquels ils sont affectés, lorsque ces corps ou fractions de corps sont stationnés dans l'île; ceux qui sont désignés pour les corps ou fractions de corps en dehors de l'île sont dirigés directement sur le port d'embarquement le plus rapproché de leur résidence.

Les hommes de la subdivision de Nice appelés à servir en Corse s'embarquent à Nice.

L'autorité militaire locale prend les mesures nécessaires pour l'embarquement et le débarquement des hommes désignés aux deux paragraphes ci-dessus et pour assurer le maintien de l'ordre sur les paquebots pendant la traversée.

Les jeunes gens destinés aux fractions de corps stationnés à Jausiers et à Tournoux sont dirigés sur Chorges, où ils doivent être rendus le jour fixé pour l'arrivée au corps et non la veille. Un cadre de conduite est envoyé à l'avance à Chorges, d'où les jeunes soldats sont mis en route, par étapes, sur Jausiers et Tournoux. Les vivres et le cantonnement doivent être assurés pour ce trajet.

Le gouvernement militaire de Lyon prend les mesures nécessaires pour l'exécution de ces dispositions.

Art. 18. — *Allocations dues aux jeunes soldats pour rejoindre leur corps.*

Les allocations à attribuer aux jeunes soldats rejoignant leur corps sont déterminées par l'annexe n° 1 à l'instruction sur le service des frais de déplacement des militaires isolés (*B. O.*, É. M., vol. n° 100⁵, p. 137).

SECTION IV. — Dispositions diverses.

Art. 19. — *Transport des jeunes soldats sur les voies ferrées.*

Les règles à suivre pour le transport des jeunes soldats par chemin de fer, qu'ils rejoignent isolément ou bien en détachement, sont déterminées par le règlement sur les transports militaires ordinaires du 4 juin 1902.

Pour l'établissement des divers documents qu'elles doivent fournir aux agents des compagnies de chemin de fer (itinéraires, avis de transport des détachements, états des isolés à mettre en route des différentes gares de chaque subdivision de région, etc.), les autorités militaires intéressées prennent pour base les effectifs des circulaires de répartition des jeunes soldats entre les corps.

Art. 20. — *Mesures d'ordre dans les gares.*

Dans les gares importantes, afin d'éviter les encombrements aux guichets, les jeunes soldats sont invités à se présenter pour prendre leur billet une heure avant le départ du train.

Les hommes payent leurs billets et sont remboursés à leur arrivée au corps.

L'autorité militaire locale prend les dispositions qui lui paraissent nécessaires au maintien de la tranquillité publique; elle s'entend avec les représentants des compagnies de chemins de fer pour déterminer les gares où il pourrait être nécessaire d'organiser un service de surveillance, ainsi que les garnisons appelées à fournir ce service.

Elle apprécie également dans quelle mesure la gendarmerie doit concourir à l'exécution du service d'ordre, tant au départ que pendant le trajet des jeunes soldats.

En ce qui concerne spécialement le réseau de l'Est, sur lequel les transports sont plus importants que sur tout autre réseau, il importe de désigner dans toutes les gares des villes de garnison, ainsi que dans les bifurcations importantes situées en dehors de ces villes, des postes commandés, autant que possible, par des adjudants. Les gradés ou gendarmes de planton sont tout à fait insuffisants pour maintenir l'ordre au moment du passage de nombreux isolés.

Il importe que les consignes données aux chefs de poste soient établies avec précision, relativement au service à assurer et aux dispositions à prendre à l'égard des hommes donnant lieu à des plaintes.

L'autorité militaire se fait rendre compte notamment du nombre d'hommes qui se sont présentés en état d'ivresse et ont causé du désordre ou fait du tapage.

A l'arrivée des trains, des sous-officiers et caporaux ou brigadiers sont envoyés à la gare pour prendre les jeunes soldats, les former en ordre et les conduire à la caserne.

Art. 21. — *Publicité à donner aux dispositions annuelles concernant l'appel des jeunes soldats.*

Dans l'intérêt des hommes appelés, il importe de donner la plus grande publicité aux dispositions prévues annuellement pour l'appel des classes.

A cet effet, les généraux commandant les corps d'armée se concertent avec les préfets pour faire reproduire dans les journaux de leur région, plusieurs fois de suite, s'il est possible, les dispositions dont il s'agit, notamment celles relatives aux dates fixées pour la mise en route du contingent.

Art. 22. — *Comptes numériques à fournir au Ministre sur les résultats de l'appel à l'activité des jeunes soldats.*

Les commandants des bureaux de recrutement font parvenir directement au Ministre, sous le timbre « 1re Direction ; 2e Bureau », le 1er décembre de chaque année, deux états (un concernant les hommes du service armé et un les hommes du service auxiliaire) présentant les résultats de l'appel à l'activité des jeunes soldats.

Ces états, du modèle n° 10 ci-joint, font ressortir, dans une colonne spéciale, le nombre de jeunes gens affectés à un corps où ils ont un frère comme appelé ou engagé, en distinguant les hommes dirigés sur des corps non désignés dans les circulaires de répartition pour recevoir de jeunes soldats de la subdivision.

CHAPITRE III.

RENVOI DE LA CLASSE LIBÉRABLE.

Art. 23. — *Dispositions générales.*

Les hommes libérables sont renvoyés dans leurs foyers à la date fixée annuellement par le Ministre de la guerre.

Les militaires appartenant à des corps qui, à cette date, ne sont pas rentrés des manœuvres, sont libérés dès leur retour dans les garnisons ; dans tous les cas, ils doivent être rentrés dans leurs foyers le 30 septembre.

Sont renvoyés en même temps que les hommes de la classe (1) :

Les jeunes gens comptant deux années de service qui ont contracté l'engagement spécial dit de devancement d'appel prévu à

---

(1) Transitoirement, les omis nés avant le 1er janvier 1885 et les dispensés, article 23 de la loi du 15 juillet 1889, ayant perdu leurs droits à la dispense et rappelés à l'activité, sont renvoyés en même temps que les hommes de la classe libérable.

Les dispensés, article 23, renonciataires, sont renvoyés dans leurs foyers dès qu'ils ont accompli dix mois de service supplémentaires.

Les dispensés, articles 50 et 81 de la loi du 15 juillet 1889, rappelés à l'activité comme ayant perdu leurs droits à la dispense, sont libérés après accomplissement d'une année de service (jour pour jour) sans pouvoir être maintenus sous les drapeaux après l'âge de 30 ans.

Tous les omis appartenant par leur âge aux classes antérieures à celle de 1913 sont renvoyés, à l'expiration de leur deuxième année de service, en même temps que les hommes de la classe libérable.

Sont renvoyés dans les mêmes conditions, les fils d'étrangers nés avant le 1er janvier 1893. (Circulaire du 14 mars 1914, *B. O.*, p. 427.)

l'article 50 de la loi du 21 mars 1905, s'ils ont obtenu le certificat d'aptitude aux fonctions de chef de section et pris l'engagement d'effectuer les périodes supplémentaires imposées par ledit article, ainsi que les sous-lieutenants de réserve provenant des cours spéciaux institués par l'article 24 de la loi du 21 mars 1905 et ceux provenant des grandes écoles visées par les articles 23 et 26 de la même loi (1).

Sont exceptés du renvoi :

a) Les ajournés et les hommes en sursis d'incorporation qui n'ont pas accompli le même temps de service que les hommes de leur classe régulièrement incorporés ;

b) Les appelés qui demandent par écrit à compléter leur temps de service légal ;

c) Les réformés temporaires, hors le cas prévu à l'article 38 de la loi du 21 mars 1905 ;

d) Les hommes rappelés par application de l'article 90 de la loi du 21 mars 1905 ;

e) Les hommes appartenant à la classe libérable ou marchant avec cette classe qui, résidant à l'étranger au moment de l'incorporation, ont usé des délais prévus à l'article 83 de la loi du 21 mars 1905. Ces hommes sont maintenus sous les drapeaux pendant un temps égal, jour pour jour, à celui accompli par les jeunes gens qui ont été incorporés à la date normale (1);

f) Les hommes qui, à quelque classe qu'ils appartiennent, ont été empêchés d'accomplir leur temps d'activité à la suite d'une condamnation et ceux qui, étant libérables, tombent sous le coup de l'article 39 de la loi du 21 mars 1905.

Le temps complémentaire à accomplir commence du jour inclus du renvoi de la classe dans ses foyers ;

g) Les insoumis de n'importe quelle classe, qui n'ont pas accompli deux années de service jour pour jour (1).

La date de renvoi des militaires qui ne suivent pas le sort de leur classe est fixée d'un commun accord entre le chef de corps et le commandant de recrutement dont relèvent les intéressés. Le général commandant le corps d'armée décide en cas de désaccord (2).

---

(1) Circulaire du 6 mai 1912.
(2) Circulaire du 8 mai 1911.

Toutes les dispositions ci-dessus s'appliquent aux hommes du contingent algérien et du contingent français des corps de l'Algérie et de la Tunisie.

Les jeunes gens incorporés dans les corps de troupe de toutes armes, au titre des écoles civiles et militaires, visés par les articles 23 et 26 de la loi du 21 mars 1905, à l'exception de ceux que les chefs de corps jugeraient à propos de retenir pour mauvaise conduite, sont envoyés en permission aux dates ci-dessous :

A) A la date du 20 septembre, ceux qui appartiennent à des corps de troupe ne prenant pas part aux manœuvres ou qui seraient rentrés dans leurs garnisons avant cette date;

B) Le lendemain de la rentrée des manœuvres, ceux qui appartiennent à des corps de troupe ne rentrant dans leurs garnisons qu'après le 20 septembre;

C) Le 28 septembre au plus tard, tous ceux dont les corps de troupe ne seraient pas rentrés, à cette date, dans leurs garnisons respectives.

Cette permission dure jusqu'au début des cours des écoles ci-dessus visées.

Les élèves retenus au corps pour mauvaise conduite sont en tout cas libérés avant la date d'ouverture des cours, de manière à pouvoir rejoindre leurs écoles respectives au jour fixé.

MODÈLE N° 1.

Instruction ministérielle du 16 avril 1910.

Format 37×24.

° CORPS D'ARMÉE

SUBDIVISION.

BUREAU DE RECRUTEMENT

d

ÉTAT indiquant, par taille et profession, le nombre de jeunes gens susceptibles d'être incorporés en 191 , soit dans le service armé, soit dans le service auxiliaire.

Cet état devra être adressé directement, sans lettre d'envoi, le juin au plus tard.

A Monsieur le Ministre de la Guerre. (Direction de l'Infanterie. — Bureau du Recrutement.)

TAILLE.	JEUNES GENS EXERÇANT LA PROFESSION DE																																																	TOTAL	OBSERVATIONS.
	Couteliers et fabricants d'instruments de chirurgie.	Armuriers.	Serruriers.	Horlogers.	Mécaniciens de précision et mécaniciens ajusteurs, tourneurs, monteurs, forgeurs, etc.	Électriciens et mécaniciens-électriciens.	Chauffeurs et conducteurs de machines.	Conducteurs d'automobiles.	Maréchaux ferrants.	Forgerons.	Chaudronniers, tôliers, étameurs, ferblantiers.	Graveurs et tourneurs sur métaux, Tailleurs de limes.	Autres ouvriers en fer.	Charpentiers.	Menuisiers, ébénistes.	Tourneurs, charrons.	Tonneliers.	Emballeurs.	Autres ouvriers en bois.	Cordonniers, bottiers.	Selliers, bourreliers.	Autres ouvriers en cuir.	Boulangers.	Bouchers.	Meuniers, conducteurs de mouture.	Tailleurs d'habits.	Dessinateurs.	Graveurs-lithographes.	Lithographes.	Héliograveurs.	Typographes.	Imprimeurs lithographes et imp. phototypeurs.	Télégraphistes (autres que ceux de l'administ. des Postes et des Comp. de chem. de fer).	Maçons, fumistes.	Peintres en bâtiment.	Cordiers.	Vanniers.	Voiliers.	Bateliers, marins, pêcheurs, calfats, etc.	Cochers, charretiers, palefreniers.	Terrassiers, mineurs, carriers.	Perruquiers, coiffeurs.	Cuisiniers.	Photographes.	Colombophiles.	Docteurs ou étudiants en médecine.	Étudiants en pharmacie.	Vétérinaires diplômés ou étudiants vétérinaires.	Dentistes diplômés ou élèves dentistes d'une école dentaire ou d'une faculté de médecine.	Jeunes gens exerçant d'autres professions, sans profession ou dont la profession est inconnue.		
1° JEUNES GENS A INCORPORER EN 19 , DANS LES TROUPES MÉTROPOLITAINES (SERVICE ARMÉ). (Hommes de la classe de 19 , ajournés de la classe de 19 , hommes en sursis qui doivent être incorporés en 19 .)																																																				
Nombre de jeunes soldats de 1m,86 et au-dessus.																																																				
de 1m,75 à 1m,859 incl.																																																				
de 1m,73 à 1m,749 incl.																																																				
de 1m,69 à 1m,729 incl.																																																				
de 1m,62 à 1m,689 incl.																																																				
de 1m,60 à 1m,619 incl.																																																				
de 1m,58 à 1m,599 incl.																																																				
de 1m,56 à 1m,579 incl.																																																				
de 1m,54 à 1m,559 incl.																																																				
ayant moins de 1m,54																																																				
dont la taille est inconnue																																																				
TOTAUX…																																																				
Mémoire : Musiciens jouant d'un instrument en cuivre																																																				
Mémoire : Musiciens jouant d'un instrument en bois																																																				
2° JEUNES GENS SUSCEPTIBLES D'ÊTRE AFFECTÉS AUX ÉQUIPAGES DE LA FLOTTE ET AUX TROUPES COLONIALES.																																																				
les équip. de la flotte : Ouvriers des arsenaux de la marine																																																				
les équip. de la flotte : Autres jeunes gens																																																				
l'infanterie coloniale																																																				
l'artillerie coloniale																																																				
…à affecter d'office à l'infant. colon.																																																				
…à affecter d'office à l'artil. coloniale.																																																				
3° JEUNES GENS RECONNUS BONS POUR LE SERVICE AUXILIAIRE QUI DOIVENT ÊTRE INCORPORÉS EN 19																																																					
1m73 et au-dessus…																																																				
de 1m,67 à 1m,729…																																																				
de 1m,59 à 1m,669…																																																				
au-dessous de 1m59.																																																				
Jeunes gens dont la taille est inconnue…																																																				
TOTAUX…					(1)							(2)															3					4																				

(1) Dont mécaniciens de précision.
(2) Dont graveurs et tourneurs.
(3) Dont dessinateurs de machines.
(4) Dont imprimeurs-lithographes.

CERTIFIÉ par le (5) commandant le bureau de recrutement.

A , 19 .

(5) Grade et nom.

(Signature)

MODÈLE N° 2.

Instruction ministérielle du 16 avril 1910. Art. 5.

Format : 31 × 20.

BUREAU DE RECRUTEMENT

d

ÉTAT NOMINATIF des jeunes soldats mariés susceptibles de recevoir une affectation spéciale et résidant sur le territoire du gouvernement militaire de Paris.

CLASSE de recrutement.	NUMÉRO matricule.	NOMS et PRÉNOMS.	DEGRÉ d'instruction.	TAILLE.	PROFESSION.	ARME à laquelle ils sont aptes.	AFFECTATION donnée par le gouverneur militaire de Paris.	OBSERVATIONS.
1° Hommes du service armé.								
2° Hommes du service auxiliaire.								

A , le 19 .

Le (grade et nom) *Commandant de recrutement,*

(Signature.)

M. le Gouverneur militaire de Paris. (Bureau du Recrutement.)

MODÈLE N° 3.

BUREAU DE RECRUTEMENT

d

Instruction ministérielle du 16 avril 1910. Art. 7.

Format : 31 × 20.

ETAT NOMINATIF des jeunes gens du contingent en résidence en Angleterre, en Belgique, en Suisse et en Espagne.

CLASSE. de recrutement.	CANTON.	N° D'INSCRIPTION à la liste cantonale.	NOMS et PRÉNOMS.	TAILLE.	PRO-FESSION.	RÉSI-DENCE.	SERVICE armé.	SERVICE auxiliaire.	ARME à laquelle ils sont aptes.	OBSER-VA-TIONS.
			1° Angleterre.							
			2° Belgique.							
			3° Suisse.							
			4° Espagne.							

A , le 19 .

Le (grade et nom) *Commandant de recrutement,*

(Signature)

M. le Ministre de la guerre. (Direction de l'Infanterie. Bureau du Recrutement.)

MODÈLE N° 4.

BUREAU DE RECRUTEMENT

d

Instruction ministérielle du 16 avril 1910. Art. 9.

Format : 31 × 20.

***BORDEREAU** d'envoi des livrets des jeunes soldats affectés au* (indication du corps ou service) *et qui doivent rejoindre leur corps ou service les*

CLASSE de recrutement.	NUMÉRO matricule du recrutement.	NOMS et PRÉNOMS.	NOMBRE DE LIVRETS		DATE D'ARRIVÉE au corps.	NUMÉRO matricule au corps.	OBSERVATIONS. — Porter dans cette colonne, le cas échéant, la mention « non arrivé ».
			matricules.	individuels.			

REÇU les pièces énumérées au présent bordereau.

A , le 19 .

Le Président du conseil d'administration,

A , le 19 .

Le (grade et nom) *Commandant le bureau de recrutement,*

(Signature.)

NOTA. — Ce bordereau doit être envoyé assez à temps pour que les livrets parviennent aux corps quelques jours avant l'arrivée des hommes. Il est renvoyé au commandant de recrutement quarante-huit heures après le dernier jour fixé pour l'arrivée des jeunes soldats.

MODÈLE N° 5.

Instruction ministérielle du 16 avril 1910. Art. 9.

Format : 31 × 20.

BUREAU DE RECRUTEMENT

d

LISTE NOMINATIVE des jeunes soldats illettrés affectés au (corps ou service).

CLASSE de recrutement.	NUMÉRO au registre matricule de recrutement.	NOMS ET PRÉNOMS.	OBSERVATIONS.

A le 19 .

Le (grade et nom) *Commandant du bureau de recrutement,*

(Signature.)

MODÈLE N°

Instruction ministérielle du 16 avril 1910.
Art. 9.

Format : 15,5×20.

Confidentiel.

BUREAU DE RECRUTEMENT D

BULLETIN *confidentiel des condamnations encourues par le jeune soldat désigné ci-dessous, d'après l'extrait de son casier judiciaire.*

CLASSE de recrutement.	NUMÉRO matricule du recrutement	NOM ET PRÉNOMS.	DATES des CONDAMNATIONS.	TRIBUNAUX ayant prononcé LA CONDAMNATION.	CONDAMNATIONS ENCOURUES.	MOTIFS des CONDAMNATIONS.	OBSERVATIONS.

A , le 19 .

Le (grade et nom) *Commandant de recrutement,*
(Signature.)

Instruction ministérielle du 16 avril 1910. Art. 11.

Format carte postale.

RECRUTEMENT

d

CLASSE DE 19 .

N° MATRICULE

Canton d

Partie bleu clair

RÉCÉPISSÉ

à signer, à détacher et à remettre immédiatement à la poste, sans affranchir.

Je soussigné
reconnais avoir reçu, le 19 ,
un ordre d'appel sous les drapeaux prescrivant
de me présenter le 19 , avant
au en garnison à

A , le 19 .

Signature très lisible.

RENSEIGNEMENTS

fournis par la poste ou recueillis par la gendarmerie, en cas d'absence de l'intéressé.

RECRUTEMENT

d

CLASSE DE 19 .

N° MATRICULE

Canton d

Avis pour la poste.

En cas d'absence du destinataire, le présent ordre pourra être laissé à un parent ou à un correspondant qualifié. Dans le cas où il ne pourrait être remis ni à l'un ni à l'autre, il sera retourné immédiatement au bureau de recrutement.

Si l'agent des postes possède quelques renseignements sur la nouvelle adresse du jeune soldat, il est prié de les indiquer dans la case réservée à cet effet à la 4e page (récépissé) ; mais il ne doit faire aucune inscription ou annotation sur la 1re page (ordre d'appel).

RÉPUBLIQUE FRANÇAISE.

Partie jaune clair.

ORDRE D'APPEL SOUS LES DRAPEAUX

à conserver et à présenter à l'arrivée au corps.

A M.

à

PAR ORDRE DU MINISTRE DE LA GUERRE,

le jeune soldat dénommé ci-dessus devra se présenter
le
avant ....
au ....
....
à ....

Le (grade et nom) *Commandant de recrutement.* (Signature.)

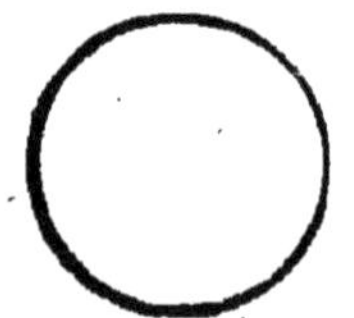

MODÈLE N° 7.

Instruction ministérielle du 16 avril 1910. Art. 11.

Format carte postale.

Partie jaune clair.

RENSEIGNEMENTS.

Tout retard non justifié à l'exécution du présent ordre entraînerait, pour le titulaire, une punition disciplinaire et son maintien au corps après le départ des hommes de sa classe.

Le présent ordre donne droit au tarif réduit sur les chemins de fer. L'indemnité de route sera payée à l'arrivée à destination. Le délai pendant lequel le jeune soldat peut bénéficier du transport à prix réduit comprend le jour fixé pour l'arrivée au corps et les trois jours qui précèdent.

Quand deux frères sont appelés la même année, l'un des deux, et en cas de désaccord entre eux, le plus jeune, peut, sur sa demande, obtenir de n'être incorporé qu'après l'expiration du temps de service de l'autre frère. Si la demande n'a pas été présentée au moment de la revision, elle peut être adressée par l'intermédiaire de la gendarmerie au commandant du bureau de recrutement. Un sursis d'incorporation est également accordé, en accomplissant les mêmes formalités, au jeune soldat qui a déjà un frère présent au drapeau comme appelé. Le jeune soldat qui aura besoin d'un sursis de quelques jours pour un motif urgent devra également s'adresser à la gendarmerie et joindre à sa demande un certificat constatant l'urgence. En cas de maladies ou d'infirmités survenues depuis la revision, l'intéressé en fera immédiatement la déclaration à la gendarmerie et remettra un certificat du médecin.

A défaut de ressources pour faire l'avance des frais de route, le jeune soldat demandera au maire un certificat d'indigence, et se présentera ensuite, porteur de cette pièce et de son ordre d'appel, à la sous-intendance la plus rapprochée.

Dans les gares importantes, afin d'éviter l'encombrement aux guichets, les appelés doivent prendre leur billet une heure avant le départ du train. En cours de route, il est défendu de faire du bruit, de crier ou de chanter; en outre, le jeune soldat est tenu d'obéir aux autorités militaires et aux agents des chemins de fer. Celui qui ne se conformerait pas à ces prescriptions serait l'objet à l'arrivée au corps de mesures disciplinaires, sans préjudice des peines civiles encourues en cas de désordre ou de dégâts au matériel des chemins de fer.

Pour tout renseignement complémentaire s'adresser immédiatement au commandant de recrutement.

Partie bleu clair.

RÉCÉPISSÉ

à signer à la page suivante, à détacher en suivant la ligne pointillée et à remettre immédiatement à la poste ou dans une boîte aux lettres sans affranchir.

Monsieur le Commandant

du bureau de recrutement d

e CORPS D'ARMÉE.

MODÈLE N° 8.

Instruction ministérielle du 16 avril 1910. Art. 12.

FORMAT :
Hauteur.......... 0m,32
Largeur.......... 0m,21

RÉPUBLIQUE FRANÇAISE.

BUREAU

de

RECRUTEMENT

d

(1) Le Ministre des affaires étrangères (dans le cas seulement où les renseignements sur le poste diplomatique ou consulaire dont dépendent les jeunes soldats sont incertains ou font complètement défaut);
ou
l'ambassadeur, le ministre, le consul général, le consul
ou
le vice-consul de France à
(2) Indiquer le nombre des duplicata joints au bordereau.

NOTA. — Prière de renvoyer à M. le Ministre de la guerre (par l'intermédiaire de M. le Ministre des affaires étrangères), en indiquant les motifs du renvoi, les duplicata d'ordres d'appel qui n'auraient pu être remis aux destinataires.

BORDEREAU récapitulatif d'envoi à M. (1)
de (2) *duplicata d'ordres d'appel sous les drapeaux destinés aux jeunes soldats dénommés ci-après :*

NUMÉROS D'ORDRE.	NOMS ET PRÉNOMS (Les jeunes soldats seront inscrits dans l'ordre alphabétique.)	CLASSE de RECRUTEMENT.	RÉSIDENCE INDIQUÉE. (Mentionner non seulement la localité et la contrée, mais aussi la province ou l'Etat toutes les fois que cette indication pourra être fournie.)

A , le 19 .

Le (grade et nom) *Commandant du bureau de recrutement d*

(Signature.)

• CORPS D'ARMÉE.

SUBDIVISION
d

(1) Nom et prénoms.

MODÈLE N° 9.

Instruction ministérielle
du 16 avril 1910. Art. 14.

Format : 31 × 20.

TITRE SPÉCIAL,

délivré en vertu de la loi du 21 mars 1905.

Le général commandant la subdivision d

Sur la demande qui lui en a été faite,
Vu les justifications produites à l'appui, et en exécution de l'article 20 de la loi du 21 mars 1905,
Décide que le jeune soldat (1) de la classe de 19 , du canton d , ne sera incorporé, sauf le cas de mobilisation, qu'après l'expiration du temps obligatoire de service de son frère, appelé de la classe de 19 .
Dans le cas où le titulaire du présent titre renoncerait, après l'incorporation de sa classe, au sursis qui lui est accordé, il ne sera incorporé qu'avec la première classe appelée après sa renonciation.
Le jeune soldat (1) est prévenu qu'à partir du jour de son incorporation il devra accomplir intégralement le service auquel il est tenu, alors même que sa classe serait dans la réserve.

Fait à , le 19 .

Le (grade et nom)

(Cachet.) (Signature.)

ᵉ CORPS D'ARMÉE.

(1) Armé *ou* auxiliaire.

Modèle n° 10.

Instruction ministérielle du 16 avril 1910. Art, 22

Format : 31 × 20

BUREAU DE RECRUTEMENT D

TROUPES MÉTROPOLITAINES.

Service (1)

COMPTE NUMÉRIQUE

présentant les résultats de l'appel à l'activité des jeunes soldats appelés en 19 .

Nota. — Ce compte numérique doit présenter les résultats de l'appel à l'activité au jour même où il est établi.

A Monsieur le Ministre de la Guerre. (Direction de l'Infanterie ; Bureau du Recrutement.)

INDICATION DES CORPS auxquels LES JEUNES SOLDATS ont été affectés.	NOMBRE DE JEUNES SOLDATS AFFECTÉS A CHAQUE CORPS par la circulaire de répartition.	GAINS. (Jeunes gens ayant renoncé au sursis qui leur avait été accordé, etc.)	TOTAL DES COLONNES 2 ET 3.	PERTES. (Jeunes soldats ayant obtenu un sursis en vertu de l'article 20 postérieurement aux opérations de la revision, etc.)	RESTE.	JEUNES [SOLDATS] qui ont rejoint les corps auxquels ils étaient affectés.	qui, par suite de changement de destination, ont été dirigés sur d'autres corps que ceux auxquels ils étaient affectés.	dans les délais par autorisation ou pour cause légitime.	malades chez eux ou entrés aux hôpitaux.	qui ont été affectés à des corps de discipline par suite de condamnation.	réformés par la commission spéciale (1).
1	2	3	4	5	6	7	8	9	10	11	12
INFANTERIE. *rég. d'inf.											
TOTAL.....											
CAVALERIE.											
TOTAL.....											
ARTILLERIE.											
TOTAL.....											
GÉNIE.											
TOTAL.....											
TRAIN DES ÉQUIPAGES MILITAIRES.											
TOTAL.....											
TROUPES D'ADMINISTRATION.											
TOTAL.....											
TOTAL GÉNÉRAL...											

(1) Ne porter dans cette colonne que les jeunes soldats réformés entre les opérations de la revision et la mise en route.

INDICATION DES CORPS	[JEUNES] SOLDATS qui n'ont pas obéi à l'ordre d'appel.		qui se sont engagés depuis les opérations de la revision.	décédés.	compris sur les listes du recrutement par erreur ou par une fausse interprétation de la loi.	qui, après avoir été compris dans le contingent comme absents, ont ensuite été reconnus engagés volontaires.			TOTAL DES COLONNES 7 A 20 ÉGAL aux chiffres de la colonne 6.	POUR MÉMOIRE. Jeunes gens en sursis des années précédentes qui ont été incorporés avec la classe.	Jeunes soldats ayant rejoint qui ont été réformés à la suite de la visite médicale de l'arrivée au corps.	Jeunes soldats mariés.	JEUNES SOLDATS AFFECTÉS A UN CORPS OU ILS ONT UN FRÈRE comme appelé ou engagé.	OBSERVATIONS. On devra toujours faire connaître, dans la colonne « Observations », les décisions ou circulaires autorisant les changements de destination et indiquer les corps sur lesquels les jeunes soldats ont été dirigés.
1	13	14	15	16	17	18	19	20	21	22	23	24	25	26
INFANTERIE. *rég. d'inf.														
TOTAL.....														
CAVALERIE.														
TOTAL.....														
ARTILLERIE.														
TOTAL.....														
GÉNIE.														
TOTAL.....														
TRAIN DES ÉQUIPAGES MILITAIRES.														
TOTAL.....														
TROUPES D'ADMINISTRATION.														
TOTAL.....														
TOTAL GÉNÉRAL...														

A , le 19

Le (grade et nom) *Commandant le bureau de recrutement,*
(Signature.)

ANNEXE N° 1.

Taille exigée pour les différentes armes et poids maximum fixé pour l'affectation aux diverses subdivisions d'arme de la cavalerie.

ARMES.	TAILLE EXIGÉE Minimum.	Maximum.	OBSERVATIONS.
	m. c.	m. c.	
Infanterie.			
Régiments d'infanterie	»	»	Les hommes ayant moins de $1^m,54$ devront racheter leur petite taille par une constitution très vigoureuse et une aptitude spéciale à la marche, ou exercer la profession de tailleur ou de cordonnier.
Bataillons de chasseurs à pied	1,54	»	
Régiments de zouaves	1,54	»	
Régiment de sapeurs-pompiers	1,60	1,75	
Cavalerie.			Les maréchaux ferrants, selliers, bourreliers, armuriers, tailleurs, bottiers, cordonniers, sont admis, savoir : Dans les régiments de cuirassiers à partir de $1^m,68$ et jusqu'à $1^m,85$; Dans les régiments de dragons à partir de $1^m,62$ et jusqu'à $1^m,74$; Dans les régiments de chasseurs et de hussards à partir de $1^m,56$ et jusqu'à $1^m,68$; Dans les régiments de chasseurs d'Afrique et de spahis à partir de $1^m,56$ et jusqu'à $1^m,72$. Les jeunes gens faisant partie d'une société de préparation militaire pour les troupes à cheval, agréée par le Ministre de la guerre, peuvent être admis dans les différents corps de cavalerie avec une tolérance de taille de $0^m,02$ en plus ou en moins, sur la production d'un certificat ou de toute autre pièce établissant qu'ils font réellement partie de cette société. D'autre part, une tolérance de poids de 3 kilog. leur est accordée pour l'admission dans les cuirassiers, et de 2 kilog. pour l'admission dans les autres subdivisions de l'arme de la cavalerie. (Circulaire du 5 septembre 1911.)
Régiments de cuirassiers (poids maximum, 75 kilogr.)	1,70	1,80	
Régiments de dragons (poids maximum, 70 kilogr.)	1,64	1,72	
Régiments de chasseurs et de hussards (poids maximum, 65 kilogr.)	1,59	1,66	
Régiments de chasseurs d'Afrique (poids maximum, 65 kilogr.)	1,59	1,70	
Compagnies de cavaliers de remonte (75, 70 ou 65 kilogr., suivant que la taille est celle fixée pour les cuirassiers, les dragons ou la cavalerie légère)	1,59	1,80	
Ecole d'application de cavalerie (75, 70 ou 65 kilogr., suivant que la taille est celle fixée pour les cuirassiers, les dragons ou la cavalerie légère)	1,59	»	
Artillerie.			
Artillerie à pied	1,66	»	Une tolérance de taille jusqu'à $1^m,60$ peut être accordée aux armuriers, tailleurs, bottiers ou cordonniers, chauffeurs, électriciens, arpenteurs, ouvriers en fer ou en bois.
Artillerie de campagne. Dans la proportion des 5/10 du contingent	1,66	»	
Artillerie de campagne. Dans la proportion des 3/10 du contingent	1,64	»	
Artillerie de campagne. Dans la proportion des 2/10 du contingent	1,60	»	Les maréchaux ferrants peuvent être reçus à la taille de $1^m,54$; les selliers, bourreliers, armuriers, tailleurs, bottiers ou cordonniers, ouvriers en fer ou en bois sont admis sans condition de taille.
Batteries de 155. Dans la proportion des 6/10 du contingent	1,66	»	
Batteries de 155. Dans la proportion des 2/10 du contingent	1,64	»	
Batteries de 155. Dans la proportion des 2/10 du contingent	1,60	»	

ARMES.	TAILLE EXIGÉE Minimum.	TAILLE EXIGÉE Maximum.	OBSERVATIONS.
	m. c.	m. c.	
Artillerie (*suite*).			Les maréchaux ferrants sont reçus à la taille de $1^{m},54$ dans les batteries montées et de $1^{m},60$ dans les batteries à cheval, alpines ou de montagne; les selliers, bourreliers, armuriers, tailleurs, bottiers ou cordonniers, ouvriers en fer ou en bois sont admis sans condition de taille dans les batteries montées et à $1^{m},60$ dans les batteries à cheval, alpines ou de montagne. Le minimum de taille exigé pour l'artillerie de montagne est exceptionnellement abaissé à $1^{m}67$ pour les appelés de la subdivision d'Ajaccio (1).
Batteries détachées. Batteries montées	1,60	»	
Batteries détachées. Batteries à cheval	1,66	»	
Batteries détachées. Batt. alpines ou de montagne.	1,70	»	
Batteries détachées. Batterie de montagne stationnée en Corse	1,67	»	
Génie.			
Sapeurs mineurs, sapeurs de chemins de fer et sapeurs aérostiers	1,66	»	Les maréchaux ferrants sont admis à la taille de $1^{m},54$; les armuriers, tailleurs, selliers, bourreliers, cordonniers, sont admis sans condition de taille.
Sapeurs télégraphistes	»	»	
Train des équipages militaires.			
Escadrons du train des équipages militaires à l'intérieur. Dans la proportion des 5/10 du contingent	1,64	»	Les maréchaux ferrants sont admis à la taille de $1^{m},54$; les armuriers, tailleurs, cordonniers, bottiers, selliers, bourreliers, ouvriers en fer ou en bois, sont admis sans condition de taille.
Escadrons du train des équipages militaires à l'intérieur. Dans la proportion des 3/10 du contingent	1,62	»	
Escadrons du train des équipages militaires à l'intérieur. Dans la proportion des 2/10 du contingent	1,60	»	
Compagnies du train des équipages militaires stationnées en Afrique	1,64	»	Les maréchaux ferrants sont admis à la taille de $1^{m},54$, les armuriers, tailleurs, cordonniers, bottiers, selliers, bourreliers, ouvriers en fer ou en bois, à la taille de $1^{m},58$.
Troupes d'administration.			
Sections de secrétaires d'état-major et du recrutement	»	»	Les boulangers et les hommes désignés dans les états annexés à la circulaire de répartition sous la rubrique « Professions diverses » d'une taille inférieure à $1^{m},54$ ne pourront être admis que dans la proportion de 1/5 des hommes de ces professions affectés aux sections.
Sections de commis et ouvriers militaires d'administration	»	»	
Sections d'infirmiers militaires	»	»	

Nota. — Les conditions de taille à exiger des jeunes soldats destinés aux troupes coloniales (infanterie et artillerie) sont les mêmes que celles indiquées pour les corps similaires des troupes métropolitaines.

(1) Circulaire du 6 mai 1912.

ANNEXE N° 2.

Recommandations particulières pour l'affectation des jeunes soldats.

TROUPES COLONIALES.

Les jeunes soldats qui ont demandé les troupes coloniales au moment de la revision, et qui, depuis, ont contracté un engagement volontaire pour ces troupes, sont précomptés au contingent que les subdivisions auxquelles ils appartiennent doivent fournir aux régiments d'infanterie ou d'artillerie coloniale.

Dans le cas où toutes les demandes ne peuvent être admises, les élèves de l'Ecole de langues orientales vivantes sont désignés en premier lieu (1).

ÉQUIPAGES DE LA FLOTTE.

Les ouvriers des arsenaux et les manipulants de l'administration des postes, qui doivent être affectés aux équipages de la flotte, sont désignés nominativement par le Ministre.

En outre, un état spécial annexé à la circulaire annuelle de répartition indique le nombre de jeunes soldats affectés, sur leur demande et en raison de leur profession, aux équipages de la flotte.

Les jeunes gens ayant demandé les équipages de la flotte, qui exercent une profession autre que celle portée sur ledit état, sont affectés aux corps de troupe de l'armée métropolitaine auxquels ils sont aptes.

Les jeunes gens ayant encouru une condamnation correctionnelle ne doivent pas être affectés aux équipages de la flotte (1).

INFANTERIE.

Les jeunes soldats à affecter aux chasseurs à pied doivent être l'objet d'un choix spécial. Ceux destinés aux bataillons de chasseurs alpins et aux bataillons de chasseurs stationnés dans les Vosges, sont pris de préférence, même s'ils sont d'une taille

(1) Circulaire du 24 mai 1913.

élevée, parmi les hommes d'une forte constitution et habitués à la marche en montagne.

Toutefois, on évitera, autant que possible, de désigner des hommes ayant une taille supérieure à 1^{m},70 (1).

Les hommes d'une taille inférieure à 1^{m},54 ne sont pas affectés aux bataillons de chasseurs ni aux régiments de zouaves (1).

Les jeunes soldats à affecter aux régiments de zouaves stationnés en *Algérie-Tunisie* doivent être l'objet d'un choix spécial (1).

Cette disposition ne s'applique pas (1) :

1° Aux jeunes soldats de la métropole à incorporer aux bataillons de zouaves stationnés en France;

2° Aux jeunes soldats du contingent algérien-tunisien à incorporer dans les régiments d'Afrique.

Les jeunes gens faisant partie de l'Union vélocipédique de France qui ont obtenu le diplôme délivré par cette société, de concert avec l'Union des sociétés de tir et la Société de topographie, sont affectés, de préférence, aux corps où il existe des unités cyclistes, à condition qu'ils possèdent l'aptitude physique exigée pour ces corps.

Le contingent que les bureaux de recrutement de la Seine et de Seine-et-Oise sont appelés à fournir aux régiments d'infanterie des 10e et 11e corps d'armée doit comprendre uniquement des hommes susceptibles de faire des gradés ou des comptables, ou connaissant la musique, ou exerçant la profession d'ouvrier en fer.

Les hommes à affecter au régiment de sapeurs-pompiers, en dehors de ceux désignés nominativement et des jeunes gens portés sur la liste spéciale prévue ci-après par le paragraphe « sapeurs-pompiers de Paris » de la présente annexe, doivent n'avoir aucune condamnation, pouvoir justifier d'une bonne conduite antérieure, être d'une forte constitution et exercer une profession se rattachant au bâtiment (maçon, couvreur, plombier, peintre en bâtiment, charpentier ou fumiste).

Les instituteurs qui ne sont pas susceptibles de recevoir une affectation spéciale en qualité de mariés, soutiens de famille, brevetés, etc., sont exclusivement affectés à l'arme de l'infanterie (1).

---

(1) Circulaire du 6 mai 1912.

CAVALERIE.

Les commandants des bureaux de recrutement doivent choisir le contingent destiné aux divers corps de troupe de cavalerie de préférence parmi les jeunes gens sachant monter à cheval, conduire ou soigner les chevaux (cochers, palefreniers, etc.) en ayant soin, toutefois, d'exclure les hommes signalés comme n'ayant pas une vue normale.

Les commandants des bureaux de recrutement désignent pour la cavalerie, mais en petit nombre, des ouvriers en fer (mécaniciens-ajusteurs, serruriers) et des ouvriers en bois (menuisiers, charpentiers).

Les jeunes gens provenant de l'Ecole des haras sont affectés à la cavalerie et répartis entre les diverses subdivisions de l'arme, suivant qu'ils réunissent les conditions de taille spécifiées.

Les hommes exerçant les professions suivantes : jockey, garçon d'écurie, d'entraînement, groom, piqueur, écuyer de cirque ou de manège, ainsi que les jeunes soldats qui seraient signalés ou reconnus comme ayant l'habitude du cheval, sont incorporés dans la cavalerie, quelle que soit leur taille, à condition, toutefois, que leur poids ne dépasse pas le maximum fixé, pour chaque subdivision d'arme, à l'annexe n° 1 de la présente instruction (1).

Dans la cavalerie, il ne doit pas être placé d'illettrés, quand bien même ils rempliraient les conditions indiquées au paragraphe ci-dessus.

ARTILLERIE.

Le contingent de chaque subdivision de région attribué à l'artillerie à pied doit comprendre :

1° Dans la proportion d'un dixième, des ouvriers en fer (mécaniciens, chauffeurs, forgeurs).

Lorsque les ressources le permettent, cette proportion est por-

(1) Circulaire du 24 mai 1913.

tée à deux dixièmes pour le contingent affecté aux batteries de côte ;

2° Dans la proportion également d'un dixième, des ouvriers en bois (menuisiers, charrons, charpentiers) ;

3° Le plus possible d'hommes exerçant les professions d'arpenteurs, d'électriciens et d'ouvriers ajusteurs.

Une tolérance de taille pouvant aller jusqu'à 1m,60 est accordée aux ouvriers de ces professions.

Le contingent destiné aux régiments d'artillerie de campagne doit comprendre une forte proportion d'ouvriers en fer (mécaniciens-ajusteurs, serruriers, etc.). Lorsque les ressources le permettent, cette proportion peut atteindre les deux dixièmes du contingent à fournir. Les ouvriers en bois (menuisiers, charpentiers, charrons, etc.), doivent entrer dans la formation du contingent des régiments d'artillerie de campagne dans la proportion d'un dixième.

Les jeunes gens faisant partie des sociétés de préparation de tir au canon agréées par le Ministre de guerre, sont affectés aux régiments d'artillerie alimentés par la subdivision dont ils dépendent, sous la réserve qu'ils remplissent les conditions d'aptitude voulue et que le nombre des affectations n'est pas un obstacle à l'application des règles ci-dessus, d'après lesquelles le contingent que chaque bureau de recrutement fournit à l'artillerie doit comprendre une proportion déterminée d'hommes de différentes professions.

Les hommes destinés aux batteries alpines ou aux batteries de montagne doivent être particulièrement vigoureux, capables de soutenir de longues marches et, au besoin, pouvoir porter de lourdes charges. Ils ne doivent être atteints de hernie d'aucune espèce.

Les hommes dont la taille dépasse 1m,80 sont placés de préférence dans l'artillerie à pied ou dans les batteries de montagne.

Il y a lieu de comprendre de préférence, dans les trois dixièmes du contingent se recrutant à la taille de 1m,64, les jeunes gens que leur profession (charretiers, rouliers, etc.) rend plus spécialement aptes au service de canonniers conducteurs.

Les jeunes soldats de la taille de $1^m,60$, qui sont affectés à l'artillerie de campagne, doivent être d'une forte constitution.

SECTIONS ET COMPAGNIES D'OUVRIERS D'ARTILLERIE (1).

Les jeunes gens à affecter aux régiments d'artillerie pour les sections et compagnies d'ouvriers sont désignés conformément aux dispositions contenues dans la circulaire du 25 juin 1910, modifiée le 18 mai 1911 (vol. 63).

Ceux affectés à des corps non alimentés par la subdivision dont ils relèvent sont prélevés sur le contingent des régiments alimentés normalement.

GÉNIE.

Les commandants des bureaux de recrutement procèdent d'abord à l'affectation des jeunes soldats qui font partie des catégories suivantes :

1° Employés des cinq grandes compagnies de chemins de fer et du réseau de l'Etat et ouvriers des grandes usines métallurgiques (désignés nominativement) ;

2° Agents manipulants de l'administration des télégraphes (désignés nominativement) (1);

3° Aérostiers et membres des sociétés colombophiles (désignés nominativement) ;

4° Elèves des écoles des travaux publics et élèves sortant de l'Ecole supérieure aéronautique avec le diplôme d'ingénieur (désignés nominativement) (1) ;

5° Hommes habitués à manier la rame et la gaffe : bateliers, mariniers, marins, pêcheurs, flotteurs, calfats, membres de sociétés nautiques, charpentiers de bateaux (désignés numériquement) ;

6° Hommes exerçant la profession de cordier ou de vannier destinés au 1er régiment du génie (bataillon d'aérostiers), dési-

---

(1) Circulaire du 6 mai 1912.

gnés numériquement dans les tableaux (Ire partie) annexés aux circulaires de répartition ;

7° *Hommes du service auxiliaire destinés à divers établissements du génie (désignés nominativement en exécution des prescriptions de la circulaire ministérielle du* 22 *avril* 1908).

Pour la désignation des autres hommes à attribuer aux corps de troupe du génie, les commandants des bureaux de recrutement appliquent les règles générales suivantes :

Corps de troupe de France. — Le contingent à fournir par chaque bureau de recrutement, indépendamment des catégories qui précèdent, est formé de jeunes soldats exerçant les professions énumérées ci-dessous par ordre de préférence :

Ouvriers en bois.. { Charpentiers.	2/10
Ouvriers en bois.. { Charrons et menuisiers.	0,5/10
Ouvriers en fer (mécaniciens, conducteurs de machines, chauffeurs, forgerons, serruriers, ajusteurs-mécaniciens).	1/10
Conducteurs de chevaux et voitures.	1/10 (1)
Tailleurs de pierres et maçons.	0,5/10
Jardiniers, terrassiers, mineurs, carriers, viticulteurs, vignerons, etc. (2).	4/10
Professions diverses : électriciens, mécaniciens-électriciens, ouvriers d'instruments de précision, cordiers, vanniers, lithographes, chaudronniers, tourneurs sur métaux, ferblantiers, dessinateurs, photographes, relieurs, peintres en bâtiments, musiciens.	1/10

A défaut d'ouvriers charpentiers ayant la taille de $1^{m},66$, les hommes exerçant cette profession peuvent être admis dans le génie à la taille de $1^{m},62$ et même sans conditions de taille, si besoin est, pour atteindre la proportion fixée ci-dessus.

Les autres ouvriers en bois et les ouvriers en fer ayant $1^{m},62$ peuvent être affectés aux régiments du génie, mais seulement dans la proportion d'un quart du contingent à fournir.

Les hommes exerçant la profession de cordier, qui n'ont pas été désignés, dans les tableaux annexés à la circulaire annuelle de répartition pour le 1er régiment du génie (bataillon d'aérostiers) ou pour les sections d'administration, sont affectés à l'un

(1) En France, les portions centrales des régiments du génie reçoivent, seules, les conducteurs de chevaux et voitures; dans les contingents destinés aux bataillons et aux compagnies détachés, les hommes de ces professions sont remplacés par de jeunes soldats exerçant l'une des autres professions énumérées ci-dessus.

(2) Circulaire du 8 mai 1911.

des régiments du génie appelés à recevoir des hommes de la subdivision dont ils relèvent.

5e *régiment du génie.* — Les ouvriers en fer, les ouvriers en bois, les maçons, les terrassiers ou poseurs de voie et les conducteurs de chevaux, à fournir au 5e régiment du génie, doivent être pris en dehors des employés des grandes compagnies de chemins de fer et de l'administration des postes et des télégraphes.

Les mécaniciens ou chauffeurs-conducteurs de machines à vapeur et les mécaniciens-électriciens sont choisis, autant que possible, parmi les hommes pouvant produire un certificat constatant qu'ils ont été employés dans une usine électrique ou qu'ils ont servi comme conducteurs ou chauffeurs de machine.

Bataillon de télégraphistes (5e régiment du génie). — Les hommes exerçant les professions spéciales indiquées au paragraphe ci-dessus (conducteurs de machines et mécaniciens-électriciens), à affecter au 24e bataillon du génie, sont également pris, de préférence, parmi ceux possesseurs d'un certificat professionnel.

Les autres jeunes soldats à fournir à ce bataillon doivent posséder une très bonne instruction primaire, être bien constitués et avoir une vue normale.

Ces hommes sont pris en dehors du personnel de l'administration des postes et télégraphes et choisis, de préférence, dans les professions suivantes : télégraphistes de l'industrie privée, à l'exception de ceux des compagnies de chemins de fer, électriciens, mécaniciens, mécaniciens-électriciens dits « mécaniciens de la petite partie », ouvriers d'instruments de précision, dessinateurs, employés de commerce. Il n'y a pas de minimum de taille à observer pour la désignation de ces jeunes soldats.

Ces dispositions s'appliquent aux hommes destinés au 26e bataillon, stationné à Alger, dans la proportion de 25 p. 100 du contingent à fournir.

Corps de troupe de l'Algérie et de la Tunisie. — La proportion des ouvriers des diverses professions est fixée comme suit, pour les corps de l'Algérie et de la Tunisie :

	Algérie.	Tunisie.
Les ouvriers en bois dans la proportion de........	2/10	3/10
Les ouvriers en fer.	1/10	2/10
Les conducteurs des chevaux et voitures.	2/10	1/10
Les terrassiers, mineurs, tailleurs de pierres et maçons.	4/10	3/10
Les professions diverses.	1/10	1/10

Dans tous les cas la proportion des conducteurs de chevaux et voitures ne peut pas être inférieure à deux dixièmes pour l'Algérie et à un dixième pour la Tunisie.

Les tolérances de taille indiquées ci-après sont admises pour les régiments du génie.

Les télégraphistes.	Sans condition de taille.
Les électriciens et les mécaniciens-électriciens....... Les mécaniciens conducteurs de machines et les chauffeurs. .... Les ouvriers d'instruments de précision........... Les cordiers.	à partir de 1m,58.
Les chaudronniers et les tourneurs sur métaux...... Les vanniers. .... Les lithographes. .... Les hommes habitués à manier la rame et la gaffe...	à partir de 1m,62.

Autant que possible, les hommes atteints de hernies ne doivent pas être affectés à l'arme du génie.

TRAIN DES ÉQUIPAGES MILITAIRES.

Le contingent à assigner au train des équipages militaires doit se composer :

1° D'hommes ayant la pratique du cheval et l'habitude de la conduite des voitures ;

2° De jeunes soldats exerçant la profession d'ouvriers en fer (ajusteurs, forgeurs, serruriers, mécaniciens), d'ouvriers en bois (menuisiers, charrons, charpentiers) ;

3° De jeunes soldats exerçant la profession de bâtier.

Aucun minimum de taille n'est imposé aux hommes des professions désignées aux paragraphes numérotés 2° et 3°.

Le contingent attribué aux escadrons du train des équipages militaires doit comprendre 40 p. 100 de jeunes gens ayant l'instruction nécessaire pour faire des gradés, dont un quart possédant les capacités suffisantes pour devenir comptables.

SECTIONS DE SECRÉTAIRES D'ÉTAT-MAJOR ET DE RECRUTEMENT.

En aucun cas, un jeune soldat affecté à une section de secrétaires d'état-major et de recrutement ne doit être employé, même s'il est marié ou soutien de famille, au bureau de recrutement de la subdivision dont il est originaire (1).

Cette mesure ne s'applique qu'aux secrétaires ou plantons des bureaux de recrutement, et rien ne s'oppose à ce qu'un homme marié ou un soutien de famille soit employé dans la subdivision ou au lieu même de sa résidence dans les bureaux d'un état-major (1).

Les hommes destinés à la 20e section de secrétaires d'état-major et du recrutement doivent être choisis parmi les meilleurs sujets et les plus aptes à l'emploi de secrétaires, quel que soit le rang qu'ils occupent sur la liste d'affectation (2).

Les jeunes soldats à classer dans les autres sections sont désignés d'après la règle générale.

SECTIONS DE COMMIS ET OUVRIERS MILITAIRES D'ADMINISTRATION.

Les commandants des bureaux de recrutement se conforment aux dispositions de l'instruction relative à l'application du règlement sur l'organisation des sections de commis et ouvriers militaires d'administration pour la désignation des jeunes gens destinés à ces sections.

Les hommes ayant subi des condamnations ne sont affectés aux sections d'administration qu'à défaut d'autres jeunes gens exerçant les professions demandées.

Les officiers d'administration de réserve et de l'armée territoriale du service des subsistances devant se recruter parmi les candidats exerçant les professions de comptable, boucher, boulanger, meunier, les commandants des bureaux de recrutement doivent choisir de préférence, pour les attribuer aux sections, les jeunes gens de ces professions qui possèdent une instruction générale suffisante pour faire des officiers de réserve.

---

(1) Circulaire du 8 mai 1911.
(2) Circulaire du 6 mai 1912.

SECTIONS D'INFIRMIERS MILITAIRES.

Les jeunes soldats destinés aux sections d'infirmiers militaires sont choisis parmi les appelés sachant lire et écrire, présentant les garanties de moralité et d'intelligence ainsi que l'aptitude physique voulues pour soigner les malades.

La condition de savoir lire et écrire n'est pas indispensable pour les hommes exerçant des professions spéciales (chauffeurs, cuisiniers, tapissiers, etc.).

DISPOSITIONS COMMUNES AUX SECTIONS DE SECRÉTAIRES D'ÉTAT-MAJOR ET DE RECRUTEMENT, DE COMMIS ET OUVRIERS MILITAIRES D'ADMINISTRATION ET D'INFIRMIERS MILITAIRES (1).

Les demandes formulées par les jeunes gens en vue d'être affectés comme secrétaires aux sections ci-dessus indiquées sont transmises par les commandants de recrutement dont relèvent les jeunes gens au président de la commission constituée dans chaque subdivision en exécution de la circulaire du 18 août 1908.

Le président de la commission fait connaître au commandant de recrutement le nombre de jeunes gens ayant obtenu le certificat spécial pour :

1° L'emploi de secrétaire dans les sections d'état-major et de recrutement ;

2° L'emploi de commis aux écritures dans les sections d'administration ;

3° L'emploi de commis aux écritures dans les sections d'infirmiers militaires.

De leur côté, les commandants de recrutement adressent ces renseignements au Ministre (1re Direction ; 2e Bureau), en indiquant séparément le nombre des jeunes gens dont il s'agit qui sont classés dans le service armé et dans le service auxiliaire.

(1) Circulaire du 8 mai 1911.

SAPEURS-POMPIERS DE PARIS.

Chaque année, un certain nombre de jeunes soldats appelés peuvent être affectés au régiment de sapeurs-pompiers de Paris, sous les réserves suivantes :

a) Savoir lire, écrire et compter ;

b) N'avoir subi aucune condamnation ;

c) Justifier d'une bonne conduite habituelle.

Le contingent fixé pour chaque bureau de recrutement est fourni dans l'ordre de préférence suivant :

1° Professions spéciales nécessaires au corps, indiquées dans la circulaire annuelle de répartition ;

2° Sapeurs-pompiers communaux portés sur la liste spéciale dont l'établissement est prévu ci-après et qui ont, en outre, obtenu le brevet d'aptitude au service militaire ;

3° Sapeurs-pompiers communaux portés sur la liste spéciale ;

4° Titulaires du brevet d'aptitude au service militaire (les intéressés seront prévenus qu'au régiment de sapeurs-pompiers de Paris, les gradés sont tous en fait des rengagés) ;

5° Membres de sociétés de gymnastique, ouvriers d'art, ouvriers du bâtiment, etc.

Peuvent seuls être portés sur la liste spéciale prévue aux paragraphes 2° et 3° ci-dessus, les jeunes gens répondant aux conditions suivantes :

I. Appartenant à un corps de pompiers communal depuis un an, au moins, au 1er juin de l'année d'incorporation ;

II. Possédant un certificat d'aptitude physique au service du régiment de sapeurs-pompiers de Paris.

Ce certificat est délivré par les commandants des bureaux de recrutement aux jeunes gens remplissant les conditions voulues le jour même de la comparution des intéressés devant le conseil de revision.

Les certificats qui n'ont pu être établis le jour de l'examen sont adressés au domicile des titulaires dans les huit jours qui suivent la séance au cours de laquelle les jeunes gens ont été examinés ;

III. Avoir satisfait à un examen professionnel portant sur : *la gymnastique appliquée, le maniement de l'échelle à crochets, les sauvetages et l'attaque des feux.*

Cet examen est passé devant une commission départementale composée de trois officiers de sapeurs-pompiers communaux, désignés par le préfet. La commission établit une liste de classement distincte pour les candidats de chaque subdivision de recrutement.

Il est donné pour chacune des quatre catégories d'épreuves spécifiées ci-dessus une note variant de 0 à 20. Nul ne peut être inscrit sur la liste spéciale s'il n'a obtenu au minimum la note 12 dans chacune des catégories d'épreuves.

Les notes obtenues par chaque candidat sont portées sur les listes spéciales.

Ces listes sont adressées avant le 1er juin par le préfet aux commandants des bureaux de recrutement intéressés. Ceux-ci les transmettent au Ministre (1re Direction ; 2e Bureau) avant le 20 juin.

ANNEXE N° 3.

Dispositions particulières concernant l'appel des classes.

APPEL A L'ACTIVITÉ DES JEUNES SOLDATS DE LA CLASSE, DES AJOURNÉS DE LA CLASSE PRÉCÉDENTE ET DES HOMMES EN SURSIS D'INCORPORATION.

Le contingent de chaque subdivision de région (service armé et service auxiliaire) est mis en route aux dates fixées par les circulaires de répartition et comprises entre le 1er et le 10 octobre (art. 33 de la loi du 21 mars 1905) (1).

Les hommes du contingent algérien et du contingent tunisien sont mis en route dans les mêmes conditions et aux mêmes dates que les hommes du contingent de la métropole, sous réserve des dispositions spéciales arrêtées par les généraux commandant le 19e corps d'armée et la division d'occupation de Tunisie, en tenant compte des moyens particuliers de transport.

L'heure de l'arrivée au corps est, en principe, fixée ainsi qu'il suit :

Doivent se présenter *avant midi* les jeunes soldats qui n'ont qu'un court trajet à accomplir et ceux qui, en raison de la facilité des communications, peuvent, en partant le matin, arriver à destination avant midi.

Doivent se présenter à leur corps dans l'après-midi et *avant 3 heures du soir :*

a) Les hommes qui, en partant le matin du jour fixé pour l'arrivée au corps, ne peuvent, en raison de la distance ou des difficultés de communication, être rendus à destination dans la matinée ;

b) Les hommes qui, pour arriver à destination le jour indiqué sur leur ordre d'appel, sont obligés de se mettre en route la veille ou l'avant-veille.

---

(1) Le tiers du contingent à mettre en route chaque journée de départ sera pris, autant que possible, sur l'effectif adhérent à chaque destination, en observant que les soutiens de famille soient tous mis en route le troisième jour.

Toutefois, les hommes appartenant aux divers bureaux de recrutement de la Seine à destination des garnisons de l'Est doivent se présenter à leur corps au plus tard à midi.

Les commandants des bureaux de recrutement indiquent sur les ordres d'appel l'heure à laquelle doivent se présenter les jeunes soldats, en tenant compte, d'ailleurs, des prescriptions contenues dans l'annexe n° 1 de l'instruction du 13 juin 1908 (vol. n° 100^5, p. 137).

L'ordre d'appel destiné aux jeunes soldats devant se rendre dans les grandes villes où existent plusieurs casernes mentionne, en outre, la rue et le nom de la caserne qu'ils doivent rejoindre.

M. le gouverneur militaire de Paris prend les mesures nécessaires pour éviter l'encombrement qui pourrait se produire dans les gares au départ, et notamment à la gare de l'Est.

Les jeunes soldats qui se présentent au corps après l'heure fixée sur leur ordre d'appel ne sont l'objet d'aucune mesure disciplinaire si le retard provient uniquement de la non-concordance de l'arrivée des trains dans les différentes garnisons avec l'heure indiquée sur l'ordre d'appel.

Aucune demande de devancement d'appel ou de changement de destination n'est accueillie.

En principe, les livrets matricules et individuels doivent être envoyés assez à temps pour qu'ils parviennent aux corps d'affectation quelques jours avant l'arrivée des hommes.

RÉUNION DES COMMISSIONS DE RÉFORME.

Les commissions spéciales de réforme se réunissent dans chaque subdivision de région, du 24 au 30 septembre, pour examiner les jeunes soldats atteints d'infirmités qui ont demandé à être visités avant la mise en route.

DÉLIVRANCE DES BILLETS DE CHEMINS DE FER.

Les compagnies de chemins de fer délivrent aux jeunes soldats, à la gare du départ, des billets pour la totalité du parcours lorsque ceux-ci partent de la gare desservant leur résidence et que, d'autre part, ils n'ont à voyager que sur un ou deux réseaux, sans traverser Paris. Les jeunes soldats ayant à voyager sur plus de deux réseaux ou à traverser Paris reçoivent, au départ, un billet pour la gare de transit sur le troisième réseau, ou pour Paris et doivent, en ce point, prendre un nouveau billet pour se rendre à destination.

Pour permettre aux gares de départ de préparer leur travail, les commandants des bureaux de recrutement doivent remettre aux chefs de gare de leur résidence, au moins *quinze jours avant l'appel de la classe*, les états modèle n° 7 prévus par l'article 24 du règlement sur les transports ordinaires.

Ces états doivent faire ressortir dans la colonne d'observations le nombre d'hommes convoqués à leur corps pour midi et pour 3 heures de l'après-midi.

TRANSPORT A MARSEILLE ET A PORT-VENDRES ET EMBARQUEMENT DES JEUNES SOLDATS A DESTINATION DE L'ALGÉRIE ET DE LA TUNISIE.

Les jeunes soldats destinés aux corps ou fractions de corps stationnés en Algérie et en Tunisie sont dirigés des bureaux de recrutement sur Marseille ou Port-Vendres, conformément aux indications des tableaux annexés aux circulaires de répartition.

Les détachements à mettre successivement en route ne sont plus formés uniquement en fonction de leur port d'embarquement et de débarquement, mais bien en fonction des corps destinataires.

Le mouvement est réglé de manière que les détachements (ou isolés, le cas échéant) arrivent à leur port d'embarquement le *jour du départ du paquebot*, dans les conditions suivantes :

1° Jeunes soldats s'embarquant à Marseille à destination d'Alger, de Philippeville ou de la Tunisie...	avant 6 heures du matin.
2° Jeunes soldats s'embarquant à Port-Vendres, jeunes soldats s'embarquant à Marseille, à destination d'Oran ou de Bône............	avant 11 heures du matin.

Dans le but de faciliter l'arrivée des recrues à Port-Vendres dans la matinée du jour de l'embarquement, la compagnie des chemins de fer du Midi consent, *à titre exceptionnel*, à recevoir dans certains trains indiqués dans les circulaires de répartition, tous les détachements de recrues, quel qu'en soit l'effectif.

Les autres trains mis en marche sur le réseau du Midi peuvent, bien entendu, être utilisés dans les conditions réglementaires, notamment pour le transport des recrues provenant des 16e, 17e et 18e régions de corps d'armée.

Les commandants des bureaux de recrutement chargés de mettre en route les détachements de jeunes soldats à destination de l'Algérie et de la Tunisie doivent envoyer à la sous-intendance du port d'embarquement, huit jours au moins avant la date fixée pour cet embarquement, les états de filiation établis en quadruple expédition indiquant les noms des jeunes soldats, leur subdivision d'origine, les corps d'affectation, la date d'embarquement et le port de débarquement.

Les jeunes gens dirigés isolément sur Marseille en vue de leur embarquement doivent recevoir une feuille de déplacement portant d'une façon très apparente la mention suivante :

« Devra se présenter au fort Saint-Jean à son arrivée à Marseille. »

VISITE MÉDICALE DES JEUNES GENS DESTINÉS AUX CORPS STATIONNÉS EN AFRIQUE.

Tous les jeunes gens destinés aux corps de l'Algérie ou de la Tunisie doivent être soumis à une visite médicale au bureau de recrutement où ils sont convoqués avant d'être dirigés sur leur corps d'affectation.

Les commandants des bureaux de recrutement convoquent les jeunes gens assez à temps pour que la visite puisse avoir lieu avant le départ, qui doit être effectué de façon que les jeunes soldats arrivent au port d'embarquement assez tôt pour pouvoir prendre les paquebots aux jours et heures indiqués dans les divers tableaux *ad hoc* compris dans les circulaires de répartition.

Dans les bureaux de recrutement où le contingent à mettre en route est relativement élevé, des dispositions particulières doivent être prises pour que le nombre des médecins appelés à passer la visite corresponde aux besoins à satisfaire et pour éviter tout désordre et tout scandale. Les généraux commandant les corps d'armée prennent les mesures nécessaires à cet effet.

Les jeunes soldats dont l'état de santé laisse à désirer ou qui paraissent susceptibles d'être réformés ne sont pas mis en route avec les détachements, mais envoyés devant la commission spéciale de réforme qui statue sur leur cas. Suivant la décision prise, ces hommes sont ou renvoyés dans leurs foyers ou dirigés sur l'un des corps de la métropole alimentés par la subdivision dont ils dépendent.

Toutefois, les hommes affectés aux bataillons d'infanterie légère d'Afrique qui ne sont pas réformés doivent être dirigés sur leur corps d'affectation. Leur départ est réglé conformément aux décisions prises pour la mise en route des hommes de cette catégorie qui rejoignent leur corps à différentes époques de l'année, au fur et à mesure de leur élargissement.

ORDRES DE MOUVEMENT.

Les circulaires de répartition tiennent lieu d'ordres de mouvement pour tous les mouvéments de détachements nécessités par l'appel du contingent (contingent normal et recrues dirigés sur les bataillons d'infanterie légère d'Afrique) et par la répartition des jeunes soldats entre les différentes unités des corps auxquels ils sont affectés.

Par suite, les commandants de corps d'armée n'ont à adresser, à ce sujet, aucune demande d'ordres de mouvement au Ministre.

TABLE DES MATIÈRES

Circulaire relative aux mesures à prendre au moment de l'appel à l'activité des jeunes soldats affectés aux bataillons d'Afrique.

Paris, le 15 novembre 1913.

Les mesures à prendre au moment de la mise en route des jeunes soldats affectés aux bataillons d'Afrique ont fait chaque année, jusqu'ici, l'objet de prescriptions spéciales insérées dans l'arrêté relatif à la répartition et à l'appel à l'activité du contingent. Ces prescriptions visaient, du reste, presque exclusivement l'encadrement des détachements au cours de leur transport en chemin de fer ou en bateau.

L'expérience a montré qu'il y aurait tout intérêt, d'une part, à rendre ces dispositions définitives; d'autre part, à apporter certaines modifications aux conditions dans lesquelles sont habituellement convoquées les recrues dont il s'agit.

J'ai pris, en conséquence, les décisions suivantes :

§ 1er. — Encadrement des détachements.

Les détachements dirigés sur les ports d'embarquement seront fortement encadrés. La composition des cadres de conduite, choisis avec le plus grand soin, sera déterminée par le général commandant le corps d'armée, pour chacun des détachements constitués sur son territoire.

Des officiers, sous-officiers et caporaux des bataillons d'Afrique (1) seront envoyés en France pour concourir à l'encadrement des détachements pendant le transport en chemin de fer et prendre, à partir du port d'embarquement, le commandement des recrues destinées à leurs bataillons respectifs.

Le gouverneur militaire de Paris s'entendra directement avec les généraux commandant les territoires sur lesquels se trouvent les ports d'embarquement pour l'envoi à Paris du nombre de ces gradés, strictement nécessaire à l'encadrement des détachements partant de la capitale. Les gradés non employés par le gouver-

(1) L'effectif de ces cadres sera déterminé proportionnellement au nombre de recrues affectées à chaque bataillon par l'arrêté annuel de répartition du contingent et calculé, en tenant compte des errements actuels, sur les bases suivantes : par 200 hommes environ, 1 officier, 3 ou 4 sous-officiers, 4 ou 5 caporaux.

neur militaire de Paris seront mis à la disposition des généraux commandant les corps d'armée qui fournissent habituellement le plus fort contingent aux bataillons d'Afrique (1er, 2e, 3e, 7e, 11e, 13e, 14e, 15e, 18e corps d'armée).

Ces officiers généraux feront connaître le nombre d'hommes à escorter, ainsi que les villes, centres de groupement, sur lesquelles devront être dirigés les gradés mis à leur disposition, directement aux généraux commandant les régions des ports d'embarquement. Ces derniers répartiront ces gradés entre les corps d'armée intéressés au prorata des effectifs à mettre en route.

Les cadres de conduite devront arriver dans les centres de groupement l'avant-veille du jour prévu pour le départ des jeunes soldats qu'ils doivent escorter.

L'effectif des cadres de conduite métropolitains, ainsi que les points jusqu'où ils accompagnéront en totalité ou en partie les détachements, seront fixés en tenant compte du concours prêté par les gradés venus d'Afrique. Dans tous les cas, ils devront être renvoyés sur leurs corps d'origine, soit d'une gare quelconque du parcours en chemin de fer, soit du port d'embarquement, aussitôt que leur présence ne sera plus nécessaire.

§ 2. — CONVOCATION ET MISE EN ROUTE DES RECRUES.

Le départ des jeunes soldats affectés aux bataillons d'Afrique a donné lieu assez fréquemment, dans certaines grandes villes de province, à des manifestations ou à des scènes de désordre dont il importe d'éviter le retour.

A Paris, où le nombre des recrues de cette catégorie est cependant considérable, les incidents sérieux sont devenus très rares. Ces bons résultats paraissent être dus aux mesures suivantes, qui sont appliquées depuis quelques années :

1° Convocation des recrues directement à la gare de départ où elles sont immédiatement isolées de la population civile et où ont lieu les différentes opérations administratives qui précèdent leur embarquement (visite médicale, etc...);

2° Organisation, à la gare d'embarquement et à ses abords, d'un service d'ordre spécial qui fonctionne de la façon suivante, sous la direction d'officiers désignés par le général commandant la place de Paris :

a) A l'intérieur de la gare, un piquet d'une section d'infanterie environ, avec quelques gendarmes, assurent l'ordre; des agents de police en uniforme surveillent les personnes civiles que leurs affaires appellent à circuler dans les cours;

b) A l'entrée de la gare, un poste militaire et quelques agents en uniforme interdisent l'entrée au public; en outre, des gradés en nombre suffisant reçoivent les jeunes soldats et les conduisent, dès leur présentation, dans le local où se passe la visite médicale;

c) Aux abords de la gare, des agents en uniforme et en bourgeois interdisent toute manifestation et dispersent les attroupements, chose facile du reste, étant donné que les recrues sont immédiatement isolées et ne peuvent plus communiquer en aucune façon avec les personnes qui ont pu les accompagner jusqu'à l'entrée de la gare.

Les agents de police sont fournis par M. le Préfet de police sur une demande adressée en temps utile par l'autorité militaire.

Les commandants de corps d'armée voudront bien examiner s'ils n'auraient pas avantage, en s'inspirant des indications ci-dessus, à prescrire sur leur territoire des dispositions analogues, après entente avec les autorités civiles locales et les Compagnies de chemins de fer.

Il leur appartiendra, dans ce cas, de donner aux autorités intéressées placées sous leurs ordres toutes les instructions qu'ils jugeront propres à produire le résultat cherché.

Il ne semble pas douteux que les Compagnies de chemins de fer, qui ont intérêt à ce que les embarquements se fassent avec le plus d'ordre et de célérité possible, ne montrent tout la bonne volonté désirable pour seconder l'autorité militaire, notamment en mettant à sa disposition dans les gares d'embarquement, pour la réception des recrues, des locaux dont l'accès serait momentanément interdit au public.

Les dispositions envisagées au paragraphe 2 ci-dessus, relativement à la convocation des recrues et au service d'ordre aux lieux de groupement, seront appliquées dès cette année. Celles concernant l'encadrement des détachements, paragraphe 1er, le seront seulement à partir de 1914, des mesures spéciales ayant été prescrites à ce sujet dans l'arrêté de répartition de la classe 1913 qui sera envoyé incessamment aux intéressés.

Eug. ETIENNE.

TABLES

TABLE MÉTHODIQUE

I. — Loi sur le recrutement de l'armée.

II. — Dispositions spéciales aux colonies et pays de protectorat.

III. — Dispositions diverses.

IV. — Formation des classes.

§ 1er. — *Etablissement des tableaux de recensement.*

§ 2. — *Opérations du conseil de revision.*

V. — Affectation et appel des jeunes soldats. — Libération des classes.

TABLE CHRONOLOGIQUE

TABLE ALPHABÉTIQUE

A

B

C

F

G

H

I

J

L

M

N

O

S

T

V

Paris et Limoges. — Imprimerie militaire Charles-Lavauzelle.

www.ingramcontent.com/pod-product-compliance
Ingram Content Group UK Ltd.
Pitfield, Milton Keynes, MK11 3LW, UK
UKHW020200250726
13967UKWH00003B/1180

9 782012 946729